URBANIZATION CHINA

中国城镇化三十年

Since 1978

《中国城镇化三十年》课题组 著

中国建筑工业出版社

《中国城镇化三十年》课题组

课题负责人：孙施文

课题组成员（按拼音排序）：
侯丽　黄怡　栾峰　彭震伟　孙施文
童明　王兰　杨帆　张立　张尚武　赵蔚

序一

我们生活的时代,世界人口已增长到 70 亿,其中城镇人口超过半数。这种人口和地理的转变对人类的未来以及整个世界的城乡空间结构意义重大。

中国过去四十年经历的城市转型令人瞩目。从 1978 年到 2015 年,城镇化水平从 18% 提高到 56%。城镇居民的数量从 1.7 亿增长到 7.6 亿。审慎推进的城镇化政策使中国在未来 15 年仍会维持相对较高的城镇化水平;到 2030 年,14 亿人口中将有 70% 以上生活在城市。

中国能在如此短时间内实现了城市人口的迅速增长、城市的稳步发展以及由此带来的减贫,这是人类有史以来最显著的经济和社会变革之一。

中国的城镇化和工业化发展并行。城市经历了经济和社会结构转型;不仅仅只是进口商品的消费者,也成为生产商,将产品广销全球。新开发的城区和充满活力的工业部门已经吸收了大量农村移民,他们的收入和生活质量得到极大程度的提高和改善。

中国的城市发展政策具有连贯性,并不断演变:1980 年以前,国家实施偏向于城市的发展政策,控制城乡间人口流动;1980 至 2010 年,通过建设沿海经济特区,促进城镇化发展,深圳和浦东即为最突出例子;2010 年以来,提倡不同大小的城市和村镇均衡发展,不论其大小,最重要的是,通过建设和提供运输以及通信基础设施连接城市和农村,统筹城乡区域发展。

最近,中国政府已制定新的城镇化战略以迎接新的挑战,发展模式从数量转向质量,以提高城市的可持续发展能力。这项新战略高度重视社会平等,为新增的城市人口创造就业机会;关注减少空气污染和其他损害以改善环境,减缓气候变化;提倡土地混合使用和紧凑发展,避免因城市扩张导致的基本农田减少；提倡区域一体化以提高大都市区和中心城市在推动社会和经济发展的作用；提倡建设绿色、智慧、生态友好城市以提高资源利用效率。

中国城镇化进程的速度和规模，对世界城镇化进程影响巨大。因此，我邀请同济大学从学术的角度调查、研究和总结自1978年以来中国的城镇化进程，使世界其他国家能够分享中国城镇化的成功经验和教训，尤其对于那些正在经历40年前中国所经历的快速发展和城镇化的国家。我相信，这份报告将达到此目的，帮助读者了解中国城镇化的独特和趋势。我也诚挚地希望，我们能携手为实现"联合国2030年可持续发展议程目标11"作出进一步贡献，即到2030年能建成包容、安全、韧性和可持续的城市和人类住区。

霍安·克洛斯博士（Dr. Joan Clos）
联合国副秘书长、联合国人类住区计划署执行主任
（王兰译）

序二

中国改革开放以来,经历了人类历史上最为宏大的城镇化浪潮。短短30余年,中国从一个农民占绝对主体的社会进入了城市人口为主的社会,城镇人口从不足2亿增长到了7.3亿[①],全国城镇化率从1978年的17.92%提高到了2013年的53.7%[②]。在城镇化高速发展的过程中,也可以观察到政治、社会、经济领域的制度改革,取得了中国现代化历史上伟大的成就。我们认为,中国的发展不仅是对其自身的贡献,也对世界具有重要意义。

首先,中国城镇化伴随着公共服务水平、人民生活水平、就业能力、社会公平程度的不断提升。1981年到2009年间,中国的贫困人口减少6.78亿,而同期全球贫困人口减少量为7.26亿,中国的贡献度高达93.3%。与此同时,基础教育和医疗保障水平得到了高度的发展,截至2012年,成人识字率达95%,中学入学率达89%,基本医保已覆盖了城乡96%的人群[③]。可以说,中国为世界范围内的人类发展做出了最大的贡献,而这些进步仅仅发生在一代人时间以内。

其次,中国城镇化伴随着世界范围内最大规模的建设活动、最大规模消费市场的建立,推动了全球经济的持续发展。2013年,中国首次成为世界第一大进出口国。根据胡鞍钢[④]的测算,中国对全球经济增长的贡献在1993-2007年间为19.50%(购买力平价法)或9.90%(汇率法);在2007-2012年间,这一指标继续增长为26.46%(购买力平价法)或31.73%(汇率法),为全球经济发展做出了重要贡献。

---

① 数据来源:国家统计局(2014)中华人民共和国2013年国民经济和社会发展统计公报. 北京,国家统计局.
② 数据来源:同上.
③ 数据来源:世界银行, http://data.worldbank.org.cn/.
④ 胡鞍钢(2015)中国现代化之路(1949-2014). 新疆师范大学学报(哲学社会科学版),36(02), 1-17.(作者计算数据来源:1978-2007,数据来自World Development Indicator 2013;2007-2012年数据来自IMF).

再次，中国是一个人口占世界人口1/5的大国，其城镇化经历对人类发展方式做出了新探索，也为世界和其他南方发展中国家和地区提供了有益的样本。当我们回过头就很容易看到，中国的发展起点很低、区域发展极度不平衡，同时还面临着资源短缺、劳动者技能水平低、科学技术相对落后等制约条件。然而，通过自身的不断改革，通过融入世界市场，通过激励和发挥人民的潜能，改变绝非不可能。

尽管如此，但我们也必须看到，中国的城镇化发展并不是从一开始就被谋划与设计的结果，而是在实际发展过程中被不断塑造的，受到了来自内部与外部的压力、自上而下与自下而上的动力以及历史所遗留的制度遗产和发展遗产等多种因素的影响。随着中国的城镇化水平历史性地跨越了50%，整个国家的社会基础发生了巨大的变化，城市发展所面临的关键问题以及解决这些问题所面临的外部环境都与以往有很大的不同。因此，中国未来的转型驱动，探索新型可持续城镇化道路就显得至关重要。

在这样一个承前启后的历史节点上，由同济大学诸多具有丰富理论积淀和实践经验的学者所编著的这本书试图从宏观制度、市场经济、社会变迁和城市政策四个角度对中国城镇化的历史发展进程进行提炼和总结，勾勒出中国城镇化发展道路所具有的主要特征，提出未来所面临的关键挑战。我们观察到，中国的城镇化因其具体国情和推进路径而呈现出了一些重要的特征：

第一，城镇化过程涉及的人口规模特别巨大；

第二，户籍制度、土地制度等历史遗留因素对城镇化过程产生着持续而深刻的影响；

第三，城市行政建制带来的资源分配不均导致不同层级城市在发展能力上的较大差异，并继而影响了城镇化的空间结构；

第四，巨大规模的城市增长基本都是通过既有城市的外溢来容纳，而不是通过建立新的城市生长点；

第五，城镇化发展在不同区域之间很不平衡，国家内部不同城市的差异堪比世界不同国家之间的差异。

可以说，中国城镇化是世界发展进程中的一个复杂而又特殊的现象，对其进行总结绝非易事。

同济大学拥有全世界最大和国际知名的建筑与城市规划学院，拥有中国最多和最重要的城镇化研究和城市规划教育资源，更通过积极投身中国城镇化和城市建设过程将学术与实践紧密结合在一起。作者们在理论和实践两方面的雄厚基础使得完成这项十分困难的工作成为可能。通过这部著作，他们希望从更具国际可比性的视角和历史的视角对中国过去的城镇化经验进行总结，为开启新的历程提供充分的启迪；同时，也向诸多关心中国城镇化经验的国际读者提供更多相关的政策、制度和现实语境，并希望建立城镇化过程与各种相关维度之间的彼此关联性，以帮助读者对中国道路有较为综合和全面的理解。

全书共分为七章，但总体围绕着四个维度进行展开。

第一个维度是关于制度环境的变化，包括国家政治经济体制转型、国家宏观空间政策、政府权力结构、城市发展的财政供给结构等。这部分内容对中国城镇化历程乃至整个中国发展具有基础性的支撑作用，也是中国改革开放所带来的本质性变化所在。

第二个维度是关于市场环境的变化，特别是强调了非公有经济部门从无到有，并在中国经济建设和城镇化历程中发挥了越来越大的作用。1990年代前期社会主义市场经济制度的建立和2000年代初期加入世界贸易组织构成了两个最为重要的里程碑。从中我们可以看到国内外资本的力量如何推动了城市开发和经济发展，继而带来城市生活质量的提升，在这一过程中又如何产生了新的问题和矛盾。

第三个维度是关于社会变迁，通过对乡村发展和城乡人口迁徙历程的剖析，描述了中国城镇化发展如何从僵化的城乡二元分割状态逐渐走出，并在空间上逐渐推进的历史轨迹。

第四个维度是关于城市政策，探讨了城市政府如何在特定的制度环境中逐步塑造了增长导向的管理与运行模式，并通过城市规划和住房政策构建了具有中国特色的城市发展机制，造就了大量值得关注的城市发展现象。

与现有大量关于中国城镇化历程的出版物相比，我认为这部著作具有三个方面的特点。

第一，并没有局限于城镇化现象本身，而是将其放到了改革开放以来广阔的经济变革进程之中，从而建立了与社会整体转型这一本质的内在关联性。事实上，作者们从大量平行发展的历史进程中已经发现，中国的城镇化进程与改革开放的总进程相一致，始终相辅相成、共同发展。从土地制度、财税制度、户籍制度、特区开发、市场经济转轨等一系列标志性改革举措中，我们都发现了其对城镇化进程的渐进而又极其关键的影响。从改革开放本身的由沿海向内地逐步扩展过程中，我们也同样看到城市社会的演进是如何从东向西推进的。在此基础上，作者们提出了中国城镇化是由行政分权化、资源配置市场化、国际投资等共同作用的结果。与其说中国城镇化发展是强政府模式的结果还是强市场模式的产物，倒不如说是由政府与市场所形成的共识所推动。事实上，我们也看到这两者之间形成了很密切而重要的配合。政府一方面根据具体形势的发展不断调整城镇化战略，另一方面从宏观层面对区域发展、产业格局、基础设施投资等方面进行引导或直接供给。而市场则在土地开发、产业投资、城市建设等越来越多的领域发挥主体性作用，并将其决策带入政治舞台。

第二，并没有试图从单一角度对城镇化过程进行解释，而是从多视角呈现各种变化所导致的城镇化影响。我觉得这是一种睿智的做法。中国已经逐渐成为一个市民为主体的国家，国家发展所遇到的各种社会、经济和环境问题集中于城市。观察这个国家的发展进程和所遇到的各种问题，都必须认识到种种历史现象都是发生在城镇化快速演进这样一个历史进程中间的。可以说，城镇化是最能概括中国现象的少数概念之一。任何对这样一个高度综合而复杂的概念进行抽象的企图可能都很难产生说服力。

第三，并没有忽视城镇化过程的起点和路径依赖，而是突出了历史的维度。也就是说，中国城镇化过程中所做出的各种选择是在特定政治经济社会制度下的特定产物。一方面，我们必须正视到，中国的城镇化发展确实从其历史中得益。计划生育政策、土地公有制度、户籍制度、三线建设等都具有其不公正不合理的一面，但这些因素也是客观存在的历史起点并将其影响持续地作用于城镇化进程。可以说，人口红利、基于土地财政的公共产品融资模式、不致崩溃的公共服务体系、中西部地区的人才和产业基础等都是这些历史上的不合理政策或决策的副产品。另一方面，今天所形成的城镇化现象是历史过程中众多不得已的选择共同叠加的结果，既是阶段性的，也是不可持续的。例如，城镇化发展在空间上的非均衡性一方面始终与国家城镇化目标相悖，另一方面又在一定程度上是国家资源投放的空间导向性的结果。再比如，将低成本的土地、资源、人力、环境等因素打造中国经济发展和城镇化发展的动力无疑将在未来付出极为高昂的代价，并导致社会、经济和环境三个方面的全面不可持续。尽管在中国已经取得巨大发展成就的基础上我们可以再去评价这些不平衡、不可持续所带来的各种问题，但如果回到改革开放的起点，在资金、技术、市场都普遍缺乏的时代背景下，这些途径却是唯一的选择。认识到了中国城镇化过程的历史阶段性和历史局限性，我们就能够理解哪些历史遗产将被耗尽，又有哪些历史遗留问题将可能爆发，从而为未来的政策应对做好准备。

接下来，我希望能够谈一些自己的看法。这本书所提供的大量分析中已经表明，低成本拉动、国际贸易、土地财政、不均衡的公共服务在中国过去三十余年的城镇化发展过程中扮演了十分重要的角色。它们实质上解决了两个最为核心的问题：一是如何构建经济增长的动力，二是如何稳定地建设并运营公共服务。而这两者之间实际上是相辅相成、彼此促进的。因此在我看来，中国城镇化的未来取决于四个关键趋势：

一是城镇化自身的发展趋于减速，而速度的降低将导致投资杠杆失灵，土地财政等经验无法延续。中国发展路径中很多制度设置和路径选择都以经济和城镇化的高速发展和规模扩张为前提。例如，在经济和城镇化的高速增长期，通过基础设施建设推动地租增长、信贷和土地财政的模式是一种通过杠杆效应加快城市发展的有效途径，一旦经济发展和城镇化出现减速甚至停滞，风险的杠杆效应同样也会呈现倍数放大，继而导致建立在土地财政基础上的城市运营模式失灵。

二是支撑城镇化推进的要素趋紧，低成本扩张无法延续。从宏观层面上看，土地、能源、资源和劳动力等要素供应都已经开始趋于紧张。无论采取哪种现有的方式外推，我们都不难发现，整个世界都无法支撑我国城镇化发展用原有的粗放方式从50%走到70%。

三是城镇化的主要经济动力趋于萎缩，外贸驱动模式无法延续。1980年，中国制造业增加值仅占世界的1.5%，到了2010年，中国制造业在全球制造业总值中所占比例已经高达19.8%，高达60%的外贸依存度已经超过历史上任何大国经济的极限[①]，高度依赖于国际市场的中国工业化进程面对着产能过剩的严重危机。从依靠外贸走向依靠内需是必须完成的任务。然而基于内需的城镇化空间格局与基于对外贸易的空间格局存在很大的不同，制造业、服务业的全国布局和产业门类都需要做出相应的调整，在城镇化层面的人口格局、基础设施格局和空间政策格局也需要与之配合，这将在未来产生深远的影响。

四是城镇化的社会构成已经发生变化，依靠非对称福利来维持公共服务品质将很难继续。今天的城市中，年龄结构、城乡结构、教育水平结构都与过去有着巨大的不同。老龄人口、二代农民工、大学毕业生等一些群体的显著增长将会对当前的一些城市政策指向提出挑战。应对变化了的社会结构既是维持稳定发展环境的必然要求，也是应对城市未来挑战的被迫选择。以人口年龄结构为例，很多城市都面临着人口老龄化的严重危机。之所以保持了旺盛的发展在很大程度上是由于城镇化带来人口大规模迁入，这些迁入人口多为农民工和毕业学生等青壮年人口，从而延缓了城市社会老龄化的到来。但获取了人口红利的城市并没有意识到这些红利并不是持续的，一旦农民工

---

① 张茉楠(2011).正视中国未来潜在经济增长率的下降.中国经贸导刊,2011(7),28-29.

回流和大学毕业生回流，城市不仅将陷入经济发展的人才缺乏，也将陷入养老财政的危机。

中国正在积极推动新型城镇化的发展。当前确实是一个转型的关键时刻，而如何转型显然需要对未来的趋势与挑战做出直接的回应。在我看来，新型城镇化应当完成四个方面的转型。

第一，新型城镇化要以人的现代化为目标，通过城镇化质量的提升，突破土地财政依赖。城市财政的发展也必须由一次性出售土地走向长效地提供并维护高质量公共产品、激发工商业的经济活力。实现这一转型，核心是关注城镇化的质量，提升城市的人居环境品质、公共产品服务能力，并在此过程中提高全社会的文明程度。

第二，要通过集约发展和绿色发展，突破土地、能源、资源制约。

第三，要转变经济发展方式，从依赖国际市场转向国内市场，从依靠外来资本的外生增长走向依靠创新的内生增长，突破中等收入陷阱。

第四，要通过外来人口市民化、就地就近城镇化等多种途径促使流动人口逐步实现稳定，以包容的思想重建新的城市社会和新的地域文化，突破被动维稳格局。

正如我在一开始所强调的，中国城镇化并不只属于中国，也是世界城镇化现象的一部分，既为世界贡献经验，也需要从世界吸取经验。在中国城镇化的发展的历史转折点上，也在世界信息技术爆发的历史阶段点上，我希望国际社会能与我们一起携手，推动城镇化研究的协同创新。

吴志强

2015 年 2 月

目 录
Contents

序一
序二

1 中国城镇化进程概述 ·· 1

2 体制改革与国家宏观政策 ··· 8
   2.1 国民经济和社会发展计划的演变 ·· 9
   2.2 中央和地方关系的改革 ·· 19
   2.3 经济特区 / 开发区的发展 ··· 32
   2.4 国家宏观区域发展战略 ·· 36
   2.5 大、中、小城市的有区别发展 ··· 43

3 农村发展与人口流动 ··· 53
   3.1 户籍制度及其改革 ··· 54
   3.2 农村经济体制改革 ··· 59
   3.3 农村的社会经济发展 ··· 75
   3.4 村庄和集镇建设 ··· 96
   3.5 人口城乡迁移 ··· 101

4 城市发展管理与政府作为 ··· 121
   4.1 城市政府的构成与变革 ·· 122
   4.2 城市政府的职能与运行 ·· 126
   4.3 城市（乡）规划法规与管理 ·· 139
   4.4 土地利用和管理 ··· 145
   4.5 地方政府财政 ··· 156

4.6 城市人力资源管理 ····· 175
　　4.7 城市的公共服务体系 ····· 190

5 城市住房建设 ····· 207
　　5.1 城市住房建设概况 ····· 208
　　5.2 城市公共住房 ····· 211
　　5.3 商品住房的发展 ····· 226
　　5.4 居住社区及社区服务 ····· 232
　　5.5 城中村 ····· 238

6 非公经济部门发展及其作用 ····· 249
　　6.1 城乡非公经济部门发展 ····· 250
　　6.2 城市建设和发展中的非公经济 ····· 265
　　6.3 外商/海外投资 ····· 281

7 展望未来 ····· 290
　　7.1 中国城市化发展进程的特点 ····· 291
　　7.2 未来的挑战和议题 ····· 297

参考文献 ····· 306
后记 ····· 314

1 中国城镇化进程概述

本章对中国城镇化的发展进程进行了宏观综述,并根据国家的相关政策以及城镇化发展的主要特点,划分了发展阶段,为全书的叙事建立较为统一的框架。

中国的城镇化水平,在1978年不足18%,到2015年已经超过了56%,城镇人口达到7.7亿人(见中国国家统计局2016年2月29日发布的《2015年国民经济和社会发展公报》)。这三十多年的城镇化发展大致可以分成这样四个阶段:首先是在农村改革的基础上,以乡镇企业为主要支撑的小城镇发展阶段;由国家改革开放政策的标志——经济特区开发所引领和城市经济体制改革所推动,沿海城市和内陆大城市的快速发展阶段;由不断加快的工业化和沿海城市、大城市发展所带动的更大区域范围内的城市群和各级城市的蓬勃发展阶段;由大城市快速发展推动的、以工业化带动农村现代化、以城市发展反哺乡村发展的城乡统筹发展阶段。

改革开放前,中国实行严格的计划经济体制。为保证优先发展重工业的政策目标,政府采取极为严格的城乡分割的户籍制度、就业制度和社会福利制度等,将农村和农民排斥于工业化的进程之外,并为工业化的发展作贡献,从而使城市化水平处于低速增长甚至停滞的状态。城市化水平从 1949 年的 10.6% 发展到 1978 年的 17.9%,而从 1966 至 1978 年的十多年中,则完全处于停滞的状态。

从 1978 年开始,中国步入到改革开放时期,由农村联产承包制起步逐步推进到整个国家各个方面的社会经济政治体制改革。伴随着社会经济的快速发展,城市化进程不断加快,到 2011 年,全国的城市化水平已经超过了 50%。

回顾这三十多年的发展历程,中国城市化的发展大致可以划分成这样几个阶段:

1. 1978—1983 年,城市化快速发展准备阶段。这个阶段以农村改革为主,城市发展处于恢复期,全国的城市化水平由 17.9% 提高到 21.6%。

以农村联产承包制为标志的农村改革逐步兴起,农业生产效率逐步提高,从农村解放出大量剩余劳动力,从而为之后的城市化发展打下了扎实基础。由于在此时期内,城乡分割的制度安排没有任何突破,农村剩余劳动力无法全面向城市转移,乡镇企业开始有所发展,以"离土不离乡"的方式吸纳部分农村剩余劳动力。

在城市中,由于大量上山下乡的知识青年开始返回城市,使该时期的城市人口有较快的增长。为解决知青大规模返城造成的就业困难,个体经济开始逐步兴起。与此同时,以快速发展经济为指针的特区城市的建设,不仅为城市经济体制改革提供了试验田,而且,特区城市要发展产业经济,也必然要有大量人口的移入。尤其是深圳特区,几乎完全是在一片空地上进行建设,由此引发了人口迁移管制的改革。

2. 1984—1991年,城市经济体制改革推动了城市的快速发展,以"离土不离乡"就业模式为主导的乡镇企业及其支撑的小城镇发展和以来料加工为核心的特区城市发展,是这一时期城市化发展的主要标志,全国的城市化水平发展到26.4%。

1984年,是中国改革开放后城市化发展的第一个重要转折点。就总体而言,中共十二大三中全会通过《中共中央关于经济体制改革的决定》,确定了体制改革的重点由农村向城市转移,由此开启了城市改革开放并进入到快速发展阶段。而与此相配合的一系列政策的实施,则为此后的城市化发展奠定了基础。

1984年,中共中央和国务院批转农牧渔业部《关于开创社队企业新局面的报告》提出乡办、村办、联户办和户办"四个轮子一起转"的乡镇企业发展策略。此后,乡镇企业在全国范围内得到了较大的发展,成为农村剩余劳动力就业的主要途径及经济发展和小城镇发展的主要动力。国务院在1984年还调整了建制镇的设置标准,使建制镇的数量大幅增加。

1984年,中央一号文件《中共中央、国务院关于一九八四年农村工作的通知》明确了允许务工、经商、办服务业的农民自带口粮在城镇落户;年底的农村工作会议和1985年的中央一号文件《中共中央、国务院关于进一步活跃农村经济的十项政策》在一系列指导农村改革的文件的基础上,提出要扩大城乡经济交往,允许农民进城开店设坊,兴办服务业,提供各种劳务;国务院《关于农民进入集镇落户的通知》打开了农业人口进镇的门户,推动了农村人口向城镇的迁移。针对人口迁移的社会管理需要,1985年开始实行《居民身份证条例》,由以户为主的管理模式向以人为主的管理模式转变。

国务院于1984年发布《城市规划条例》,其中提出了"控制大城市规模,合理发展中等城市,积极发展小城市"的城市发展方针。针对小城市快速发展中存在的问题,1989年通过的《城市规划法》,将城市发展方针修改为"严格控制大城市规模,合理发展中等城市和小城市"。

1988年通过的《宪法》修正案,推动了经济体制和土地制度改革的深化:"私营经济"首次入宪,"土地使用权"可以依法转让。这些都成为后来城市经济快速发展的基础。国务院于1990年发布了《城镇国有土地使用权出让和转让暂行条例》，城市的房地产市场开始起步。

国有企业的改革在此阶段开始启动。1986年国务院发布《关于深化企业改革增强企业活力的若干规定》等一系列文件，实行承包经营、股份制改革，并公布了一系列改革国营企业用工、劳动制度的规定，其中包括实行劳动合同制、招用工人制度等，从而为农村劳动力进入城市就业奠定了基础。

特区城市建设的初步成就，为城市经济体制的改革提供了经验，中央在此基础上进一步扩大开放城市的范围，于1985年批准对外开放14个沿海港口城市和设立经济技术开发区。

3. 1992—1999年，以邓小平南巡讲话为转折点，城市经济和城市化发展均开始进入快速发展阶段，全国的城市化水平发展到30.9%。沿海城市和大城市的快速发展成为该阶段的主要特征。

1992年邓小平南行讲话，极大地推进了改革开放的纵深发展，城市经济在此基础上有了快速发展。1993年中共十四届三中全会通过的《中共中央关于建立社会主义市场经济体制若干问题的决定》，明确了经济体制改革的基本方向，从1994年开始实行的分税制财政管理体制等都为以大城市为核心的城市化发展奠定了基础。1998年，国家《土地管理法》修订，规定新增建设用地的出让收入的30%上缴中央财政，从而为城市大规模出让土地提供了动力。

农村改革的成果得到不断的巩固，1991年中共十三届三中全会通过的《中共中央关于进一步加强农业和农村工作的决定》，确定了以家庭联产承包为主的责任制、统分结合的双层经营体制作为乡村集体经济组织的一项基本制度而长期稳定下来并不断充实完善。进城务工经商等的农民规模不断扩大。

在不断推动大城市快速发展的同时，中央仍然坚持并不断推出小城镇发展的政策。1998年召开的中共十五届三中全会，通过了《关于农业和农村工作若干重大问题的决定》，再次明确提出小城镇战略。

为了顺应城市化快速发展的需要，户籍制度改革在不断推进。1996年7月1日全国启动新的常住人口登记表和居民户口簿，取消了"农业"和"非农业"

两个户口类型。国务院于 1998 年批转的公安部《关于解决当前户口管理工作中几个突出问题的意见》中，提出"在城市投资、兴办实业、购买商品房的公民及随其共同居住的直系亲属，凡在城市有合法固定的住所，合法稳定的职业或者生活来源，已居住一定年限，并符合当地政府有关规定的，可准予在该城市落户"。

4. 2000—2007 年，城市化发展开始进入持续快速发展阶段，全国的城市化水平以年均超过 1% 的速度发展。

2000 年，中国加入世贸组织。中国经济加入全球化的进程加剧以及中国制造的快速发展，极大地推进了城市社会经济的发展。针对城市人口组成的实际状况，从 2000 年开始实行新的划分城乡的统计口径，改变过去以户籍人口的统计方法，将"常住人口"确定为统计内容，从而在统计数据中可以真实反映实际居住在城市中的人口数量。根据该年进行的人口普查数据，按常住人口计算的城市化水平已超过 36%。

在此期间，国家采取了一系列政策措施来提高人口迁移的自由度。2000 年 5 月正式取消粮油迁徙证制度，粮食供应关系和户籍迁移脱离。2001 年国务院发布《关于推进小城镇户籍管理制度改革的意见》，规定 2001 年 10 月 1 日之前，全国所有的镇和县级市区，取消"农转非"指标，把蓝印户口、地方城镇居民户口、自理口粮户口等，统一登记为城镇常住户口，与"原住户"一致。该文件也将原先适用于小城镇的户籍制度改革政策推广到了县级市。2006 年，国务院发布《关于解决农民工问题的若干意见》，提出"必须从我国国情出发，顺应工业化、城镇化的客观规律，引导农村富余劳动力向非农产业和城镇有序转移"。

该时期，中央政府提倡积极稳妥地推进城镇化，大中小城市和小城镇协调发展，走中国特色城镇化道路。2000 年，中央发布了《中共中央、国务院关于促进小城镇健康发展的若干意见》，在《中华人民共和国国民经济和社会发展第十个五年计划纲要》中更明确地提出"我国推进城镇化的条件已渐成熟，要不失时机地实施城镇化战略"，并提出"走符合我国国情、大中小城市和小城镇协调发展的多样化的城镇化道路,逐渐形成合理的城镇体系。有重点地发展小城镇,积极发展中小城市,完善区域性中心城市功能,发挥大城市的辐射带动作用,引导城镇密集区有序发展"。2003年中共十六届三中全会通过《中共中央关于完善社会主义市场经济体制若干问题的决定》,明确提出"坚持以人为本,树立全面、协调、可持续的发展观,促进经济社会和人的全面发展"。在实现科学发展观的"五个统筹"中,将"统筹城乡发展"置于第一位。2007年国务院发布《关于编制全国主体功能区规划的意见》。

为了应对城市快速发展中出现的房地产热,从2005年开始,中央政府采取一系列稳定房价的措施;为保障低收入人群的居住,国务院九部委制定《廉租住房保障办法》。

针对农民迁移进城实际存在的一系列问题,2004年中央一号文件《中共中央、国务院关于促进农民增加收入若干政策的意见》中提出,"进城就业的农民工已经成为产业工人的重要组成部分",首次明确将进城务工人员列为产业工人。2006年,国务院发布的《关于解决农民工问题的若干意见》中,提出以"公平对待,一视同仁"、"强化服务,完善管理"、"统筹规划,合理引导"、"因地制宜,分类指导"、"立足当前,着眼长远"为基本原则,解决好农民工问题这一"建设中国特色社会主义的战略任务"。

农村改革向纵深发展,主要体现在三个方面:一是自2006年起废止农业税;二是国家制定了《农村土地承包经营权流转管理办法》,自2005年3月起开始实行;三是社会主义新农村建设。

5. 从2008年至今,开始实施以破除城乡二元结构为核心,推进城乡经济社会发展一体化的战略。2011年,全国的城市化水平突破50%。

2008年,中共十七届三中全会通过《中共中央关于推进农村改革发展若干重大问题的决定》,首次在中央全会决定中提出"着力破除城乡二元结构",并提出"推进户籍制度改革,放宽中小城市落户条件,使在城镇稳定就业和居住的农民有序转变为城镇居民"。在2007年10月举行的中共十七大,为城乡发展指出的方向是:"走中国特色城镇化道路,按照统筹城乡、布局合理、节约土地、功能完善、以大带小的原则,促进大中小城市和小城镇协调发展。以增强综合承载力为重点,以特大城市为依托,形成辐射作用大的城市群,培育新的经济增长极。建立以工促农、以城带乡长效机制,形成城乡经济社会发展一体化新格局。"2010年中央一号文件《中共中央、国务院关于加大统筹城乡发展力度,进一步夯实农业农村发展基础的若干意见》提出,"……把建设社会主义新农村和推进城镇化作为保持经济平稳较快发展的持久动力,……"2013年《中共中央关于全面深化改革若干重大问题的决定》提出:"坚持走中国特色新型城镇化道路,推进以人为核心的城镇化,推动大中小城市和小城镇协调发展、产业和城镇融合发展,促进城镇化和新农村建设协调推进。"

2008年,中共十七届三中全会通过《中共中央关于推进农村改革发展若干重大问题的决定》,提出深化农村改革的重点之一是"稳定和完善农村土地承包关系,创新土地流转体制和适度规模经营机制"。2008年中央一号文件《中共中央、国务院关于切实加强农业基础建设,进一步促进农业发展农民增收的若干意见》,提出加快建立土地承包经营权登记制度。2013年《中共中央关于全面深化改革若干重大问题的决定》提出"建立城乡统一的建设用地市场。在符合规划和用途管制前提下,允许农村集体经营性建设用地出让、租赁、入股,实行与国有土地同等入市、同权同价"。

2008年1月1日起开始实行的《中华人民共和国城乡规划法》,废止了过去的《城市规划法》,建立了城乡统一的,一级政府、一级规划、一级事权的城乡规划体系。2013年《中共中央关于全面深化改革若干重大问题的决定》提出"建立空间规划体系","统一行使所有国土空间用途管制职责"。

2

体制改革与
国家宏观政策

  本章从国家宏观政策的角度,检视了与城镇化发展密切相关的经济、社会、政治体制的改革及城镇化相关政策的演变,揭示出中国中央政府渐进地、有计划地推进城镇化发展的措施与手段。

  中国政府始终坚持中小城市发展的政策导向,并随着社会经济条件的变化不断调适促进中小城市发展的手段和方式方法。但随着改革开放的深入,在市场经济体制逐步建立和简政放权、央地关系重构以及国际资本的推动下,沿海城市和大城市迅猛发展,国家政策作出调整,提出完善区域中心城市的功能,通过大城市的辐射带动作用,促进中小城市发展的战略。进入21世纪后,针对各地区发展以及大、中、小城市发展的不平衡问题,中央政府通过制定国家宏观区域发展战略,提出以城市群作为推进城镇化发展的主体形态,建构大、中、小城市和小城镇协调发展的机制,在推进主体功能区和生态功能区建设的基础上,实现城镇化的健康、可持续发展。

中国的城镇化发展始终是伴随着改革开放的步伐而不断发展的。改革开放的实质是体制（regime）的变革，其中一个很重要的方面是治理方式的改革。通过逐步冲破计划经济的中央集权模式，将大量的行政权力下放，调动地方积极性，加快社会经济的发展。但另一方面，中央政府仍然掌握着整体发展的方向，从微观的、项目的和产品的直接把控转变为宏观的、政策性的调控。就中国城镇化发展过程而言，中央政府、地方政府以及市场的力量共同发挥着作用，但很显然，在中国具体的社会经济体制下，中央政府的作用是主导性的，地方政府的作为和市场的运行是在中央政府的指导下展开的。因此，要全面而深入地了解和理解中国的城镇化发展，也就需要从国家的体制改革和宏观政策的变化出发。

在中国的社会经济发展中，中央政府的"国民经济和社会发展计划"是国家方针政策付诸具体执行的行动纲领，因此，能够有效地将社会经济体制的改革与国家宏观政策结合起来。本章首先通过对改革开放以来的"国民经济和社会发展计划"的内容进行介绍，建立起这三十多年来体制改革和国家宏观政策演变的基本框架，然后对直接影响三十年来中国城镇化发展的主要体制和政策因素——中央和地方关系、经济特区/开发区政策、宏观区域政策以及城市发展政策等一一进行分述。影响城镇化发展的社会经济改革和宏观政策因素尚有许多内容，如农村经济体制改革、人口迁移政策等，将分别在后续的章节中再予以描述。

2.1 国民经济和社会发展计划的演变

国民经济和社会发展五年计划（常被简称为"五年计划"），是中央政府引导国家社会经济发展的纲领性文件与系统政策。从1950年代起，中国已经制定了12个五年计划，改革开放政策的实施是从1981年制定的第六个五年计划开始的。

在计划经济时期，中央政府不但是最高决策者和指挥者，而且还深入到社会经济运行的微观领域，在公有制基础上，直接管理和经营企业及单位。因此，计划经济时期的五年计划，通过重大项目的选址和建设，通过粮食和城市住房供应，甚至更为直接的城市人口增长、区域流动、城乡移民等控制，直接决定了中国的城镇化进程与格局。

改革开放后，中国实行经济体制改革，即由传统的计划经济体制向市场经济体制转变。中央政府主动缩减了指令性计划内容，逐渐扩大市场调节的范围。1992年，中国共产党第十四届代表大会正式提出强调市场经济调节的基础性作用后，不仅非公有经济转为依靠市场调节，政府不再直接干预其经营，国有部门也进入适应市场经济的体制改革和结构调整阶段。

全面的计划经济已经逐渐地退出历史舞台，但国民社会经济宏观计划依然存在并发展着。发展计划的内容逐渐从强制性的指令性计划（mandatory plan）为主转向指导性计划(directive plan)为主，从产品经济的具体安排向宏观调控的政策性安排转变，使政府的计划管理和行政干预，在维护市场调节为基础的前提下，发挥弥补"市场失灵"的作用。

改革开放三十年来，国家五年计划在计划编制方法和计划内容方面发生了较大的转变，反映了中国政府对发展问题的认识转变。计划经济时代的五年计划，是把经济建设和经济增长作为核心和衡量指标的国民经济发展计划，1980年代将社会发展内容纳入五年计划，名称也改为国民经济和社会发展计划。1990年代开始强调可持续发展和科学发展观，社会、经济、环境的协调发展成为最主要的内容，教育、环境保护和公共服务等的发展也成为计划的重要构成因素。

就城镇化发展而言，中央政府制定的国民经济和社会发展五年计划，不仅通过社会经济发展的安排与布局而实质性地促进了城镇化的发展，而且通过区域发展、城市发展方针甚至城市建设的专门章节，对全国城市发展和城镇化进程也作出安排。到第十个五年计划，正式提出"积极推进城镇化"，第十一个五年计划提出"主体功能区"国家空间发展战略，并推动编制和批复了一系列区域城镇群发展战略，从而将城镇化及其宏观调控作为国家社会经济发展的重要内容和手段。中央政府的五年计划从传统社会经济领域的宏观调控管理转向对城乡结构调整、区域空间均衡发展的引导，制定国土空间开发战略，在规范国家层面的开发秩序和开发强度等方面提出了重要举措，直接影响并规定了城镇化的发展及其进程。

以下，围绕着直接影响和决定中国城镇化发展的宏观政策及其演变，对改革开放后的七个中央政府的"五年计划"及其实施情况进行简要概述，从中可以看到中国城镇化发展的基本脉络。

1. 第六个五年计划："有计划的商品经济"

"六五"期间（1981—1985年），中国成功地进行了农村经济体制改革，改革开放和以经济建设为重心成为国家共识。

"六五"计划相对于之前的五年计划有三个方面的重要变化：一是提出"不断提高经济效益"，力争在二十年内（即到2000年），全国工农业总产值翻两番，国民经济现代化取得重大进展，人民的物质文化生活达到小康水平。农业、能源交通和教育科学是三个战略重点。二是在国家五年计划中增加了社会发展内容，计划的名称相应改为"国民经济与社会发展计划"，并设立了独立的"社会发展计划"章节，对社会发展的各个方面进行安排，包括人口、劳动就业、居民收入和消费、城乡建设、社会福利、文化、卫生、体育、环境保护、社会秩序等，特别强调了人民生活的改善、劳动就业、环境保护等方面。三是国民收入中用于扩大再生产的比重降低，相应地提高了消费支出的比例，使得人民生活能够更多地得到改善；经济结构中改变了以重工业发展为核心的策略，大力发展农业和消费品工业服务，保持社会生产两大部类之间的相互协调和促进，使得生产资料生产同消费资料生产的发展保持大体协调。

"六五"期间进行了所有制结构的重大调整和改革，发展"有计划的商品经济"，即鼓励经济形式多元化，在坚持对重要的经济活动和企业实行指令性计划的前提下，放活小企业和小商品，让位于市场调节，重视价格、税收、信贷等经济杠杆的应用，促进商品生产和交换，有效促进了轻工业、中小企业的发展，而且解决了大批知识青年返城和农民进城的就业需求。

这期间，粮食等农产品产量的大幅度增长，使得长期以来国民社会经济发展最大的困扰——即人民温饱问题——得到初步解决；轻工业，即消费品生产的发展，使得过去多年使用的计划经济商品票证除粮油外基本取消，敞开供应；国家统一分配调拨的产品种类和数量大幅减少，消费品和生产资料的市场不断扩大。消费商品的丰富和经济形式的多元化，使得城镇化的发展面临更为宽松的环境，使"离土不离乡"、"自理口粮"进城的"就地城镇化"模式成为可能。

"六五"时期是中国人口增长的一个高峰期，五年计划因此提出一切技术经济措施的采取，都要考虑到国家人口众多的特点，在严格控制人口增长的同时，"充分发挥我国丰富的劳动力资源优势"，统筹安排城乡关系，"避免农村人口大量涌向城市"。

在城乡建设章节，"六五"计划强调了"严格控制大城市规模，合理发展中等城市，积极发展小城市"的发展方针，提出新建大型工业项目，"一般不要放在大城市"，尽量放到中小城市或郊区，并建议"特大城市和部分有条件的大城市，要有计划地建设卫星城镇"。

城镇住房建设方面，"六五"计划提出要发挥中央、地方、企业和个人各方面的积极性，利用多种资金渠道和方式，有计划地进行住宅建设，进一步改善城镇居民居住状况。计划五年内城镇建成住宅 3.1 亿 m^2，平均每年 6 200 万 m^2。而实际"六五"期间城镇住宅竣工面积达超过 6.3 亿 m^2，农村新建住宅 32 亿 m^2，远远超出了计划设想，形成了继 1950 年代之后新中国成立以来第二次住宅建设高峰。由于大规模城镇住房建设的推动，中国的建筑行业，包括非国有经济的建设行业在此期间得到了较大的发展。

2. 第七个五年计划："计划调控市场、市场引导企业"

"七五"时期（1986—1990 年），在"建设有中国特色的社会主义"总纲领的指引下，改革的重点从农村转到城市，以城市为重点的全面经济改革开始推进。

在所有制改革方面，松绑私营经济与外资经济的发展，建立多种所有制共同发展的所有制结构；企业改革方面，国有企业改革开始起步，增强国营企业自主权，开始实行政企分开；市场化改革方面，以价格改革为核心，大胆尝试"价格闯关"，利用双轨制逐步放开价格，逐渐建立市场对资源的配置机制。

由于在"六五"后期出现了全国经济"过热"状况，固定资产投资规模过大、消费基金增长过猛，因此在"七五"计划中调整了投资结构，增加了能源、交通、通信和原材料等基础设施和基础工业的投资，适当增加农业、科学、教育事业的投资，相应压缩一般加工工业投资，适当控制非生产性建设投资的增长。为严格控制固定资产投资总规模，国务院还加强了对项目的审批，如1987年国务院规定除特批的急需项目外，一律暂停大中型新项目上马；对于已经开工的建设项目未落实电力供应和其他建设条件的，坚决停建或缓建；1988年国务院发布《关于楼堂馆所建设管理暂行规定》，要求所有机关、团体和全民所有制企事业单位的楼堂馆所——指办公楼、宾馆、俱乐部、展览馆、疗养院等大型公共建筑——建设必须经过严格的审批程序，任何单位相关建设未经列入部门和地方基本建设投资计划、未经报批程序不得擅自开工。

"七五"计划后期中国出现了严重的通货膨胀，国家经济与社会秩序一度出现混乱，中央政府不得不对国民经济结构失衡与改革过程中出现的问题进行了治理整顿。稳定物价成为国务院的首要任务。除了加强宏观控制以外，国家对重点产品实施重点控制，如钢材、有色金属、机电产品、食盐、棉花、粮食等加强计划管理或者实行国家专营，也就是说，之前一部分放开让市场自由调控的商品重新被纳入计划管理的范畴之内。

在城镇化宏观调控方面，五年计划提出继续贯彻执行"控制大城市规模、合理发展中等城市、积极发展小城市"的方针，切实防止大城市人口规模的过度膨胀，有重点地发展一批中等城市和小城市。

3. 第八个五年计划："建立社会主义市场经济体制"

"八五"时期（1991—1995年）是中国改革开放进程中的一个重要转折时期。"八五"计划本身是在国民经济全面治理整顿和国际国内政治局势激烈动荡的背景下制定的,其基调仍然是维持"计划经济与市场调节相结合"的运行机制。随着邓小平1992年南行讲话的推动,1993年11月,中国共产党第十四届三中全会通过了《中共中央关于建立社会主义市场经济体制若干问题的决定》,提出建立社会主义市场经济体制,加快改革开放和现代化建设成为社会共识,国民经济和社会发展的速度完全超出了原计划的设想,因此"八五"计划在实施的过程中进行了大幅度修改。

《中共中央关于建立社会主义市场经济体制若干问题的决定》提出,中国在20世纪末,将初步建立起社会主义市场经济体制,以公有制为主体、多种经济成分共同发展;积极培育以金融、劳动力和房地产为重点的要素市场,发挥市场机制在资源配置中的基础性作用;转变政府职能,建立健全的宏观调控体系;建立合理的个人收入分配和多层次的社会保障制度;尤其确立了此后一段时期内的国家体制改革的目标。

"八五"计划提出增强国家宏观调控能力、正确处理中央和地方关系的问题。国务院总理在向全国人大报告第八个五年计划纲要时指出,过去的改革改变了中央权力过分集中的格局,实行放权让利,调动了地方、企业和劳动者个人的积极性,但由于一些权力下放不当、宏观管理又没有及时跟上,造成国家财政收入占国民收入的比重和中央财政收入占整个财政收入比重下降过多,以致中央政府调控能力减弱。报告提出,从经济发展和深化改革出发,中央政府需要采取必要的政策和措施,适当集中财力物力,来办好一些必须由中央政府执行的、关系国家全局利益的大事。1994年的分税制改革正是在这一背景下,结合金融、外汇、计划和投资等方面的重大改革,经过周密规划,一揽子推出的。

"八五"计划的另一个重要举措是推进住房制度和社会保障制度的改革。计划提出按照国家、集体和个人共同负担的原则,加快住房制度和社会保险制度改革,改变低租金、无偿分配住房的办法,调动各方面的积极性,继续加快住宅建设。在城镇各类职工和个体劳动者中,逐步建立养老保险制度,扩大待业保险的范围。在农村继续推行集资办医和合作医疗保险制度。1994年国务院颁布了《国务院关于深化城镇住房制度改革的决定》,明确了住房改革的基本内容。

"八五"期间交通运输的建设进入加速发展期,计划大力提倡和鼓励中央、地方、企业联合建设交通设施,全国铁路新线计划建成里程6 600km。尽管"八五"计划没有正式提出开发中西部的战略措施,但在基础设施建设上开始明显向中西部倾斜,例如众多中西部地区的重要铁路干线建设和扩能改线工程都是在八五时期提出并完工,长江三峡、黄河小浪底等水利枢纽也在此期间开工建设,从而为后来的西部开发战略打下了基础。

4. 第九个五年计划:"两个根本转变"

"九五"时期(1996—2000年),针对当时存在的高通胀问题,中央政府继续把抑制通货膨胀作为宏观调控政策的首要任务,实行适度从紧的财政货币政策,在经济增长速度仍然保持高水平的情况下,提出实行"软着陆",试图使物价涨幅回落到较低水平。与此同时,经过20多年的改革开放,中国社会生产力水平大幅度提高,长期困扰社会生活的商品短缺情况基本改变,主要工农业产品在1990年代中后期出现了阶段性、结构性过剩,国内有效需求不足成为当时国民经济计划所关注的主要矛盾。根据当时社会经济发展的实际状况,九五计划提出了实现"两个根本转变"的整体指导方针,即经济体制从传统的计划经济体制向社会主义市场经济体制转变、经济增长方式从粗放型向集约型转变。

1997年亚洲金融危机爆发后,中央政府的宏观调控政策从紧缩性的政策转向了扩张性的政策,从适度从紧的财政和货币政策转为积极的财政政策和稳健的货币政策,主要政策包括:(1) 1998—2000年三年间共发行3 600亿元长期建设国债用于基础设施等方面建设,扩大投资需求;(2) 调整税收,实行税收优惠政策带动投资需求;恢复征收储蓄存款利息税,刺激居民消费;连续三次提高出口退税率,鼓励外贸出口;(3) 调整收入分配,特别是提高城镇中低阶层的收入,促进城镇居民的消费需求。其他相继出台的相关扩大需求政策还包括积极发展消费信贷(如住房、助学、汽车贷款)、下调银行法定存款准备金率、延长节假日时间、扩大高校招生规模等。

"九五"计划不再强调既往控制大城市和鼓励中小城市发展的方针,转而提出"按照市场经济的规律、经济内在联系和地理自然的特点","以中心城市和交通要道"为依托,形成跨行政界限的综合经济发展区域地带。在区域协调方面提出,逐步提高中西部地区的投资比重,促进东中西地区的经济联合与技术合作。

5. 第十个五年计划:"积极推进城镇化"

"十五"计划(2001—2005年)是在中国经济全球化程度迅速提升、人均国内生产总值进入世界银行的中下收入国家标准行列、市场机制在资源配置中开始发挥基础性作用的三大背景下制定和实施的。本次计划着重对战略性、宏观性和政策性的重大问题指明方向,并提出相应的重要对策,新计划较多为指导性、预测性,指令特征明显减弱。

在计划编制过程中,中央政府主管部门委托世界银行就中国"十五"计划和2015年远景规划提供政策建议。世界银行提交了包括农业、能源、经济增长、城镇化等21个专题报告的《中国的中期转轨问题:"十五"计划若干经济发展问题的框架文件》。此外,还专门为"十五"计划的制定设立网站,欢迎公众提出意见和建议,充分听取了各方面和各界人士的意见。

"十五"计划将积极推进城镇化发展作为十五期间国民经济和社会发展的核心内容,并对此作出明确而具体的安排。计划指出,"城镇化水平低"是目前中国经济和社会发展中的突出问题之一,提高城镇化水平和转移农村人口,不但有利于农民增收致富,而且可以为经济发展提供广阔的市场和持久的动力,是优化城乡经济结构、提高国民经济良性循环和社会协调发展的重大措施。因此,该计划将推进城镇化发展与调整城乡二元结构与调整产业结构、所有制结构和地区结构并列作为"十五"期间国民经济和社会发展的主要指导方针。

"十五"计划提出,"我国推进城镇化的条件已渐成熟,要不失时机地实施城镇化战略",并要求"走符合我国国情、大中小城市和小城镇协调发展的多样化的城镇化道路,逐渐形成合理的城镇体系","有重点地发展小城镇,积极发展中小城市,完善区域性中心城市功能,发挥大城市的辐射带动作用，引导城镇密集区有序发展"。计划还提出了一系列打破城乡分割体制和政策障碍，如改革城镇户籍制度、取消对农村劳动力进入城镇就业的不合理限制、改革完善城镇用地制度、改进城镇化的宏观管理等。

"十五"计划也就"九五"末期所提出的西部大开发出台了一系列有利于区域协调发展的重大举措，优先在中西部地区安排资源开发和基础设施建设项目，引导外资更多地投向中西部地区，逐步增加对中西部地区的财政转移支付和建设资金投入，并在对外开放、税收、土地、资源、人才等方面采取优惠政策。

"十五"计划把贯彻可持续发展战略提高到一个新的重视高度，通过人口、资源和环境三个角度提出了明确的可持续发展预期目标，遏制生态环境恶化。

6. 第十一个五年规划："科学发展观"

自"十一五"（2006—2010年）开始，国民经济和社会发展五年计划更名为五年"规划"。一字之改，在中文语境里意味着五年计划从"指令性"向"指导性"进一步转变。

计划的编制采取了更为开放和系统的公共参与方式。"十一五"规划涉及的重大课题面向社会公开招标；邀请全国人民为"十一五"规划建言献策，普通民众提出的建议被吸收到规划纲要中；全国人大、全国政协组织开展了一系列专题调研；国务院总理亲自主持召开了经济学家、企业家和农民代表、科教文卫体和民主党派四个座谈会听取对规划纲要的意见；国务院专门成立为"十一五"规划编制提供咨询论证的专家委员会，这都是中国五年计划编制历史上的第一次。

"科学发展"、"和谐发展"是本次规划的主线，并提出了坚持"六个必须"原则：必须保持经济平稳较快发展，必须加快转变经济增长方式，必须提高自主创新能力，必须促进城乡区域协调发展，必须加强和谐社会建设，必须不断深化改革开放。

"十一五"规划把解决好"三农"问题——即农村、农民和农业——放在了各项战略任务的首位，提出要坚持统筹城乡经济社会发展的基本方略，在积极稳妥地推进城镇化的同时，扎实稳步推进新农村建设。

促进区域协调发展是"十一五"规划的一个重要内容。规划提出，要根据资源环境的承载能力、发展基础和潜力，按照发挥比较优势、加强薄弱环节、享受均等化基本公共服务的要求，实现东中西良性互动、公共服务和人民生活水平差距趋向缩小的区域协调发展格局。并将区域协调发展政策概括为三个层面：第一个层面是实施区域发展总体战略；第二个层面是推进形成主体功能区；第三个层面是促进城镇化健康发展。

在"促进城镇化健康发展"章节，"十一五"规划延续了上一个五年计划所提出的大中小城市和小城镇协调发展的原则，进一步提出"要把城市群作为推进城镇化的主体形态"，"以特大城市和大城市为龙头"，增强和培育城市群的整体竞争力，形成以"若干城市群为主体，其他城市和小城镇点状分布，永久耕地和生态功能区相间隔，高效协调可持续的城镇化空间格局"。

7. 第十二个五年规划（2011—2015年）：加快发展转型

"十二五"规划基本延续了"十一五"规划中"科学发展观"为主题的基本精神和"加快转变经济发展方式"的主线要求，着力推进经济结构的战略性调整，希望形成消费、投资和出口共同拉动经济增长的新局面；保障和改善民生是规划根本的出发点和落脚点，解决好人民群众最关心的基本公共服务、就业、收入分配、社会保障、医疗卫生、住房保障等问题被放在更加突出的重要位置，希望能够切实地使发展成果惠及全体人民。

"十二五"规划将城镇化与工业化、信息化、市场化和国际化并列作为推动发展的驱动力之一，强调城乡和区域的协调发展，并提出"工业反哺农业"、"城市支持农村"的指导方针，通过城镇化和工业化发展而推进农业现代化、促进农民增收、加强农村基础设施和公共设施服务。

在区域协调和城镇化发展篇，"十二五"规划希望通过实施区域发展的总体战略和主体功能区战略，构筑"区域经济优势互补、主体功能定位清晰、国土空间高效利用、人与自然和谐相处"的区域发展格局，逐步实现不同区域基本公共服务均等化，"走中国特色的城镇化道路"，"科学制定城镇化发展规划"，从而促进城镇化健康发展。在区域空间政策方面，提出统筹谋划人口分布、经济布局、国土利用和城镇化格局，"引导人口和经济向适宜开发的区域集聚"，从而保护农业和生态发展空间，将国土划分成为"优先开发的城镇化地区"、"重点开发的城镇化地区"、"农产品主产区"、"限制开发的重点生态功能区"和"禁止开发的重点生态功能区"。

在"积极稳妥推进城镇化"章节，规划指出要遵循城市发展的客观规律，"以大城市为依托、中小城市为重点"，形成辐射作用大的城市群，促进大中小城市和小城镇协调发展，构建城镇化战略格局，把符合条件的农业转移人口逐步转为城镇居民作为推进城镇化的首要任务，坚持"以人为本、节地节能、生态环保、安全实用、突出特色、保护文化和自然遗产"的原则，科学编制城市规划，健全城镇建设标准，提高建成区人口密度，调整优化建设用地结构，增强城镇综合承载能力，并预防和治理"城市病"。

2.2 中央和地方关系的改革

中国是单一制国家，按照《中华人民共和国宪法》（以下简称《宪法》）的规定，中央政府即国务院是中国最高国家权力机关的执行机构，"统一领导全国地方各级国家行政机关的工作，规定中央和省、自治区、直辖市的国家行政机关的职权的具体划分"（《宪法》第八十九条）。在《中华人民共和国地方各级人民代表大会和地方各级人民政府组织法》（以下简称《组织法》）中，更明确规定："全国地方各级人民政府都是国务院统一领导下的国家行政机关，都服从国务院"（第五十五条），并在对地方各级人民政府的职权进行规定时，明确提出"执行本级人民代表大会及其常务委员会的决议，以及上级国家行政机关的决定和命令"。与此同时，地方政府各部门在地方人民政府统一领导下，按法律法规的规定受上级政府主管部门的业务指导或领导，"省、自治区、直辖市的人民政府的各工作部门……受国务院主管部门的业务指导或领导"（《组织法》第六十六条），由此形成了政府部门管理中的"条条关系"的基本框架。

另一方面,地方在中央领导下,仍拥有一定的自主权和主动权。《宪法》第三条规定,"中央和地方的国家机构职权的划分,遵循在中央的统一领导下,充分发挥地方的主动性、积极性的原则。"1982年《宪法》的修订,改变了过去的一级立法体制,扩大了省、自治区和直辖市国家权力机关的立法权,成为两级立法体制。

2.2.1 分权制改革

计划经济时期,中央政府掌握着国家绝大部分资源的计划、调拨和分配权力,其政策、法规和决策对于中国的城镇化进程起着直接的决定性作用。改革开放三十多年来,"分权",即赋予地方政府更大的责权是经济体制改革的一个重要方面,为地方自主权的提升提供了制度性条件和环境。分权化的改革,既包括行政管理权力的下放,也包括经济权力的下放。1984年中国共产党十二届三中全会通过了《中共中央关于经济体制改革的决定》,有步骤地、梯度性地向地方下放自主权由此启动,从而使地方政府享有了更大的行政和经济管理权。从1980年代至今设立的一系列经济特区和对外经济开放地区、开发区、综合改革试点区等,就是提高地方政府自主权的分权改革试点区,并在一定时期后向更广阔的地区推进。

分权改革所调整的中央—地方关系,在财政体制改革过程中显现得最为直接。在计划经济时代,财政体制是"统收统支"、"大锅饭"式的财政制度,改革开放初期实行"分灶吃饭"的财政包干制度,1994年后全国实行中央税和地方税分离的分税制,使中央和地方的财权和事权得到更加清晰的分离,中央直接管理经济的作用下降而宏观调控能力增强,地方政府的作用和自主权(autonomy)得到加强。不过,在分权改革过程中,一些重要的权力仍然控制在中央,尤其是实行分税制后,中央对于地方的控制在某些专业领域甚至有所增强。

就影响城镇化发展的重要因素而言,中央政府在国民社会经济发展中的主要事权上突出表现在如下几个方面:

第一，宏观经济调控及其强制性权力的运用。除运用制定发展战略、中长期规划和年度计划之类的手段之外，中央政府还具有运用行政手段调节经济运行的权力。1980年代的宏观调控方法主要是行政手段，1990年代以来越来越以货币政策为主，但也不排除比行政手段更为强硬的强制性权力的应用。如在近年的房地产市场调控中，中央政府自2005年起发布了一系列关于抑制房价的规定，直接应用强制性权力，促使地方政府行动控制房价上升。

第二，对重大工程项目投资的直接管理权。对于大型投资项目，无论是大型制造业项目，还是重大基础设施项目，如地铁、跨海大桥、机场等的建设，无论是地方政府公共投资还是通过市场运作的非公共投资项目，只要其达到一定的投资规模，为避免重复建设和生产力布局的合理性，都需经过国家发展与改革委员会的批准。

第三，对城乡发展规划的直接管理权。中国的城乡规划法规规定了所有的大城市的城市总体规划由中央政府进行审批。2008年通过的《中华人民共和国城乡规划法》（以下简称《城乡规划法》）规定，中央政府城乡规划主管部门组织编制全国城镇体系规划，省、自治区人民政府组织编制省域城镇体系规划，均由国务院审批；直辖市、省自治区人民政府所在地城市和国务院指定的城市的总体规划，由国务院审批。中央政府城乡规划主管部门向国务院审批总体规划的城市派出督察员，督察城市总体规划的实施情况。

第四，对国土资源的直接管理权。《中华人民共和国土地管理法》第二条规定，对全民所有制土地，即"国家所有土地的所有权由国务院代表国家行使"。中央政府不仅编制全国土地利用总体规划，而且对城市土地的使用实行建设用地指标控制和用地审批制度，即制定各地方年度用地指标下达执行，对大型建设项目实行个案式用地审批。在矿产资源方面，中央政府享有直接的调配权，如西气东送、南水北调、电力区域调配等。

2.2.2 中央与地方的财政关系

改革开放以来，中国城镇化的快速发展与中央和地方财税关系的变化密切相关。在改革开放以前，国家财政深入到经济的各个环节，直接管理事业单位财务和基本建设财务，地方没有独立预算，地方收支标准均由中央政府统一规定。1978年以后，放权让利拉开整体经济改革序幕。财政体制改革以中央和地方财税关系为主线，致力于支持市场经济的发展，建设以税收为核心的公共财政。在财政体制改革的推动下，企业活力得到释放，地方政府得到鼓励，市场经济体制逐步形成。

财政体制改革按照中央和地方财政关系来看，基本可分为3个阶段：

（1）1978—1982年："财政包干制"尝试期

从1978年开始，在部分省市实行"增收分成、收支挂钩"的办法，以调动地方增收增长的积极性。其主要内容包括地方财政支出与其负责组织的收入挂钩，中央与地方进行总额分成，分成比例一年一变，地方机动财力按当年实际收入比上年增加的部分和确定的增收分成比例进行分成。1979年开始在广西、宁夏等民族自治地区之外的大部分省市实行"收支挂钩、超收分成"体制，将超收部分按照一定比例重新分成。与此同时，在四川省和江苏省进行进一步改革的试点："四川式体制"的试行办法为"划分收支，分级包干"，"江苏式体制"为"收支挂钩、总额分成、比例包干、三年不变"。

1980年2月，国务院颁布了《关于实行"划分收支，分级包干"的财政管理体制的暂行规定》，将这种"分灶吃饭"的"财政包干制"推广到全国。这一改革根据各地经济发展的实际状况，采用"划分收支、分级包干"、"全额分成、比例包干"、"定额上缴或定额补贴"等多种模式，在确保中央必不可少的开支前提下，明确各级财政的权利和责任，扩大地方财权，充分发挥地方的积极性。1982年12月，国务院发布《关于改进"划分收支、分级包干"财政管理体制的通知》，财政包干制的内容进行了部分修正和完善。

这一时期的财政改革尝试打破了统收统支、依赖中央的局面，实行了中央与地方的分灶吃饭，扩大了地方的财权，增强了地方政府的发展主动性，同时也为推进城镇化的发展奠定了财力和事权基础。

(2) 1983—1993年:"利改税"后的"财政包干制"时期

1983年,中共十二届三中全会通过《中共中央关于经济体制改革的决定》,城市经济体制改革全面开展。同年拉开了利税改革的帷幕。利润是产权收益的一种方式,是所有者分享企业收益的一种分割方式;税收则是企业、居民等为政府提供公共产品而支付的价格,是与市场经济相适应的财政收入的主要形式。因此,由过去的利润主导的财政向税收主导的改革,标志着中国建设公共财政进程的开始。

1983年启动的第一步"利改税",保持税利并存;在大中型企业的实现利润中,先征收所得税,剩余利润在国家和企业间采用多种方式分配。

1985年3月,国务院发布《关于实行"划分税种、核定收支、分级包干"的财政管理体制》,要求按照税改后的税种设置,划分各级财政收入,完善了税制改革,推进了中央和地方关系进一步规范化。这次改革,将企业上缴利润全部采用税收形式上缴,由此奠定了现行税制的基础。

1988年7月国务院颁布了《关于地方实行财政包干制办法的决定》,应对1985年以来中央财政收入占全国财政收入比例下降、经济发展较快地区上缴比例过高等问题,实行了不同形式的包干办法,包括"收入递增包干"、"总额分成"、"定额上解"、"定额补助"等方式。

财政包干制的主要作用在于将集中在中央的财权和事权下放到地方,地方财政收入占全国财政收入比重的稳固地位在体制内得到确认,强化了地方政府的利益,增强了地方间的财政竞争,提高了经济活力,并使中国财政收入逐步从按行政隶属关系划分向按税种划分转变。但由于财政包干制导致了地方财政相对于中央财政而言实力增强,中央政府占全国财政收入总比例的下降,影响其宏观调控能力,并在一定程度上造成地区间市场封锁,不利于全国统一市场的形成和政府间关系规范化,催生了中国重要的财政体制改革措施:分税制的出现。

(3) 1994年至今:分税制财政改革后的公共财政时期

1993年12月,国务院发布了《关于实行分税制财政管理体制的决定》,

提出"根据事权和财权相结合的原则,将税种统一划分为中央税、地方税和中央地方共享税,并建立中央税收和地方税收体系,分设中央和地方两套税务机构分别征管"。其直接目标是提高财政收入占 GDP 的比重和中央财政收入占全国财政总收入的比重。分税制财政制度的确立促进了以税收为基础、以事权对应为原则的公共财政的建设。该项改革自 1994 年起开始实施。

1978 年至 1993 年,中央和地方财政收入都逐年增加,但地方财政实力强于中央财政,地方财政在财政收入总值中的比例远高于中央财政在总值中的比例。1994 年实行分税制后,增值税的 75% 和消费税划为中央收入,中央财政收入占到总收入的 55.7%。因此,尽管中央和地方财政收入绝对值都在增加,但中央财政规模开始超过地方收入,中央政府的财政调控能力明显增强,而地方财政收入有所降低。但两者在总财政收入中的比例接近,基本上还保持在 1∶1 左右。

图 2-1 中央和地方财政收入增长(1978—2010 年)

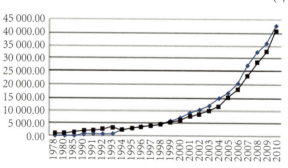

(单位:亿元)

资料来源:中国统计年鉴(2011),中国统计出版社

表 2-1 中央和地方财政收入比例（1978—2010 年）

(单位：亿元)

年份	中央财政收入比重	地方财政收入比重	年份	中央财政收入比重	地方财政收入比重
1978	15.5	84.5	1999	51.1	48.9
1980	24.5	75.5	2000	52.2	47.8
1985	38.4	61.6	2001	52.4	47.6
1990	33.8	66.2	2002	55.0	45.0
1991	29.8	70.2	2003	54.6	45.4
1992	28.1	71.9	2004	54.9	45.1
1993	22.0	78.0	2005	52.3	47.7
1994	55.7	44.3	2006	52.8	47.2
1995	52.2	47.8	2007	54.1	45.9
1996	49.4	50.6	2008	53.3	46.7
1997	48.9	51.5	2009	52.4	47.6
1998	49.5	50.5	2010	51.1	48.9

资料来源：根据新中国 50 年财政统计，经济科学出版社，2000 年整理

图 2-2 中央和地方财政收入比例（1978—2010 年）

(单位：亿元)

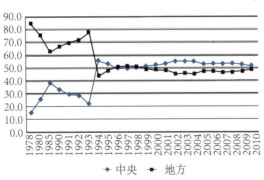

资料来源：根据新中国 50 年财政统计，经济科学出版社，2000 年整理

根据分税制的规定，中央和地方财政收入所涉及到的税种有了较大幅度的调整。就总体而言，那些税源稳定、税基广、易征收的税种大部分划归中央财政，如产品税、国有企业调节税、盐税等；而资源税、城镇土地使用税、耕地占

有税等则作为地方财政收入。企业所得税按纳税人隶属关系分别划归中央和地方；增值税在中央与地方之间按 3∶1 的比例分成。与此同时，城镇土地出让收入也全部划入地方财政，由此也为之后的"土地财政"盛行打开了闸门。

财政体制改革是一个从"放权让利"到"分权"、并引入了市场机制的中央和地方财政关系变化的过程，明确中央与地方的事权划分和地方政府财政自主权，促使地方政府在明确自身职能的基础上更加重视财政收支；并促使地方政府开始更多地运用预算内支出来实现其竞争策略。中央和地方财税关系的规范化保障了地方经济发展的积极性；地方政府自主权的增加和地方经济活力的增强为城镇化快速发展提供了行政和资金的支持。

表 2-2 地方财政各项税收收入

(单位：亿元)

	1993 年	所占比例 (%)	1994 年	所占比例 (%)	所占比例的变化率 (%)
产品税	638.59	18.94	0.00	0.00	-100
增值税	953.91	28.29	579.98	25.27	-10.68
营业税	891.14	26.43	647.36	28.21	6.72
资源税	22.83	0.68	45.45	1.98	192.46
国有企业所得税	114.47	3.40	192.77	8.40	147.39
国有企业调节税	-1.19	-0.04	0.00	0.00	-100
集体企业所得税	95.69	2.84	98.74	4.30	51.59
城镇土地使用税	15.14	0.45	32.51	1.42	215.45
证券交易印花税	35.08	1.04	22.66	0.99	-5.11
其他工商税收	295.44	8.76	226.02	9.85	12.39
盐税	7.85	0.23	0.00	0.00	-100
农业税	96.39	2.86	195.02	8.50	197.22
城市维护建设税	145.67	4.32	174.63	7.61	76.11
固定资产投资方向调节税	38.40	1.14	43.30	1.89	65.65
耕地占有税	21.90	0.65	36.47	1.59	144.64
总计	3371.31	100.00	2297.91	100.00	

资料来源：根据新中国 50 年财政统计，经济科学出版社，2000 年整理

2.2.3 中央政府财政转移支付

在 1994 年分税制改革之前，中国财政体制一直以中央政府的行政性分配为主，其中存在着中央对地方的体制补助、专项补助以及结算补助等形式，属于转移支付的范畴。在实行财政包干制度时期，由于中央财政集中的财力有限，没有能力建立转移支付制度，只能先行建立税收返还制度，并设立一些专项资金以帮助一些经济特别不发达地区，如 1980 年设立了支援不发达地区的发展资金，帮助边远地区、少数民族自治地区、老革命根据地和经济基础比较差的地区加快发展生产。此项资金建议达到国家财政支出总额的 2%，由财政部分配，实行专案拨款。

窗口 2-1　地区不平衡

中国现行的分权化财政体制导致严重的横向财政不平衡。这些不平衡不仅反映在省际，也反映在省内。在省际，最富裕省的人均支出比最贫困省的人均支出几乎高 20 倍。以 1998 年中国人均支出为例，上海是 4.5，而河北省是 0.23。用国际标准判断，这些不平衡程度很高，可能仅仅有一些国家，如俄罗斯，超过这种程度。

另一个重要的横向省际财政不平衡的特点是，近年来这一趋势有所加重。与中国平均支出相比，上海和北京人均财政支出持续大幅度增加。从 1990 年到 1998 年如河北和甘肃等贫困省的比率大幅度继续下降（在 1990 年代）。现行财政分权化体制未能均衡地方政府之间的财力和支出需求，至少在省级政府如此。省级以下的地方政府，这种趋势程度不同，但是在省际和省内甚至在同级单位内财政不平衡非常严重。至于服务供给，由于未根据地区间成本的差异调整这些收入和支出数据，在获取服务方面更加不公平。如在甘肃边远山区县提供公共服务的成本异常大。有些财政不平衡也可能是实施中央政府政策的后果。甘肃、河北、湖南和江苏省的人均预算支出和有关科目之间的分配统计显示，尽管甘肃省人均 GDP 非常低，但河北和湖南的人均支出比甘肃更低。

表 2-3 2008 年中央对地方的转移支付

转移支付项目	金额（亿元）
一、中央对地方的一般性转移支付	7792.71
一般性转移支付补助	3510.52
两税返还（增值税和消费税）	3372
所得税基数返还	910.19
二、专项转移支付	15152.9
民族地区转移支付	275.79
县乡基本财力保障机制奖补资金	438.18
调整工资转移支付	2392.3
农村税费改革转移支付补助	762.54
义务教育转移支出	269.36
农村义务教育化债补助	150
资源枯竭城市财力性转移支出	25
定额补助（原体制补助）	136.14
企、事业单位划转补助	335
结算财力补助	354.66
工商部门停征两费转移支付	47
专项转移支付补助	9966.93
教育	687.63
科学技术	85.88
社会保障和就业	2399.31
医疗卫生	780.02
环境保护	974.09
农林水事务	1513.13
其他专项转移支付补助	3526.87
中央对地方转移支付合计	22945.61

资料来源："图表 2008 年中央对地方税收返还和转移支付支出情况"，新华社供稿，转引自：冯兴元，《地方政府竞争：理论范式、分析框架与实证分析》，译林出版社

分税制改革后，中央财政收入有了较大提高，转移支付开始逐步纳入正轨。1995 年《过渡期转移支付办法》在不触动地方既得利益的条件下，由中央财政安排一部分资金，解决地方财政运行中的主要矛盾，并体现向民族地区倾斜的政策。1995 年中央财政从收入增量中共拿出 21 亿元用于对地方的转移支付，在 30 个省区中，共有 18 个获得了中央的转移支付。

1996 年《过渡期转移支付方法》改进了客观转移支付的计算方法，以"标准收入"替代"财力"因素。当年中央财政共从收入增量中拿出 35 亿用于对

地方的转移支付，获得补助的地区增加到 20 个。2002 年开始，原来的过渡期转移支付概念不再沿用，为"一般性转移支付"所取代。根据 2008 年的中央转移支付分类（见表 2-3）显示，一般性转移支付包括一般性转移支付补助、增值税和消费税的返还、所得税基数返还；专项转移支付针对特定区域和领域设置。

一般性转移支付和专项转移支付的金额也在不断变化。根据《关于 2010 年中央对地方税收返还和转移支付决算的说明》，在该财政年度中，中央对地方一般性转移支付预算数为 12 295.73 亿元，决算数为 13 235.66 亿元，完成预算的 107.6%；中央对地方专项转移支付预算数为 13 310.91 亿元，决算数为 14 112.06 亿元，完成预算的 106%；中央对地方税收返还预算数为 5 004.36 亿元，决算数为 4 993.37 亿元，决算数为预算数的 99.8%。

近年来，中央财政转移支付与国家相关政策和计划相配合，如结合《全国主体功能区规划》和《全国生态功能区划》的编制和颁布，财政部制定了《国家重点生态功能区转移支付办法》，中央财政在均衡性转移支付项下设立国家重点生态功能区转移支付。

图 2-3 城市维护建设资金中的中央财政拨款金额（1980—2006 年）

（单位：万元）

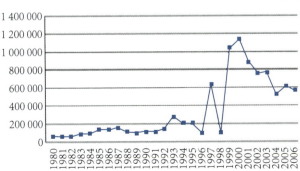

图 2-4 中央财政拨款在城市维护建设资金中的比例（1980—2006 年）

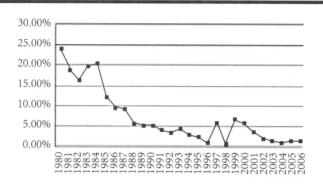

此外，在《中国城市建设统计年鉴（2006 年）》中也可看到，城市维护建设资金收入中有中央财政的拨款金额，其数量在不同时期有所不同（见图 2-3）。1980—1996 年基本保持在 30 亿元人民币以下。1997 年攀升到 65 亿元，1998 年回落到 1996 年水平。1999 年再次升到 105 亿元，2000 年升至 1980—2006 年的最高，达到 115 亿元，然后逐年回落，保持在 60 亿元的水平。

在城市维护建设资金中，中央财政拨款所占的比例呈下降的趋势（见图 2-4）。在 1980 年至 2006 年期间，中央财政拨款所占的比例最高为 1980 年的 24%，之后快速下降，1988—1994 年基本维持在 5% 左右；1995—2002 年间出现较大的波动，其中 1998 年达到了历史的最低点 0.73%；2002 年之后这一比例基本上都保持在 3% 以下，2006 年仅为 1.6%。中央财政拨款占全国城市维护建设资金收入的比重体现出中央财政拨款对于常规性城市建设资助的弱化，城市建设更多地依赖地方政府自筹资金。

2007 年的美国次贷危机在 2008 年演变为影响全球的国际金融危机。中国经济增长的"三驾马车"：消费、投资和净出口均出现瓶颈。净出口因外需迅速减少而大幅减少；消费因中国的可支配收入比例低和储蓄倾向，较难短期拉动经济；公共投资成为现实选择。2008 年 11 月 9 日，国务院公布了拉动内需的十项新措施，明确到 2010 年底，约投资 4 万亿人民币，集中在基础设施建设和社会福利方面。

本报告的分区分析是按照《中国城市建设统计年鉴（2006年）》中的"分类二：按区域经济带"分类，具体省市如下：

(1) 东部地区：北京、天津、河北、辽宁、上海、江苏、浙江、福建、山东、广东和海南11个省的城市和直辖市；(2) 中部地区：山西、吉林、黑龙江、安徽、江西、河南、湖北和湖南8个省的城市；(3) 西部地区：内蒙古、广西、重庆、四川、贵州、云南、西藏、陕西、甘肃、宁夏、青海和新疆12个省、自治区的城市和直辖市。

根据这一分区方式整理计算城市维护建设资金中的中央财政拨款（见图2-5），2006年东部地区获得了50%的中央财政拨款，中西部共50%；其中西部为29%，中部为21%。可见中央政府在城市建设中的重点地区是在东部的11个省市；西部地区的12个省、自治区的城市和直辖市其次；中部地区的8个省获得的比例最少。

图2-5 2006年城市建设维护资金中的中央财政拨款分区比例

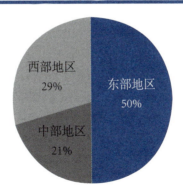

资料来源：中国城市建设统计年鉴（2006），中国建筑工业出版社

2.3 经济特区/开发区的发展

2.3.1 经济特区的建设与发展

中国的经济特区是在其境内划出的具有一定范围、提供良好的基础设施、实行某些特殊的经济政策和措施，吸引外商到该地投资办厂或从事其他业务活动，以利用外国的资金、技术、设备等，促进该地区和中国经济发展的开放性经济区域发展。设立经济特区是中国实施改革开放的重要举措之一，通过对内搞活、对外开放，吸引国外投资、扩大对外贸易，提高中国对外经济技术合作和交流，从而成为从计划经济向社会主义市场经济体制转变的先行者和试验地。

1979年国务院决定广东、福建两省在对外经济活动中实行特殊政策和灵活措施，其中包括试办经济特区。1980年开始先后确定了深圳、珠海、汕头、厦门四个经济特区，1988年经全国人大批准将新成立的海南省划定为经济特区，使之成为全国最大的经济特区。经济特区的建设和发展打开了中国经济对外的窗口，新政策和体制创新在特区内得到实践和检验；特区的成功发展为中国其他区域的改革开放奠定了基础。

经济特区的发展遵循了工业投资以吸收外资为主，产品以出口为主的基本原则，形成了以工业为主，工贸结合，外向型、城市型经济为基本特征的产业结构。特区经济选择劳动密集型以及劳动密集型和技术知识型相结合产业的发展道路，充分利用劳动力资源丰富和成本较低的优势，形成了电子、轻纺、食品、机械、化工、建材、仪器仪表等为主的出口支柱行业群。同时，经济特区的发展中，投资的拉动作用明显。以深圳、珠海、汕头、厦门和海南五大经济特区为例，从1980至2010年，深圳的全社会固定资产投资由1.38亿元增加到619.70亿元，增长了近450倍，珠海由0.58亿元增加到94.98亿元，增长了160多倍；汕头由2.1亿元增加到112.48亿元，增长了53倍；厦门由1.2亿元增加到175.02亿元，增长了140多倍；海南由3.47亿元增加到193.50亿元，增长了55倍。投资拉动是经济特区成功发展的重要机制。

经济特区工业化和现代化的过程，也是其快速城镇化的过程。以深圳经济特区的发展为例，1979年深圳人口仅为3万人。1980年8月26日国务院批准成为中国第一个经济特区。作为经济特区的深圳保持了经济的高速增长，创造了较多的就业岗位，人口大量流入。至2000年，深圳全市常住人口已达700.84万人；2010年末达到1 036万人。在2010年末的常住人口中，户籍人口251万人，非户籍人口约798万人，非户籍人口占常住总人口的77%。深圳常住人口在1990至2000年间的年均增长率为6.34%，2000至2010年的年平均增长率为3.98%。

经济特区选择在具有一定区位优势的沿海地区，其区位优势因设定特区及与之相适应的特殊政策措施而得到强化；其在体制方面先行先试的机遇使其在国际产业分工和内地劳动力及市场上获得支撑，从而在资金、技术和产业等方面得到长足发展。经济特区在中国改革开放的历程中所起的更大作用在于为中国的经济体制改革、中国城市管理制度改革等方面起到了示范和推进的作用，但与此同时，随着中国经济的全面开放，城市各类开发区的蓬勃发展，特区的政策优势在下降，实施特殊政策与措施的"时间差"正在缩小，特殊政策与措施的"特殊的程度正在降低"。特殊政策与措施实施的相对环境优势正在失去，这是当前经济特区进一步发展和转型所面对的新问题。

2.3.2 城市开发区的建设与发展

城市开发区与经济特区的性质存在一定的相似性，都是为了吸引外部生产要素、促进自身经济发展而划出一定范围并在其中实施特殊政策和管理手段的特定区域，只是其自治程度、管理权限以及地理范围相对较小。1984年国务院正式批准建立第一个国家级经济技术发发区——大连经济技术开发区，1988年国务院正式批准建立第一个国家级高新技术开发区——北京新技术产业开发试验区，1984年10月，上海星火工业园区的建立启动了中国省级开发区的发展，此后，国家和省（自治区、直辖市）人民政府批准设立的开发区数量不断增长。

根据国家发展和改革委员会、国土资源部和建设部在2006年颁布的《中国开发区审核公告目录(2006版)》，开发区分为国家级和省级两个层次。国家级开发区由中央政府批准，省级开发区由省级人民政府审批，报国务院备案。到2006年，国家批准设立的开发区共222家。省（自治区、直辖市）人民政府批准设立的开发区共1 346家，总体规划面积7 629km²。省级开发区最多的是山东省，其次为江苏省和浙江省①。长江三角洲的两省一市集聚了大量的开发区（见图2-6）。东部拥有的省级开发区数量最多，其次为中部，开发区设立最少的为西部地区。

图2-6 长江三角洲主要开发区分布图

中国开发区的建设如火如荼，地方政府将开发区的设立作为经济发展的重要途径，通过土地开发、园区建设、招商引资，推进城镇化。2006年底全国共有2 860个县级行政区划，大约42%都有省级开发区。全国总共333个地

---

① 具体批准设立数量为北京市16家、天津市25家、河北省45家、山西省22家、内蒙古自治区39家、辽宁省42家、吉林省35家、黑龙江省29家、上海26家、江苏省109家、浙江省103家、安徽省85家、福建省65家、江西省88家、山东省155家、河南省23家、湖北省89家、湖南省73家、广东省69家、广西壮族自治区23家、海南省5家、重庆市34家、四川省38家、贵州省13家、云南省15家、陕西省17家、甘肃省34家、青海省3家、宁夏回族自治区15家、新疆维吾尔自治区11家。

级行政区中，298个有省级开发区，占到89.15%，因此绝大部分地级行政区划都至少拥有一个省级开发区，体现出省级开发区的设立以地级行政区划为单位的平衡原则和空间布局特点。

这些数量众多的开发区，其设定的目标和功能不同，通常可以划分为：经济技术开发区、高新技术产业开发区、保税区、出口加工、边境经济合作区以及特色工业园区等。其中，经济技术开发区力求推动经济技术的综合开发，高新技术产业开发区旨在推动科技创新和技术成果转化，保税区以推动国际货物流转贸易为目标，出口加工区旨在推进出口加工业的集中和发展，边境经济合作区为促进双边贸易和产业合作为主，特色工业园区主要发展特定的产业及其产业链。在国家批准设立的222家开发区中，经济技术开发区49家、高新技术产业开发区53家、保税区15家、出口加工区58家、边境经济合作区14家、其他类型开发区33家。在省（自治区、直辖市）人民政府批准设立的1346家开发区中，省级经济开发区为1233家，省级高新技术产业园区为65家，省级特色工业园区为48家。从总体来看，中国目前批准设立的大部分省级开发区为综合性发展的经济区，以高新技术产业或特定特色产业为主的较少。

各类开发区在招商引资中多提供特定的优惠政策和支持措施。中央政府制定国家级开发区的发展政策，并进行相应的发展引导和决策；有些省级人民代表大会通过开发区管理条例，确定开发区发展管理机制，省级政府制定省级开发区发展政策，组织和引导开发。中国各类开发区在管理方式具有相似性，由开发区所在地人民政府设置专门机构——开发区管理委员会进行管理和营运。随着开发区内部的功能多元化发展，开发区管理体制开始出现向行政区管理体制转变，即由原先以经济开发为主的管理委员会体制向一级地方政府管理体制转变，自2000年以来，先后已有7家开发区改制为行政区，目前还有多家开发区正在酝酿进行区划调整。

各类开发区在特定的投资、人才、土地、基础设施和管理方面政策的支持下，发挥产业集聚效应，实现了比周边地区更快的增长速度，从而为城市和区域的发展作出贡献。以国家级经济技术开发区为例，在1995至2007年期间，54个国家级经济技术开发区GDP增长了18.3倍，而全国GDP仅增长了1.61倍；2007年54个国家级经济技术开发区总计GDP为126 951.96亿元人民币，与2006年相比增长25.48%，而同期全国GDP增长速度为11.4%，速度相比差距超过1倍。有研究运用2000至2006年的52个国家级经济开发区的数据，考察了开发区对区域经济增长的贡献，实证结果显示开发区对区域经济增长具有显著作用，开发区比非开发区具有更高的生产率，同时开发区对周边地区具有技术外溢效应。此外，沿边与内陆城市的开发区对所在城市在全国城市体系中的位序提升产生显著影响，对特大城市、大城市及沿海城市的位序提升影响相对较小。

2.4 国家宏观区域发展战略

改革开放三十多年来，与经济体制改革和对外开放紧密结合，中国政府在宏观区域发展战略上采取了由点到线到面、由沿海到内地的梯度性区域重点开发，在世纪之交则提出了促进东、中、西区域协调发展的国家战略和基于资源承载力条件的主体功能区发展战略。中国的宏观区域战略发展可以大致分为五个阶段。

(1) 经济特区的建设与发展

改革开放之初，中央政府批准广东和福建两省在对外经济活动中可实行特殊政策和相对灵活的措施。1980年，经全国人大常委会批准，设立深圳、珠海、汕头和厦门经济特区。1988年，第七届全国人民代表大会第一次会议批准海南作为中华人民共和国的第31省，并使之成为中国第五个、也是最大的一个经济特区。

这五个经济特区都位于中国东南部沿海地区，实行特殊的经济政策和管理体制，以外向型经济为主，推行市场调节的经济体制，成为中国对外开放的窗口和改革的试验基地。在经济特区城市的带动下，广东和福建两省许多城市的外向型经济得到了较大的发展，是中国1980年代经济发展最为快速的地区。

(2) 向东部沿海倾斜阶段

国家"六五"计划（1981—1985）指出，要积极利用沿海地区的现有基础，"充分发挥它们的特长，带动内地经济进一步发展"，而内陆地区着重能源、交通和原材料工业建设，挖掘农业生产潜力，"支援沿海地区的发展"。"七五"计划（1986—1990）则明确提出"加速东部沿海地带的发展"。

1984年，在总结经济特区经验的基础上，中共中央和国务院决定进一步开放14个沿海港口城市，即天津、上海、大连、秦皇岛、烟台、青岛、连云港、南通、宁波、温州、福州、广州、湛江和北海。这些城市都是工业基础雄厚、历史上就有着广泛的国际联系的港口城市，工业总产值占到当时全国工业总产值的20%。这些城市在经济技术对外的自主权得到扩大，包括利用外资建设项目的审批权，并享受税收减免政策。

1985年国务院提出了沿海地区经济发展战略，决定开辟长江三角洲、珠江三角洲和闽南厦漳泉三角地区为经济开发区。1988年初，辽东半岛、胶东半岛以及河北、广西等一些沿海地区的市、县、镇被列入沿海经济开放区的范围。这些地区共包括41个市和218个县，总人口达2亿多人，可以享受类似于沿海开放城市的国家优惠政策。

由此，实行开放政策的地区由零星的经济特区扩大到纵贯南北的沿海地区，由城市扩展到包括农村的广大地区。

(3) 沿边、沿江及内陆省会城市全面开发和开放阶段

进入1990年代后，随着改革开放的深入和中国综合国力的增强，面对地区发展差距特别是东西差距的不断拉大，中国政府正式把促进地区经济协调发展提上议事日程，并先后对外开放了长江沿岸城市、内陆边境口岸城市和省会（首府）城市，优先开发开放地区由沿海向内陆逐步纵深发展。

1990年，中央政府宣布开发开放上海浦东新区，其意义在于推动上海作为发展的"龙头"带动长江流域的发展，该流域拥有3亿人口、180万 km^2，是中国横贯东西、人口最为密集、资源相对富饶的地区。

在宣布浦东开发开放之后的两年内，中央政府先后批准开放了13个沿边（境）、6个沿（长）江和18个内陆省会（首府）城市，形成了由南及北、由

东至西、沿海、沿江、沿边和通过内陆地区各省会全面带动的多层次、全方位战略发展格局。

"八五"计划时期（1991—1995），国家增加了在中西部地区的投资比重，在资源开发利用和大中型建设项目上实行同等条件下西部地区优先的政策，并积极推动沿海的加工制造业逐步向中西部资源丰富的地区转移扩散。

(4) 以西部大开发为标志的区域协调发展阶段

在国家"七五"计划强调东部沿海地区发展的同时，也提出"……积极做好进一步开发西部地带的准备"。1999 年，中国共产党十五届四中全会提出实施西部大开发战略，标志着国家宏观区域政策的一个转折，由注重对外开放、吸引外资的开发重点城市和地区，向强调东中西区域协调发展转变。进而中央政府出台了一系列有利于区域协调发展的重大举措，优先在中西部地区安排资源开发和基础设施建设项目，引导外资更多地投向中西部地区，逐步增加对中西部地区的财政和政策支持。

2003 年，中共十六大报告明确指出，支持东北地区等老工业基地加快调整和改造，支持以资源开采为主的城市和地区发展接续产业。2003 年底，中央政府出台《关于实施东北地区等老工业基地振兴战略的若干意见》，并成立了国务院振兴东北地区老工业基地领导小组。2006 年，《中共中央国务院关于促进中部崛起的若干意见》出台，提出将中部地区建设成为全国重要的粮食生产基地、能源原材料基地、现代装备制造及高技术产业基地和综合交通运输枢纽。

与此同时，国家对欠发达地区的扶持资助重点放在贫困人口相对集中的中西部少数民族地区、革命老区、边疆地区和一些特困地区(即"老少边穷"地区)。2001 年，国务院制定了《中国农村扶贫开发纲要（2001—2010）》，在提高农村贫困线标准的基础上，进一步加大了对扶贫的资金和政策的支持力度。

(5) 建立主体功能区宏观指导阶段

进入 21 世纪后，中国经济已经持续高速发展了三十年，但区域发展不平衡、差距不断扩大，一些地区为追求经济增长而盲目发展一些与当地资源环境承载力不相适应的产业，环境和生态问题等日益严重，可持续发展的压力不断加剧。从 1990 年代开始，中国政府开始关注生态环境，2003 年提出"科学发展观"。"十一五"规划提出了编制指导地区发展"主体功能区"规划。

"十一五"规划（2006—2010）提出，根据各地区的资源环境承载能力、现有开发密度和发展潜力，统筹考虑未来中国人口分布、经济布局、国土利用和城镇化的格局，将国土空间划分为优化开发、重点开发、限制开发和禁止开发四类主体功能区。并且，按照主体功能定位来调整完善区域政策和绩效评价（performance evaluation），以规范空间开发秩序，形成合理的空间开发结构。自 2008 年以来，国务院已经批复同意了二十余项城市群或区域性战略规划（见表 2-4 至 2-8）。这些规划包括的区域大致可以分为五种类型：一是经济发达地区发育成熟并且已经是国家级经济中心的城市群，如长三角、珠三角等；二是对中部崛起和西部大开发意义重大的地区增长极，如武汉都市圈、长株潭城市群、皖江城市带、关中—天水经济区、成渝经济区等；三是边境和对外联系的战略性区域，如海峡两岸经济区、图们江区域、北部湾经济区；四是与海洋经济相关或者国家的重要生态功能区，如黄河三角洲、鄱阳湖、山东、江苏、浙江、河北沿海地区等；五是特级贫困的区域，如 2011 年 11 月批复的武陵山片区规划。

表 2-4 中国国务院批复的国家级中心城市群战略规划

区域战略名称	批复时间	区域范围	战略定位	面积（万 km^2）	人口（万人）
长江三角洲地区区域规划纲要	2008	上海、南京、苏州、无锡、常州、扬州、镇江、南通、泰州市、杭州、宁波、湖州、嘉兴、绍兴、舟山、台州	中国综合实力最强的经济中心；亚太地区重要的国际门户；全球重要的先进制造业基地和中国率先跻身世界级城市群的地区	21.07	30000
珠江三角洲地区改革发展规划纲要	2009	香港、澳门和广州、深圳、珠海、佛山、东莞、中山、江门市全境，惠州市的惠城和惠阳区、惠东的博罗县、肇庆市的端州和鼎湖区、高要和四会市	探索科学发展模式试验区；深化改革先行区；扩大开放的重要国际门户；世界先进制造业和现代服务业基地；全国重要的经济中心	18.1	8679

表 2-5 中国国务院批复的中西部地区增长极地区战略规划

区域战略名称	批复时间	区域范围	战略定位	面积（万 km²）	人口（万人）
武汉城市圈总体规划	2008	武汉及其周100km范围以内的黄石、鄂州、黄冈、孝感、咸宁、仙桃、潜江、天门	国家"两型社会"建设的示范区；中部崛起的战略支点和中国新型工业化的先行区域；富有活力和竞争力的区域联合体	6.67	2988
湖南长株潭城市群区域发展规划	2008	长沙、株洲、湘潭	建设全国资源节约型、环境友好型社会示范区；新型工业化、新型城市化引领区；湖南经济发展核心增长极；具有国际品质的现代化生态城市群	2.8	1300
关中—天水经济区发展规划	2009	西安、铜川、宝鸡、咸阳、渭南、杨凌、商洛（部分区县）和甘肃省天水所辖行政区域	全国内陆型经济开发开放战略高地；统筹科技资源改革示范基地；全国先进制造业重要基地；全国现代农业高技术产业基地；彰显华夏文明的历史文化基地	6.96	2842
皖江城市带承接产业转移示范区规划	2010	合肥、芜湖、马鞍山、铜陵、安庆、池州、巢湖、滁州、宣城和六安市的舒城县、金安区	合作发展的先行区，科学发展的试验区，中部地区崛起的重要增长极，全国重要的先进制造业和现代服务业基地	—	3058
平潭综合实验区总体发展规划	2011	福建省平潭县126个岛屿	探索海峡两岸交流合作先行先试的示范区和海峡西岸经济区科学发展的先行区	0.04	—
成渝经济区区域规划	2011	重庆市的万州、涪陵、渝中等31个县；四川省的成都、德阳、绵阳、广安等15个市	西部地区重要的经济中心，国家城乡统筹发展示范区，国家重要的现代产业基地，长江上游生态安全保障区	20.6	9842

表 2-6 中国国务院批复的贫困地区战略规划

区域战略名称	批复时间	区域范围	战略定位	面积（万 km²）	人口（万人）
武陵山片区区域发展与扶贫攻坚规划	2011	武陵山连片特困地区包括湖南、湖北、贵州、重庆四省市11个地（州）的71个县(市、区)	扶贫攻坚示范区、跨省协作创新区、民族团结模范区、国际知名生态文化旅游区、长江流域重要生态安全屏障	17.18	3645
甘肃省循环经济总体规划	2009	甘肃省全省	国家级循环经济发展示范区	45.44	2562

表 2-7 中国国务院批复的边境地区战略规划

区域战略名称	批复时间	区域范围	战略定位	面积（万 km²）	人口（万人）
广西北部湾经济区发展规划	2008	由南宁、北海、钦州、防城港四市组成	中国—东盟开放合作的物流基地、商贸基地、加工制造基地和信息交流中心；带动支撑西部大开发的战略高地和开放度高、辐射力强、经济繁荣、社会和谐、生态良好的重要国际区域经济合作区	4.25	1225
关于推进海南国际旅游岛建设发展的若干意见	2009	海南省全省	国家旅游业改革创新试验区；世界一流的海岛休闲度假旅游目的地；全国生态文明建设示范区；国际经济合作和文化交流的重要平台；南海资源开发和服务基地；国家热带现代农业基地	陆域面积 3.5，海域面积 200	787
支持福建加快海峡西岸经济区的若干意见	2009	福建9市；浙江温州、丽水、衢州；江西上饶、鹰潭、抚州、赣州；广东梅州、潮州、汕头	两岸人民交流合作先行先试区域；东部沿海地区先进制造业的重要基地；中国重要的自然和文化旅游中心	—	6000—8000
中国图们江区域合作开发规划纲要	2009	长春市、吉林市部分区域和延边州	中国沿边开放开发的重要区域；中国面向东北亚开放的重要门户；东北亚经济技术合作的重要平台；东北地区新的重要增长极	—	—

表 2-8 中国国务院批复的海洋及重要生态功能区战略规划

区域战略名称	批复时间	区域范围	战略定位	面积（万 km²）	人口（万人）
鄱阳湖生态经济区规划	2009	南昌、景德镇、鹰潭3市，以及九江、新余、抚州、宜春、上饶、吉安市部分县	全国大湖流域综合开发示范区、长江中下游清水生态安全保障区、加快中部崛起重要带动区、国际生态经济合作重要平台	5.12	2200
黄河三角洲高效生态经济区发展规划	2009	东营、滨州，潍坊寒亭区、寿光、昌邑，德州的乐陵市、庆云县，淄博市高青县和烟台市莱州市	全国重要的高效生态经济示范区。全国重要的特色产业基地；全国重要的后备土地资源开发区；环渤海地区重要的增长区域	2.65	984
辽宁沿海经济带发展规划	2009	大连、营口、盘锦、葫芦岛等6个沿海市所辖21市和12沿海县市	特色鲜明、竞争力强的一流产业集聚带；东亚国际航运中和国际物流中心；改革创新的先行区、对外开放的先导区、投资兴业的首选区、和谐宜居的新城区	5.65	1770
江苏沿海地区发展规划	2009	连云港、盐城和南通	东部地区重要的经济增长极和辐射带动能力强的新亚欧大陆桥东方桥头堡；国家重要的综合交通枢纽；国家沿海新型的工业基地；国家重要的土地后备资源开发区	陆域面积 3.25	1964

续表

区域战略名称	批复时间	区域范围	战略定位	面积（万 km²）	人口（万人）
河北沿海地区发展规划	2011	秦皇岛、唐山、沧州 3 市所属的沿海 11 县(市)、8 区	环渤海地区新兴增长区域、京津城市功能拓展和产业转移的重要承接地、国家重要的新型工业化基地、国家开放合作的新高地、北方沿海生态良好的宜居区	陆域面积3.57，海域面积0.7	—
浙江海洋经济发展示范区规划	2011	浙江省全部海域和杭州、宁波、温州、嘉兴、绍兴、舟山、台州等市市区和沿海县市陆域	国家大宗商品国际物流中心；国家海洋海岛开发开放改革示范区、现代海洋产业发展示范区、海陆协调发展示范区、海洋生态文明和清洁能源示范区	陆域面积3.5；海域面积26	2700
广东海洋经济综合试验区发展规划	2011	广东省全部海域和广州、深圳、珠海、汕头、惠州、汕尾、东莞、中山、江门、阳江、湛江、茂名、潮州、揭阳等 14 个市	国家提升海洋经济国际竞争力的核心区、促进海洋科技创新和成果高效转化的集聚区、加强海洋生态文明建设的示范区和推进海洋综合管理的先行区；与港澳、海西区、北部湾、海南乃至东盟等地区海洋经济合作的先行先试权	海域面积41.9，陆域面积8.4	—
山东半岛蓝色经济区发展规划	2011	山东全部海域和青岛、东营、烟台、潍坊、威海、日照 6 市及滨州市的无棣、沾化 2 个沿海县所属陆域	现代海洋产业集聚区、海洋科技教育人才高地、国家海洋经济改革开放先行区、国家重要的海洋生态文明示范区	海域面积15.95，陆域面积6.4	3291

表 2-4 至 2-8 资料来源：根据国家发改委批复文件和新闻资料整理

  2011 年开始执行的"十二五"规划，进一步强化了主体功能区规划的作用，并提出统筹谋划人口分布、经济布局、国土利用和城镇化格局，"引导人口和经济向适宜开发的区域集聚"，从而保护农业和生态发展空间。新的主体功能区规划将国土划分成为"优先开发的城镇化地区"、"重点开发的城镇化地区"、"农产品主产区"、"限制开发的重点生态功能区"和"禁止开发的重点生态功能区"。在"十一五"期间得到国务院批复的一系列区域规划被列入"十二五"区域发展总体战略之中，并以此为基础提出构建以欧亚大陆桥通道和沿长江通道为两条横轴，沿海、哈尔滨—北京—广州和包头—昆明为三条纵轴，即"两横三纵"上若干城市群为依托、其他城镇化地区和城市为重要组成部分的城镇化战略格局，促进经济增长由东向西、由南向北拓展。

2011年6月，国务院正式印发了《全国主体功能区规划》，并要求各省、自治区、直辖市人民政府按照《规划》内明确的原则和要求，认真实施，尽快组织完成省级主体功能区规划编制工作，并相应地调整完善财政、投资、产业、土地、农业、人口、环境等相关规划和政策法规。

2.5 大、中、小城市的有区别发展

中国城市的设置始终与国家行政建制的安排相关，或者说，是行政体系在地域空间上的安排。一般而言，城市的行政层级越高，城市规模也就越大。

从计划经济时代开始，大城市的运行需要调集更多的资源，而且大城市的城市问题更多，生活性设施建设量也更大，再加上安全、战争等因素的考虑等，在以工业经济发展为主导的计划经济时代，大城市尤其是沿海大城市的发展受到抑制。改革开放以后，在相当长时期内，控制大城市规模一直是中央政府城市发展政策的核心。进入1990年代后，在逐步认识市场经济规律的基础上，认识到大城市的区域带动能力，才逐步开始放弃对控制大城市规模的强调，进而明确在城镇化发展进程中，以大、中、小城市协调发展作为主要政策方向。

2.5.1 国家城市发展方针的演变

1.1978—1983年：城市规模发展政策形成时期

改革开放初期，一方面城市社会经济百废待兴，城市设施严重缺乏，另一方面大批知青返城，加之人口生育高峰的叠加，城市无法提供足够的就业和住房，这给城市——尤其是大城市带来了空前的压力。在这样的背景下，1978年国务院召开的第三次城市工作会议把"控制大城市规模，多搞小城镇"确立为国家的城市发展方针。

1980年原国家建委在北京召开了全国城市规划工作会议，强调了中等规模城市发展的重要性和必要性，提出了"控制大城市规模，合理发展中等城市，积极发展小城市"的城市发展总方针。

2.1984—1991年：控制大城市规模、合理发展中等城市和小城市

1984年国务院发布《中华人民共和国城市规划条例》（以下简称《城市规划条例》），这是新中国第一部有关城市规划的行政法规。该条例明确提出了大、中、小城市的划分："城市按照其市区和郊区的非农业人口总数，划分为三级：大城市，是指人口50万以上的城市；中等城市，是指人口20万以上不足50万的城市；小城市，是指人口不足20万的城市。"该条例所称之"城市"，是指"国家行政区域划分设立的直辖市、市、镇，以及未设镇的县城"。

该条例并未明确建立起在城市规模基础上的城市发展方针，但在此时期执行和审议的第六和第七个五年计划中，则非常明确地提出了"严格控制大城市规模，合理发展中等城市，积极发展小城市"的发展方针。该方针之所以未被写入《城市规划条例》的很重要原因，是在执行第六个五年计划过程中，随着农村经济体制改革和乡镇企业快速发展过程中，中央政府正在酝酿调整镇和市的设置标准，小城市和镇的数量预计将大幅增加，一些学者和官员认为不应倡导"积极发展小城市"，提出小城市也应合理发展。这也就是1989年通过的《中华人民共和国城市规护法》中提出新的城市发展方针的原因。该法明确："国家实行严格控制大城市规模，合理发展中等城市和小城市的方针"，其中有关大、中、小城市的划分延续了《城市规划条例》的划分标准。

3.1992—1999年：反思城市规模政策，各规模等级的城市要协调发展

1992年邓小平南行讲话后，我国各项社会制度再次变革。尤其是1994年开始执行的分税制改革给地方发展带来了积极动力，各规模城市蓬勃发展，其中东部地区和中西部大城市的发展尤为迅猛。1995年开始制订的第九个五

年计划中,提出按照市场经济规律建立以中心城市为核心的跨省(区、市)的经济区域,进一步彰显中心城市的带动作用。1998年10月中国共产党十五届三中全会提出:"坚持大中小城市和小城镇协调发展……积极稳妥地推进城镇化",标志着既有的城镇化政策开始发生转变。国家不再明令控制大城市的发展,而是强调各规模城市的协调发展。

4. 2000—2005年:明确了大、中、小城市和小城镇协调发展的城镇化方略

2001年通过的第十个五年计划第一次提出"城镇化战略",并提出"走符合中国国情,大、中、小城市和小城镇协调发展的多样化城镇化道路"。在具体的策略上,提出"有重点地发展小城镇,积极发展中小城市,完善区域性中心城市功能,发挥大城市的辐射带动作用,引导城镇密集区有序发展。"强调了各类城市都要发展,但要"防止盲目扩大城市规模",并将发展小城镇作为推进中国城镇化的重要途径,"重点放到县城和部分基础条件好、发展潜力大的建制镇"。

5. 2006年至今:促进城镇化健康发展,推行城市群发展战略

2006年国家十一五规划继续把城镇化作为独立专题提出,在延续"大中小城市和小城镇协调发展"的战略思路基础上,提出了"城镇化健康发展"的指导思路,并第一次提出鼓励农村人口迁移,不仅仅是迁移到小城镇,也鼓励迁移到中、小城市。同时,一贯的"严格控制大城市人口增长"的政策表述也转变为"要从调整产业结构的源头入手,形成用经济办法等控制人口过快增长的机制",反映了国家对大城市的快速率先发展有了新的认识,亦承认不应该抑制增长,而是防止过快增长。与此同时,该计划提出了"要把城市群作为推进城镇化的主体形态"。

至此,国家既有的城市发展方针发生了深刻转变,从"控制大城市规模",转变为"防止大城市过快增长";从"合理发展中小城市"转变为"鼓励农村人口进入中小城市和小城镇定居";从"积极促进小城镇发展"转变为"有重点的发展小城镇",从"引导城镇密集区有序发展"转变为"把城市群作

为推进城镇化的主体形态"。总体上看,协调、健康、可持续发展是新时期中国城镇化发展的战略方向。

2.5.2 各阶段大、中、小城市的发展特征

中国城市发展方针发生了多次转变,影响了不同规模等级城市的发展。经济方法是世界各国对各规模城市增长施加影响的手段,但是由于中国经济发展阶段所限,为达到经济投入的高效,国家投资的重点始终还是在大、中城市。中国政府主要通过对行政区划设置标准的调整来调控各规模城市数量的增长以及城镇政府权力的分配,比如一座县城升格为县级市,县政府就获得了更大的发展权限(海关、财税、人事等),从而能够促进该城市的发展[①]。此外,国家还通过用"农转非"户口指标来实现对城市户籍人口增长的控制。而城市数量结构的增长变化则是行政区划和户籍控制二者共同作用的结果。以下从户籍人口增长、行政区划变迁和城市数量增长三方面来梳理各阶段各规模城市的发展历程,以更深入地理解中国的城市发展方针对城市增长的调控。

1. 大、中、小城市(户籍)人口增长

改革开放以来中国常住半年以上的城镇人口数量稳步增长,1978—2010年的32年间从1.73亿人增长到了6.66亿人,翻了2倍多。但是,国家始终通过户口制度对城镇人口增长施行控制,32年间户籍非农人口仅从1.52亿人增长到4.50亿人(2009年数据),实有的(半年以上口径)城镇人口与户籍登记的非农人口之间的差值由1978年的2 100万扩大到了2010年的21 600万(图2-7)。

进一步地考察各阶段城市非农人口增长率的变化,可以看出政府如何通过户籍制度来控制城市(人口)增长。图2-8显示,除个别年份外,城市非农人口的增长率基本控制在2%~5%之间。

---

① 撤县设市的意义在于:人员可以扩编,行政权限扩大,拥有外汇额度,审批人员出入境手续,设立海关,建立银行支行(因而可以做投资担保和发放大额贷款),拥有审批较大面积土地的权力,直接管理车牌和驾驶证件审批发放工作,增加城市建设维护费的提留等。

图 2-7 中国城镇人口增长 1978—2010 年

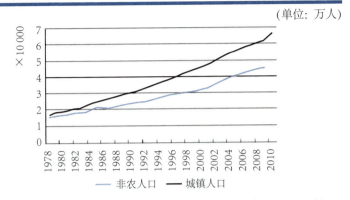

数据来源：相应年份的中国统计年鉴，中国人口统计年鉴（2006 年以前），中国人口和就业统计年鉴（2007 年之后）

图 2-8 中国城市非农业人口增长率变动（1978—2009 年）

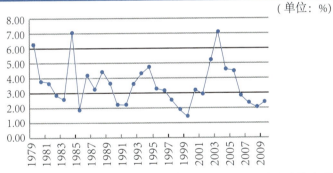

资料来源：中国人口统计年鉴（2006 年以前），中国人口和就业统计年鉴（2007 年之后）

观察图 2-9 可以看出各规模城市的非农人口增长差异，大体上特征是城市规模越大，其非农人口的增长率越低，大、中、小城市增长速度的差异在 1990 年代表现得最为明显，而这一时期是国家《城市规划法》明确实行"严格控制大城市规模、合理发展中等城市和小城市"方针的时期。随着 21 世纪初期开始的大、中、小城市协调发展政策的推行，各规模城市的非农人口增长速率趋于收敛，但也表现出急剧下降的态势，这与国家在该阶段积极推行户籍制度改革有关。

图 2-9 全国分规模城市（非农）人口年均增长速率：（1978—2005 年）

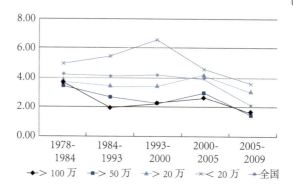

（单位：%）

资料来源：全部原始数据摘自相应年份中国统计年鉴、中国城市统计年鉴和中国人口统计年鉴，由于 2005 年前中国行政区划调整比较频繁，因此对数据的可比性做了甄别，详见张立，2010；2005—2009 年数据摘自《中国城市统计年鉴中国人口统计年鉴 2006》和《中国人口与就业统计年鉴 2010》，该阶段行政区划调整较小，数据可比城市数量最多，为 646 座

2. 城市数量增长

改革开放初期中国市政建制处于快速恢复当中，城市的数量由 1978 年的 193 座增长到 1984 年的 295 座；随着 1984 年设市标准的调整，城市数量再次大幅增加，至 1993 年增加到 570 座；1994 年设市标准再次调整，至 2000 年城市数量增长到了 663 座。1978—2000 年这一阶段，平均每年增加近 21 座设市城市（表 2-9）。2000 年以后国家的行政区划趋于稳定，城市数量基本保持稳定在 650~660 座之间，至 2010 年中国城市数量为 654 座。

改革开放后国家的城市发展方针影响了不同规模城市人口的增长，也影响了城市数量的增长。贯穿于 1980 年代和 1990 年代的"控制大城市，合理发展中小城市"的城市发展方针，使中小城市（数量）的增长速度加快，至 2000 年小城市的数量达到了顶峰，达 352 座；与此同时，中等城市数量持续增长，至 2010 年达到 239 座。在中小城市数量急剧增长的同时，大城市和中等城市也保持了一定的增速，大城市从 1978 年的 27 座增长到 2010 年的 87 座，特大城市从1978年的13座增长到2010年的64座。但是特大城市和大城市数量的增长主要还是小规模城市人口增长的结果[①],而不是国家政策调控的结果。

表2-9 1978—2010年全国各规模城市数量变化[②]

年份	>200万	100—20万	50—10万	20—50万	<20万	总计
1978	6	7	27	60	93	193
1984	8	11	31	81	164	295
1993	10	22	36	160	342	570
2000	13	27	53	218	352	663
2005	21	33	85	225	292	656
2010	24	40	87	239	264	654

资料来源：1978年数据来自国家统计局城市社会经济调查总队编，1990，中国城市四十年，北京：中国统计信息咨询服务中心和国际科技和信息促进中心有限公司联合出版；1984，1993，2000数据来自相应年份"中国城市统计年鉴"，2005数据来自《中国人口统计年鉴2006》，2010年数据摘自《中国人口和就业统计年鉴》

图2-10 全国分规模城市数量变化：1978—2010年

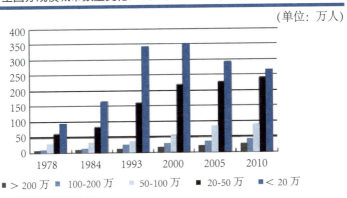

① 比如1980年代的40万左右规模的城市，到了2000年人口增长超过了50万之后，大城市数量就相应地增加一座。当然，国家也进行了一定的行政区划调整工作，从而影响了城市规模的认定，但相比较城市规模的晋级而言，国家区划调整对规模结构的影响就很小了。
② 以市辖区非农业人口为统计口径，县级市以县政府驻地非农业人口为统计口径。

3. 城市行政区划变革

中国的城市规模结构与行政区划变迁有内在的联系，国家行政区划制度的改革和设市标准的改变，对城市规模结构有一定影响。

改革开放初期，国家继续推行市管县体制。数据显示，1981年全国有57个市领导147个县，平均每市领导2个县。1982年中共中央决定继续推行"市管县"体制，同时大幅增加建制市的数量，1983年一年间地级市就猛增了32个，县级市增加了12个。

窗口 2-2

1949年以来中国传统的市政区划体制可以概括为"地区管市县"，由省政府的派出机构——地区行政公署来管理城市和县的行政事务。地区行政公署由于是省级政府的派出机构，其工作权限和组织架构有一定的局限性。在经济落后地区该组织模式尚可，但在经济快速发展地区或者是经济密度较高的地区，这种行政组织架构就表现出明显的低效性。因此，中国自1950年代末期开始施行"市管县"体制，逐步取消"地区建制"，由"市政区"型的城市代管"广域型"的县，虽然期间也经历了波折，但市带县的数量在不断增加。

表2-10 中国县级以上行政区划（年底数）调整（1982—2007年）

(单位：个)

年份	县级市			地级市			区		
	市县合并	撤县设市	直接设市	撤地	县、市升格为地级市	地改市设区	撤县、市设区	直接设区	撤区
1982-1990	30	195	15	63	70	55	11	79	38
1990-2000	7	199	3	82	78	80	40	48	34
2000-2007	0	0	3	24	24	23	48	18	19

注1：表中统计的"撤县设市"统计的是最终形成市的个数，"县、市升格或地改市"统计的是最终形成的地级市的个数，"撤县市设区"统计的是被撤的县、市个数。
注2：因行政区划撤销合并的重复计算问题，本表数据不可横向直接累加。
注3：中国政府层级关系，请阅"第三章城市政府"
资料来源：根据行政区划网整理，http://www.xzqh.org/html/index.html，2009年6月7日登录；2004年以前数据引自"罗震东. 分权化与中国都市区的发展[D]. 同济大学博士学位论文，2006."

1986年国务院批复《民政部关于调整设市标准和市领导县条件的报告》，批复中明确提出"有计划有步骤地发展中小城市……"，对1983年提出的内部掌握执行的设市标准和市领导县条件作出了相应调整，调整的方向是"降低设市标准"，分别调低了人口规模和经济规模门槛。至1990年底地级市由1982年底的112个增加到了185个，增长73个，县级市由130个增加到了279个，增长149个（表2-10）。

1993年国务院批转民政部"关于调整设市标准报告"的通知，再次明确"适当调整设市标准，对合理发展中等城市和小城市，推进我国城镇化进程，具有重要意义"。此次设市标准的调整，主要是强化了"分类指导，多指标评定"的思想，实际上降低了大部分地区的设市标准。数据显示，1991—2000年间县减少了227个，地区减少了76个；县级市增加121个，地级市增加74个（表2-10）。

2000年后地市合并和市领导县范围进一步扩大，2000—2007年间县级市升格为地级市24座。这期间中国的城市继续保持快速增长状态，城市及其周边地区越发呈现空间一体化趋势，对于大城市而言，早先的"市管县"体制开始不适应快速的经济发展，城市政府需要积聚更广的资源，而"撤县市设区[①]"可以将散落在（县级）市县的经济和社会管理权限上收至地级城市层面，有利于集中建设和发展，减少体制内摩擦。2000—2007年间，全国总计撤县市设区48个（表2-10）。

2008年以来随着城市发展方针的转变，国家开始重视大城市和城市群的发展，并相应地进行了一系列的高等级行政区划调整。2009年5月国务院批复同意黄浦、卢湾两区合并组建新的黄浦区，撤销上海市南汇区，并入浦东新区；同年11月国务院批复同意撤销天津市塘沽区、汉沽区、大港区，设立天津市滨海新区；2010年5月，国务院批复设立重庆两江新区，涉及3个行政区和3个国家级开发区，虽暂时未涉及行政区划调整，但已经明确两江新

---

① 在中国，区建制与（县级）市县建制的最大差别在于，前者的政府是地级市的派出机构，地级市对其有更大更广的管理权限，而后者是相对独立的一级政府，地级市仅对其拥有部分的管理权限。

区是国内政策最优的副省级新区；同年 7 月国务院批复撤销北京市东城区、崇文区，设立新的北京市东城区，撤销北京市西城区、宣武区，设立新的北京市西城区；与此同时，2010 年国务院还批准了深圳经济特区和厦门经济特区政策扩大到全市范围；2011 年国务院批复撤销安徽省地级巢湖市……一系列的行政区划调整的政策举措，酝酿着国家城市发展方针政策的转变，未来中国将更加重视大城市和城市群的发展，以大城市和城市群来带动城乡统筹，促进大、中、小城市的协调发展。

3

农村发展与
人口流动

　　中国改革开放从农村改革起步，农村社会经济的发展也是城镇化发展的基础。本章检视了农村社会经济和体制改革的历程，揭示了农村社会经济发展的特征与存在的问题，并对城乡二元体制下人口迁移的特征以及农民进城就业与相关保障机制的建设也做了相应的分析。

　　中国的城乡二元体制，既有历史的原因，也有在经济基础薄弱条件下保证工业化发展的现实考虑和选择。农村经济体制的改革推动了农业劳动生产率的提高，培植了农村社会经济发展动力，推动了农村社会的现代化进程。另一方面，大量农村剩余劳动力向城镇转移，逐步释放农村人口增长压力，为以工促农、以城带乡的进一步发展带来可能。

　　大量农村劳动力迁移进城市的趋向，与全国城镇化发展的特征相一致，先是集中地向东南沿海地区迁移，之后开始出现向各地大城市迁移，逐步过渡到向一些中小城市迁移，并出现向乡村回流的现象。在相当长时期内，城市得到了发展的人口红利，但农民工们却遭受到不平等的待遇，相应的基本社会保障在近十多年中才开始逐步建立，在城市务工的农民工的市民化转变还任重道远。

相比西方国家，中国的城乡关系有其特殊性。从1950年代起，国家通过户籍制度将城市与乡村割裂，直接影响了中国半个世纪以来的城镇化发展。与此同时，伴随着改革开放而蓬勃发展的乡镇企业又将城市经济和农村经济紧密联系起来，为赋闲农民提供了就业，改善了农村的生产和生活条件。本节着重梳理了中国户籍制度和乡镇企业的发展和演变，及其背后的城乡联系。

3.1 户籍制度及其改革

中国的城乡关系与户籍制度的发展演变是紧密联系的，户籍制度集中反映了中国社会结构的一些特殊性。1958年《中华人民共和国户口登记条例》(以下简称《条例》)的颁布标志着户籍制度的正式形成。《条例》的核心是户口登记制度，但是1963年公安部依据是否吃国家计划供给的商品粮，将户口分为"农业户口"和"非农业户口"，从而拉开了依附于户籍制度的中国城乡差别的序幕。由于城乡户籍的差别，农业户口向非农业户口的转变(俗称"农转非")，附带了相当多的社会福利，而仅有的农转非指标主要用于大中专学生、调干、军人转业安置、职工离退休顶替、熬够分居年头的夫妻随调等，一般的农村人口向城市的流动，很难获得非农业户口。

3.1.1 户籍制度的内容

户籍制度包括户口的所在地、类型、职业、婚姻、年龄、迁移等多方面的内容，但其影响最广的核心内容是户口类型和户口所在地。前者涉及到农业户口与非农业户口的城乡差别，后者涉及到大中小城市、集镇和农村的差别以及不同省份区域经济社会发展水平的差别。城乡差别、城镇等级差别和区域差别共同影响了户口持有者的粮食供给粮食供给[①]、就业机会、教育、住房、医疗和社会保障等社会福利 (表3-1)。

---

① 主要是1980年代中期以前，国家实行粮食统购统销。农民口粮自理，城镇居民粮食国家按标准以低价配给。

表 3-1 户籍差别演变简表

内容	时间	非农户口	农业户口
粮食配给（口粮）	1985 年之前	国家安排，居民低价购买	自理
	1985 年，中国政府规定"取消粮食、棉花的统购，改为合同定购"		
	1993 年放开粮油价格，自此，城乡"口粮"的差别彻底消失		
就业	1980 年代之前	本地招工有优先权	受"农转非"限制，除升学、从军、指定招聘等特殊情况以外，很难进入城市就业
	1985 年公安部颁布了《关于城镇暂住人口管理的暂行规定》，决定对流动人口实行暂住证和寄住证制度，允许暂住人口在城镇居留，从而真正赋予了农民在城市就业的权利，但农业户口的农民在城市就业仍然与非农户口的城市居民就业有所差异，在转换为非农户口之前，其福利待遇要低很多		
教育	至今	城市居民就读学校教学质量高，同时拒绝非城市辖区生源	农村学校师资力量薄弱、教学设备简陋，教学质量底
住房	城镇单位职工达到一定工作年限和达到相应门槛后可以享受福利分房，或者以极低的租金租住公房①；1980 年代后期国家逐步实施了"城镇住房商品化"政策，1998 年后城镇福利分房正式取消		农村每户均有宅基地，宅基地上可以建房，但不可以在市场上完全流通
社会保障	1998 年城乡社会保障水平：农村人均社会保障支出 11.2 元，而同期城市的人均社会保障支出 1462 元，城市人均享受的社会保障费约是农村人均的 100 倍之多；21 世纪以后社会保障制度开始改革，但城乡差距仍然存在		
出生户籍和户口迁移	1998 年之前，子女户籍随母，妻子如果是农业户口，其子女就是农业户口		
	1998 年国务院正式批转公安部《关于解决当前户口管理工作中几个突出问题的意见》，放宽了夫妻投靠、亲友投靠、投资落户、老人落户的限制，尤其是新生儿的户口可以随母，也可以随父		
农转非的通道	2000 年之前农业户口转非农业户口的指标受到严格限制。考取大学、从军和极少量的国企招工以及"后门"关系是仅有的通道，改革开放以前中国"农转非"的内部年度指标为 1.5‰，1980 年后改为 2‰—5‰		
	2001 年国家取消了统一的"农转非"指标限制，全面放开县及县以下城镇的户口登记，但大城市和发达地区城市的户籍依然有很高的进入门槛		

资料来源：张立，2010

3.1.2 户籍制度改革

与国家改革开放政策相呼应，中国的户籍制度也从 1980 年代开始进行着一系列的改革探索。1984 年国务院发布《关于农民进入集镇落户问题的通知》，开始允许那些有经营能力和有技术专长的农民进集镇落户，但是不享受当时

---

① 新中国成立以后很长一段时期内，国家对职工住宅实行统建、统分、统包的公有住房政策和实物福利分配办法，1980 年代后公房租金有一定提高，但相对于市场定价而言仍然很低。

计划供应的商品粮,俗称"自理口粮户口"。1984—1990年全国有近500万农民落入城镇自理口粮户口。快速增长的城市人口也给城镇基础设施带来了相当的压力,并伴随出现了一些不正常的现象,部分地区的地方政府职员开始以各种方式出卖城镇户口,严重冲击着户籍相当的压力,基础设施带来了相当的压力,并伴随出现了一些不正常的现象,部分地区的地方政府职员开始以各种方式出卖城镇户口,严重冲击着户籍制度的法律权威。1989年国务院发出《关于严格控制"农转非"过快增长的通知》,决定再次控制农转非的指标,初步抑制了城镇户籍人口的过快增长。

1992年公安部发出《关于实行当地有效城镇居民户口的通知》,决定在小城镇、经济特区、经济开发区、高新技术产业开发区实行当地有效城镇户口制度(因户口簿为蓝色,俗称蓝印户口)。1993年国务院召开会议研究户籍制度改革问题,将户籍改革重点转向小城镇。1997年国务院批转公安部《关于小城镇户籍管理制度改革的试点方案》,提出在继续严格控制大、中城市人口机械增长的同时,改革小城镇的户籍管理制度。1998年国务院正式批转公安部《关于解决当前户口管理工作中几个突出问题的意见》,户口制度的子女随母落户的制度被突破,户籍政策进一步地放宽。

窗口3-1

信息一:《关于解决当前户口管理工作中几个突出问题的意见》中涉及"有可能改变农民身份"的内容包括:"第一,今后新生儿可以随父母任何一方登记申报户口。第二,对已在配偶所在城市居住一定年限的公民,将根据自愿的原则准予在该城市落户。第三,男性超过60岁,女性超过55岁,身边无子女,需投靠子女的公民,可以在子女所在城市落户。第四,在城市投资、兴办实业、购买商品房的公民及随其共同居住的直系亲属,在城市有合法固定的住所、合法稳定的职业或收入来源,并已居住一定年限,可准许其在该城市落户。"

信息二:上海、成都、昆明、沈阳已经进行了"居住证制度"的尝试。2002年上海市政府开始实施居住证制度,但仅仅局限于引进国内外的人才方面,申请者需"具有本科以上学历或者特殊才能";2004年8月,上海市政府将居住证的办理范围从"引进人才"调整为"在上海居住的非本市户籍的境内人员"。截至2007年底,上海全市办理居住证件的外来人员已超过433万人,2008年覆盖人群将达到700万以上。成都、昆明、沈阳的居住证制度分别在2005年2月1日、2005年10月、2006年5月1日正式开始实施。成都居住证的服务功能仅限于"用于办理或者查询接受教育、人口和计划生育、卫生防疫等方面的个人相关事务和信息",昆明的居住证覆盖了申办就业或求职、参保、申请证照、子女入学等多项公共服务,而沈阳的居住证可以提供子女就读、劳动就业、计划生育、卫生防疫、社会保险及证照办理等6项服务。①

从近年的各省户籍改革实践来看,经历了"消除户籍制度"的短暂的尝试。如郑州的户籍改革,迫于城市管理的压力,在2004年8月停止了按固定住所迁移登记、放宽亲友投靠的户口新政,郑州市公安局管城分局的人士说,此后的户口迁移登记,执行的是2001年以来一直执行的需就业、购房等条件落户的管理制度。②

信息三:重庆市户籍改革办公室称"农民转户后,可享受城镇就业、社保、住房、教育、医疗政策,与城镇居民享有同等待遇,重庆市户籍制度改革将用10年时间让1000万农民带着尊严和财富转户进城"。重庆市发改委副主任、户籍制度改革协调组组长徐强表示,我市户籍制度改革配套方案明确1000万农民转户进城分"两步走":第一步,2010至2012年,重点推进有条件的农民工及新生代转为城镇居民,力争在两年内新增城镇居民300万人;第二步,2012至2020年,通过系统的制度设计,建立完善土地、住房、社保、就业、教育、卫生支撑保障机制,进一步放宽城镇入户条件,每年转移70万~80万人,到2020年新增城镇居民700万人,非农户籍人口提升至60%。③

截至2011年底,重庆市累计转入城镇户籍300余万人。④

---

① 摘自:南方日报,8月6日,"打破户籍坚冰居住证仅是起点!"
② 摘自:http://news.1488.com/newsnational/2007/423/1032561.shtma(2008.08.20).
③ 摘自:http://www.cqwb.com.cn/cqwb/html/201008/16/content_227185.htm.
④ 摘自:http://cq.cqnews.net/cqztlm/jjhg.htm.

2001年国务院批转公安部《关于推进小城镇户籍管理制度改革的意见》进一步规定：对小城镇（县级市市区、县人民政府驻地镇及其他建制镇）常住户口的管理，根据本人意愿均可办理，不再实行计划指标管理，并在全国层面取消了"农转非"的内部控制指标。这宣告了小城镇户口登记制度全面放开。同年，城市层面的户籍制度改革序幕拉开。

国家"十五"规划（2001—2005）提出要在2005年底完成大、中城市的户籍制度改革，国家公安部也提出要在2005年底彻底改革二元的城乡户籍制度，建立统一的人口登记体系。2009年中央人民政府工作报告中强调，要推进户籍制度改革，放宽中小城市和小城镇落户条件。国务院在《关于2010年深化经济体制改革重点工作的意见》中将户籍制度改革列入2010年九大重点改革任务，逐步在全国范围内实行居住证制度。

与20世纪末期的改革相比，2000年后的户籍制度改革最大的变化在于改革的地区从小城镇扩展到了中、小城市和大城市的郊区，但是直辖市和经济发达的城市中心城区的户籍门槛依然存在。必须承认，中国的户籍制度本身附着了太多与之相关的社会制度，比如住房、医疗、教育和就业等等，仅仅改革户籍制度本身，短时间内尚无法达到预期目标。因此，2005年之后，虽然各地仍在进行户籍改革试验，但重点已经开始关注城乡居民的社会保障，并着力提高农村居民的各项社会福利，比如养老保险、医疗保险等。

表 3-2 户籍制度发展简表

时间	事件	备注
1984	国务院发布《关于农民进入集镇落户问题的通知》	自理口粮户口出现
1989	国务院《关于严格控制"农转非"过快增长的通知》	严格控制"农转非"
1997	《关于小城镇户籍管理制度改革的试点方案》	小城镇户籍改革
1998	《关于解决当前户口管理工作中几个突出问题的意见》	"母系继承制"被突破
2001	《关于推进小城镇户籍管理制度改革的意见》	对小城镇[①]"农转非"不再实行指标管理
2001—2005	取消城乡户籍的改革试验	试图取消城乡户口差别
2006至今	缩小城乡差异，大幅提升农村人口和农民工的社会保障	目标：城乡福利均等化

资料来源：作者根据相关资料制作

---

① 小城镇指"县级市市区、县人民政府驻地镇及其他建制镇"。

3.2 农村经济体制改革

家庭联产承包责任制,不仅释放了中国农村的生产力,还就此拉开了中国农村改革的序幕,而家庭联产承包责任制也成为中国农村延续至今的基本国策。此后,中国农村经济体制经历了阶段性的改革历程,陆续放松了政府对农产品购销的管制,允许并鼓励发展乡镇企业,直至建设社会主义市场经济促进城乡经济要素流动。这一系列的改革政策明显促进了中国农村经济的发展。

自1990年代后期后,面对受到快速城镇化进程冲击的农村地区,中国又陆续推出新的扶植政策,包括减轻农村税负和增强农村社会保障的相关政策,直至提出以科学发展观来指导引导城乡统筹发展,进一步加大了对农民、农业、农村的反哺力度。

3.2.1 家庭联产承包责任制为标志的农业生产力解放阶段

这一时期大致从1978年直至1980年代初中期,以1978年的中共十一届三中全会召开为起点,以家庭联产承包责任制的制度化推进为标志。这一时期的体制改革最为重要的方向及影响是改革了激励机制,因此明显促进了农村经济发展,不仅为农民生活水平提高和农业劳动力的解放提供了基础条件,同时也为中国的工业化和城镇化进程提供了前提基础。

改革之前,中国农村主要实行的是以生产队为基础,人民公社、生产大队、生产队三级所有、基层政权机构与集体经济组织领导机构合一(简称政经合一)、劳动群众集体所有的人民公社制度。这一制度要求生产资料归集体所有、生产经营和收入分配均由集体决定,尽管改革之前已经恢复和扩大了部分自留地和家庭副业,但仍存在着明显的管理集中、经营单一和分配平均主义等弊端,难以调动农民的生产积极性,生产效率明显低下。据中国统计年鉴,1978年中国农民人均纯收入仅为133.6元,人均粮食占有量长期停留在300kg上下,全国农村约有2.5亿人口的温饱问题得不到保证,推动农村经济发展已经成为迫在眉睫的重大社会问题。

家庭联产承包责任制的雏形是"包产到户",是早已在民间自发产生的一种改革人民公社制度的方式。包产到户的具体方式为,以土地等主要生产资料公有制为前提,以农户为单位进行承包,通常为包工包费用,并按照协议要求包产(即完成并上交一定产品),未完成任务的则根据协议约定进行处罚。然而由于极"左"路线的影响,这一方式在改革开放之前曾遭到强烈批判并被严厉禁止。"文化大革命"结束以及对极"左"路线的批判,特别是第十一届三中全会提出实事求是和实施改革开放的决策,为"包产到户"直至家庭联产承包责任制的出现,提供了宏观政策背景的支持,而"包产到户"也成为家庭联产承包责任制的形式之一。

家庭联产承包责任制的另一方式为"包干到户",又称为大包干,即承包协议中不规定生产费用限额和产量指标,而是由承包者自行安排生产活动,生产收入除了按照规定分别向国家和集体缴纳后,完全归承包者所有,也就是俗称的"交够国家的、留够集体的、剩下都是自己的"。

家庭联产承包责任制在承包内容上也有两种,分别为土地承包和专业承包,前者在不改变土地集体所有制的前提下,将土地承包给农户经营,农户有一定权利决定种植或经营的类型及方式;后者不涉及土地承包,只是将农林牧渔业等的具体生产活动承包给农户经营。

从发展历程来看,在中共十一届三中全会召开的大背景下,1978年冬天安徽省凤阳县小岗村自发的秘密"包产到户"协议,成为了新时期家庭联产承包责任制推进的标志点。但实际上,这一时期包括四川、贵州和安徽等很多省份的贫困地区,都已纷纷出现了"包产到户"现象,这在一定程度上可以说改革开放前的人民公社体制已经遭受了发自民间的明显冲击,但从中央到地方各级政府而言,仍未直接触及到人民公社这一重要体制安排的改革问题。到1980年1月,全国大多数生产队尽管都实行了各种形式的生产责任制,但相当部分仍只落实到生产队或者生产小组等,真正能够落实到户的比例仅为1.1%左右。尽管推进缓慢,并且这一发自民间的改革进程在开始时甚至遭受了很大的批判压力,但上至中央下至各级地方政府在总体上都采取了容忍的态度,并逐步推进了从中央政策层面的缓慢改革进程。

表 3-3 农村家庭承包制改革进展

	数量（万个）			比例（%）		
	1980	1982	1984	1980	1982	1984
核算单位①	561.1	593.4	569.2	—	—	—
生产责任制	521.8	585.9	569.0	93.0	98.7	100.0
定额包工	218.7	53.2	5.4	39.0	9.0	0.9
联产到组	132.6	53.2	5.4	23.6	9.0	0.9
联产到劳	48.4	53.2	5.4	8.6	9.0	0.9
包产到户	52.5	52.4	5.4	9.4	8.8	0.9
包干到户	28.3	480.3	563.6	5.0	80.9	99.0
其他形式	41.3	—	—	7.4		

资料来源：黄道霞等主编，《新中国成立以来农业合作化史料汇编》，中共党史出版社1992年版；转引自蔡昉等，2008：26

1979年9月，中共中央通过了《关于加快农业发展若干问题的决定》，对某些副业生产和特殊需要的边远地区、交通不便的单家独户，允许作为例外实行"包产到户"，首次从中央政策的角度对于"包产到户"的农村经济组织方式予以了认可。此后中央逐步肯定和推进了多种形式的家庭联产承包责任制发展。1980年，邓小平发表谈话支持以"包产到户"为主的家庭联产承包责任制。同年9月，中共中央75号文《关于进一步加快和完善农业生产责任制的几个问题》，明确提出对边远山区和贫困落后的地区要求包产到户的，应该支持群众要求，可以包产到户，也可以包干到户，至少已经从中央政策角度对家庭联产承包责任制的主要形式都在局部地域给予了支持，为家庭联产承包责任制的进一步推行奠定了基础。1981年12月，中共中央召开全国农村工作会议并于1982年1月1日批转了《全国农村工作会议纪要》，家庭联产承包责任制为主体的各种形式的农村生产责任制被明确作为社会主义集体经济的生产责任制，从而完成了从体制层面上对家庭联产承包责任制的全面确认工作。

随着中央政策支持，家庭联产承包责任制这一有利于农村经济发展的新

---

① 基本核算单位指生产队或生产大队。

形式迅速得以推广，仅在 1980 年，全国实行"包产到户"和"包干到户"的生产队比例，就从年初的 1.1% 上升到了年底的超过 14%，到 1982 年进一步提高到了约 90%，到 1984 年进一步提高到接近 100%，全国农村基本实现了家庭联产承包责任制的全覆盖。同时，"包干到户"也迅速成长为家庭联产承包责任制的主要形式，从 1980 年底的不足 5% 上升到了 1984 年的 99%。

3.2.2 农产品统购统销改革和乡镇企业发展为标志的半市场化阶段

这一时期大致从 1980 年代初中期到 1980—1990 年代的交接时期，以 1983 年《中共中央关于印发当前农村经济政策的若干问题的通知》、1984 年 3 月中共中央 4 号文件批转了农牧渔业部的《关于开创社队企业新局面的报告》、1985 年中共中央 1 号文件《关于进一步活跃农村经济的十项政策》等有关政策文件为标志，农村经济体制改革进入了涉及各个方面的、较为系统的新发展阶段，包括打破计划经济时期统购统销体制的价格双轨制，扶植农村乡镇企业发展、积极引导小城镇建设发展、鼓励引导经济发展要素流动和引进商品经济原则等若干方面。总体上，这一时期的一系列体制改革进程，尽管仍在相当程度上保留了计划经济时期特征，但更为重要的是市场化的进程已经开始，为更加多元化和市场化的农村经济的快速发展，提供了基础保障。

计划经济时期，农产品的市场化流通曾被国家长期严格禁止，并为此建立起了农产品的统购统销制度，即虽然没有取消货币形式，但农产品统一由国家指定价格统一征购统一分配销售。家庭联产承包责任制的实施，使得农村生产力获得了持续快速发展，农户所有的农产品剩余也因此明显增加，通过交换农产品获得更高经济收益的需求也随之产生。而同期的国家政策在总体上对这一需求采取了谨慎的许可和引导姿态。1979 年的《中共中央关于加快农业发展若干问题的决定》文件，重申了农村集市贸易是社会主义经济的附属和补充，为农村集市贸易的发展提供了渠道。全国农村集贸市场数量也随之快速增长，据中国农村统计年鉴，从 1980 年的约 3.8 万个增长到了 1984 年的约 5 万个。尽管随着集贸市场的快速发展，农产品的商品化流通获得了新发展，但原有的统购统销依然是无可争议的主要渠道。根据中国农村统计年鉴，1984年通过集贸市场实现的粮油类成交总额甚至比1980年还略有下降。剩余农产品的流通变现，成为生产力发展后的农村经济所面临的重要问题。针对这一情况，中共中央不断提高主要农产品的收购价，如1983年的棉花收购价已经较改革之初提高了74%，对于农业经济发展发挥了重要作用。但统购统销制度下，不断提高农产品收购价格，对政府的财政也带来了明显压力，缺乏市场化流通途经的弊端日益显露。

1984年，中共十二大三中全会通过了《中共中央关于经济体制改革的决定》，标志着经济体制改革的重点从农村向城市转移，但同时也为农业发展和农村经济体制改革提供了新的空间，农产品统购统销体制的改革成为这一时期的重点任务，农产品的价格双轨制逐渐成为这一时期的重要制度性安排。农产品的价格双轨制主要指农产品定价既有国家的计划定价，也有计划外的市场定价。改革开放后国内价格双轨制，最早可以追溯到1979年始于生产资料的价格体制改革，在农产品方面实际上也较长时期存在着统购统销内外的产品价格差异。但在严格的计划管理下，早期的统购统销外农产品数量很少且缺乏制度保障。作为正式的制度性安排，农产品的价格双轨制始于1983年的中共中央文件规定，该文件提出除关系国计民生的少数重要农产品继续实行统购派购外，允许非统购派购产品的多渠道经营，并同时撤销了农副产品外运的归口单位审批规定，鼓励农民从事长途贩运等市场流通活动。1985年，中共中央又进一步取消了统购派购农产品的范围及规定，提出了包括两种价格的政府合同定购方式，即一定比例按照原统购价计价，一定比例按照原超购价计价，同时也允许定购以外的粮食等农产品通过市场进行自由交易，农产品供给由此形成了计划内和计划外并举的局面，农产品在产销两方面的价格双轨制由此形成。

农产品的价格双轨制发展，以及农产品商品流通的发展，一方面通过财政补贴和计划供给的方式保护了城市农产品消费者的既有权益；一方面又通过市场方式促进了农产品的市场化配置进程，为农村剩余农产品的收益提供了空间，进而激励着农业经济的持续快速发展；一方面又因为不断扩大的市场供给途经，客观上减缓了财政负担的上涨压力，推动了渐进式的农业经济体制的改革进程;一方面又为农村劳动力外流,特别是向城市流动,提供了制度性保障,即外流农村劳动力可以通过市场自行解决口粮,从而克服了无法纳入到仍处于计划供给体制的城市粮食供应体系所带来的制约。

同一时期,1984年的中央4号文件批准曾在农村经济中长期存在并波折发展的社队企业更名为乡镇企业并对乡镇企业进行了具体界定,将社队企业、部分社员联营的合作企业、其他形式的合作工业和个体企业等均纳入到乡镇企业范畴。1996年国家颁布了《乡镇企业法》,该文件在规范乡镇企业界定的同时,肯定了乡镇企业在农村以及整个国民经济中的地位和作用,指出"乡镇企业是多种经营的重要组成部分,是农业生产的重要支柱,是广大农民群众走向共同富裕的重要途径,是国民财政收入新的重要来源,同时也是国营企业的重要补充"。1985年,中共中央1号文件进一步提出了给予乡镇企业信贷和税收等方面的支持。这些中央政策文件为乡镇企业的快速发展提供了重要制度保障及支持,乡镇企业开始在农村快速发展,并因此促成了各具特色的农村经济发展模式,如以发展乡镇集体企业为主体并主要由地方政府推动的"苏南模式",以家庭经营和发展个体及私营经济为主的"温州模式",以乡镇集体企业为主体并主要依靠外向型经济带动的"珠江模式"等。据有关统计,仅1984年,乡镇企业数量就从上一年的134.64万户猛增到606.52万户。

乡镇企业的快速发展,不仅明显丰富了农村经济的内涵和产业构成,而且迅速在农村经济中成长为决定性的经济力量,对于农村经济的快速稳定增长发挥了重要作用。1984年农业生产出现短暂波动的情况下,正是乡镇企业继续支撑起了农村经济的快速发展进程。1988年乡镇企业总产值占农村经济总产值的比例首次超过50%。此后,尽管由于宏观经济调控和保国营企业生产等政策调整原因,乡镇企业发展受到了相当大程度的制约,但是对地方经济和社会发展的贡献仍在不断加大。1991年,全国象征企业总产值首次突破了1万亿元大关,乡镇企业成为农村经济中的重要支柱力量,农村经济也由此从农业生产为主,转变为农工结合,"无农不稳、无工不富"的新发展阶段。

总体上,这一时期的农村经济体制改革,已经从相对单纯的促进生产力发展,走向更具全面性和系统性的阶段,不仅包括上述的统购统销和乡镇企业等体制改革，也包括发展农村金融业和对外经济、鼓励人才和技术等要素流通、发展小城镇和允许农民落户城镇等体制改革。这一系列的改革进程，一方面提供了新的动力，继续促进农村经济的持续快速增长；一方面也从根本上改变着农村经济的结构调整和运行机制，以统购统销体制改革和价格双轨制为代表的市场化调节手段的引入，明显促进了集体所有制之外的多种所有制形式的快速发展。乡镇企业的快速发展，在迅速成长为农村经济发展的主要动力来源同时，也明显改变了农村经济的产业构成特征，而多元化所有制特征的乡镇企业发展，也推动了非公经济在农村经济中的作用。

这一时期的体制改革及随着而来的快速经济发展及结构调整，进一步促进了农村劳动力的解放，为大规模的人口城镇化提供了前提条件。明显多元化的农村经济发展，以及半市场化所带来的农产品流通发展，不仅为农村劳动力的跨区域和跨城乡流动提供了基础条件，同时也为农业的产业化提供了激励空间；而乡镇企业的快速发展，又进一步为农村劳动力的就地非农化就业提供了发展空间。

3.2.3 社会主义市场经济体制建设为标志的城乡经济要素流通加快阶段

这一时期大致从 1990 年代初期直至 1990 年代末期，以 1991 年中共十三届三中全会的《中共中央关于进一步加强农业和农村工作的决定》，1992 年邓小平南行讲话，以及 1993 年中共十四届三中全会的《中共中央关于建立社会主义市场经济体制若干问题的决定》等政策文件为标志，不仅明确了经济体制改革的基本方向，也事实上开启了国内的快速城市化进程。这一时期的乡镇企业和小城镇尽管在政策上仍占据重要地位，但发展的进程受到明显制约，经济发展和城镇化进程的重心开始向城市转移，农村经济进入到与城市经济更为紧密连接的新发展阶段。同时，这一时期鼓励农村产业化的制度性安排，也为农村经济的新发展提供了空间。

家庭联产承包责任制和乡镇企业发展的体制性改革，为农村经济发展提供了持续的动力源泉，引进市场调节机制和改革统购统销体制，也为农村经济的市场化发展进程提供了新的途径。然而客观来看，计划经济时期长期积累形成的城乡二元分割关系在这一阶段之前并未从根本上被撼动，1980年代末期之前的农村经济改革也因此在总体上限于农村内部的激励机制和配置机制的效率性优化。随着城市经济在改革进程中获得新的发展机遇，既定的城乡二元分割关系成为制约农村经济发展的重要因素，1988年开始的宏观经济调控使得"压乡办企业，保全民企业"成为潮流，不仅乡镇企业的发展因此受到明显制约，农村经济的发展也因此受到明显制约，这一年也成为改革开放以来城乡收入差距不断缩小趋势的结束年。与之前聚焦于农村经济的体制改革重点不同，这一时期的国家经济体制改革更多地关注于城市经济，国家经济增长的重心也明显向沿海地区和城市转移，前述的1991年中央全会有关农业和农村工作的文件，也主要是在制度层面上重申了已经取得的体制改革成果。

尽管这一时期直接的农村经济体制改革进程并没有突出变现，但同期的社会主义市场经济体制改革进程却成为农村经济非常重要的新体制性影响因素。一方面，南行讲话和随后提出的社会主义市场经济体制改革的基本方向，再次掀起了经济增长的热潮，特别是城市经济的发展潮，并因此形成了对包括劳动力在内的经济要素的强大吸引力；一方面，社会主义市场经济体制的改革，为农村经济发展提供了跨越既有城乡二元关系的体制性通道。而城乡间经济要素更为便利的流通，为农村经济的快速发展提供了新的动力因素，且实现的方式与此前主要限于农村地域不同，而是更多地体现在通过城乡间要素的流动来获取交换价值，大规模的农村劳动力流动从此成为最为常见的重要经济现象之一。

对于农村剩余劳动力的流动，实际上从改革之初就已经逐步推进了有关的体制改革进程，1983年允许农民从事农产品的长途贩运和自销首次给予了农民异地经营的合法性；1984年允许甚至鼓励农村劳动力到附近小城镇打工，进一步放宽了农村劳动力的流动控制；1988年在尚未取消粮票制度的情况下，允许农民自带口粮进入城市务工经商又进一步放宽了农村劳动力向城市流动的空间。这一系列的改革体现了逐步而有控制地放宽农村劳动力流动的体制改革进程方向。

进入到1990年代，最具标志性的是对与城市社会福利紧密联系的户籍制度的新改革历程，这对于从根本上消除城乡二元结构是非常重要的体制性改革进程。简要而言，1958年中国以《中华人民共和国户口登记条例》的方式在全国推行了户口登记制度，标志着延续至今的户籍制度的诞生。户口登记制度最核心的内容是户口类型和户口所在地，前者分为农业户和非农业户，后者与所在行政管辖区域直至居委或村委挂钩。在计划经济时期，户籍几乎与国民所有社会福利有关，更为重要的是没有政府部门的许可不得迁移户籍甚至不得随意流动，这样就形成了稳固的二元社会关系。改革开放后，虽然户籍管理在事实上有所松动，但户籍制度却很稳定，直至1980年代中期才出现了暂住户口等临时性的灵活措施，但是随着社会主义市场经济阶段到来和更多要素参与了自由流动，户籍的限制性作用开始下降，户籍制度的改革也从小城镇开始启动。1995年，全国流动人口管理会议提出，从全党全国工作的大局出发，对流动人口特别是对剩余劳动力的转移因势利导，应通过发展乡镇企业和加快小城镇建设等，就地消化和吸纳绝大部分剩余劳动力，在此前提下根据城市经济的需要，组织一部分农村剩余劳动力有秩序地进入城市工作和生活；1997年，公安部发布《小城镇户籍管理制度改革试点方案》，具体规定了农业户口办理小城镇户籍的多种途径；1998年，国务院24号文，进一步放宽及明确了新生婴儿落户、分居夫妻落户、老人随迁、投资入户等多种情况下的有关户籍规定。上述的这一系列改革促使，逐渐松动了原本高度僵化的户籍城乡二元分割。

但客观来看，尽管中央政府在逐步地推进户籍制度的有关改革进程，地方政府对待流动人口和户籍制度改革的反应各有不同，这与流动人口对经济发展和城市就业岗位及社会福利具有明显双重影响、户籍制度背后有着一系列与户籍身份有关的社会福利安排等事宜。因此，各地总体上既欢迎流动人口对地方经济发展的贡献，一方面又往往不同程度地采取一些门槛措施来控制流动人口，特别是普通农村流动人口的户籍转入。有研究认为，2000年前全国各地的城市户籍制度改革按照推进力度大致可以分为三种类型，"最低条件，全面放开"的小城镇户籍制度改革模式，"取消限额，条件准入"的一般大、中城市模式,"筑高门槛,开大城门"的北京、上海等特大城市模式。上述明显差异化的城市户籍入户要求,尽管未必对农村劳动力的临时性流动产生明显影响,但却必然性地影响到他们的定居性迁移。特别是明显吸引了大量外来流动劳动力的东部沿海发达城市区域,普遍提高入户门槛的影响更为明显。

这一时期对于农村经济发展的另一重要制度性安排,是农业产业化战略,是在落后的分散经营的传统农业形态基础上,在不改变既定的家庭联产承包责任制的前提下,对于农业生产经营采取了现代化改造方式。农业产业化的萌芽发端于1980年代,是实施家庭联产承包责任制带来农业产品剩余和商品化后的新农业形态,最初的典型形式就是"公司+农户"模式,是以分散的农户家庭经营和村集体经营为主体,由农民自愿签订并按照协议进行定向生产,最后将初级农产品交给协议公司,由协议公司进行加工并统一组织销售流通,具有鲜明的贸工农一体化、产供销一条龙的特征。从其发展历程来看,国内较早的典型探索来自山东诸城,以1994年中共山东省委1号文件部署农业产业化为标志。此后,诸城的经验在1996年的全国农村工作会议上得到了充分肯定,该次会议也因此正式提出了农业产业化经营的战略。1997年,中共十五大报告又明确提出了"积极发展农业产业化经营,形成生产、加工、销售有机结合和相互促进的机制,推进农业向商品化、专业化、现代化转变"。1998年,中共中央十五届三中全会文件《中共中央关于农业和农村工作若干重大问题的决定》,进一步指出了农业产业化不受部门、地区和所有制的限制,不动摇家庭经营的基础,不侵犯农民的财产权益,是中国农业逐步走向现代化的现实途径之一。从而进一步从体制层面上肯定了农村产业化的方向。

如果说乡镇企业发展以非农业的方式促成了1980年代中后期的中国农村经济发展,农业产业化则是在既定的家庭联产承包责任制基础上对农业生产的现代化改造,具有深远意义。也正是在农业产业化的总体框架下,各地积极探索并形成了新的不同农村经济发展模式,如主要在闽南地区,以乡镇企业为龙头,以农产品生产、加工和销售一条龙为特色的"漳州模式";在山东,以政府引导和支持为引导,以市场为引领和平台的特色产品的生产、加工和多种形式销售的"寿光模式";主要在珠三角,以村集体财产为基础,以合作社或公司为形式的,集体成员共有共享的股份化合作制的"横岗模式"等。

社会主义市场经济体制目标的确立,使得农村经济要素获得了相比此前更为通畅的跨区域和跨城乡流通途径,也因此为农村经济要素通过流动获取更高经济价值提供了制度保障。这一时期的一系列有关农村劳动力流通以及与之紧密相关的城市户籍制度的改革进程,清晰反映出城乡经济日趋紧密的联系,尽管依然存在着的户籍等壁垒不可避免地影响并扭曲着农村人口的异地城镇化进程。然而,农村经济要素流动所带来的更高经济收益,毕竟主要来自农村地域之外。对于农村地域内,农业产业化的影响就更为重要,因为这一产工贸纵向结合的新经济方式,为以家庭联产承包责任制为基础上的分散农户经济的现代化进程,提供了新的制度途经。这也就意味着,看上去仍然处于分散经营的农户,可以通过农业产业化的新途径,更为深入地参与到分工化的现代经济中去。

3.2.4 以减轻农村税负和增强农村社会保障为标志的反哺农村探索阶段

这一时期从 2000 年直至 2000 年代中后期,以 2000 年的农村税费改革试点(中共中央、国务院 7 号文件)及一系列的减轻农民税收负担和增强农村社会保障的政策安排为标志,农村经济体制改革进入到了反哺农村的新政策探索时期。

图 3-1 城乡居民人均收入水平变化

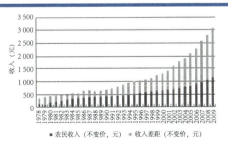

资料来源:《中国统计年鉴》(2010)

尽管农村经济体制的一系列改革措施，为农村经济的持续快速发展提供了政策支持，但是农民、农业、农村的三农问题依然突出。特别是1980年代后期城市经济进入快速发展期后，城乡间的经济差距开始不断拉大。综合不变价和当年价表征的城乡居民收入及差距可以发现，自1988年城乡收入比下降至最低的约1.5∶1后，城乡居民收入比进入了一个持续扩大的发展阶段，并且这一趋势在1998年后还呈现出加速发展的进程趋势，2009年甚至已经扩大到约2.7∶1。过大的城乡收入差距已经再次成为被关注的重点社会问题，而农民税费负担过重，以及社会福利和保障水平明显过低等，被公认为是重要的原因。在国民经济快速发展和国力不断增强的情况下，减轻农民税费负担和增强农村社会保障及福利等，也因此成为这一时期农村经济体制改革的重要探索方向。具有标志性的2000年启动的农村税费改革试点，因此被认为是继家庭联产承包责任制和乡镇企业发展之后，改革开放后的中国农村"第三次革命"。

这一时期最具标志性的体制改革政策是2000年3月的中发7号文件《中共中央、国务院关于进行农村税费改革试点工作的通知》。该文件明确指出"推进农村税费改革，事关9亿农民的切身利益"，改革的指导思想是"规范农村税费制度，从根本上治理对农民的各种乱收费，切实减轻农民负担，进一步巩固农村基层政权，促进农村经济健康发展和农村社会长期稳定"，并确定以安徽省为单位进行改革试点，其他省、市、自治区可以根据实际情况选择少数县（市）进行试点，由此推动了自上而下的农村税费改革进程。此后，经过一系列的渐进过程，2005年全国人大常委会废止了《中华人民共和国农业税条例》，2006年起全面取消了农业税，成为从根本上解决"三农"问题的一项重大战略性举措。

与取消农民税费负担紧密联系的是从国家到地方的各级政府向农村加大财政转移支付。农村税费制度改革在减轻农村负担的同时，不可避免地减少了农村地区的财政收入，尽管中央为此从体制层面采取了缩减财政供养编制等一系列节流措施，但是本已难以为继的庞大农村公共产品的供给更加成为各地的沉重负担。除了少量乡村工业较为发达的地区尚能够依托较为雄厚的财力来支撑税费改革后的农村公共产品供给，大多数的农村地区无法承担这新增的财政支出，中央加大地区间的财政转移支付，以及地方城乡统筹的财政转移支付，已经成为必然的选择。2001年，国务院办公厅的《关于2001年农村税费改革试点工作有关问题的通知》文件，要求暂缓扩大农村税费改革试点。2002年，中央在总结有关经验的基础上，进一步扩大试点到16个省份，2004年提出5年内取消农业税的目标，2005年又提前宣布2006年全国取消农业税。与此过程相对应的，是从中央到地方的财政转移支付措施，以保障减轻农民负担的改革成果，并填补由此带来的农村地区公共产品投入不足。自2001年始，中央财政每年拿出超过百亿元帮助基层政府解决财政支出缺口问题，2004年拿出了396亿元用于转移支付以推进县乡机构配套改革，并从粮食风险基金中拿出100亿元直接补贴种粮农民。

在积极推进减轻农村税费负担改革的同时，进一步破除城乡分割的税费制度，加大对农村公共福利和保障等方面的投入成为改善农村的重要改革方向。始于1994年的农村最低生活保障制度改革，这一时期再次迅速发展，2007年全国范围内初步建立了农村最低生活保障制度，2008年符合条件的困难家庭开始全部纳入最低生活保障范围并逐步增加最低生活保障补助资金。同时，农村五保户供养制度、农村社会救济制度、针对贫困地区的农村扶贫制度也在这一时期取得新的发展。2003年，民政部下发了《关于进一步做好农村特困户救济工作的通知》，要求各地落实供养资金，实现"应保尽保"，并把县、乡、村兴办的福利院和敬老院等农村社会福利设施纳入制度化和规范化管理；农村养老保险制度，在一度停滞后也出现了新的转机，一些发达地区开始了新的探索，如北京等地采取了与1992年民政部"个人缴纳为主、集体补助为辅、国家政策扶持"不同的方案，普遍加大了地方政府的财政投入；农村卫生医疗体制改革这一时期迅速发展，2003年国务院出台了《关于建立新型农村合作医疗制度的意见》，推进了中央政府、地方政府和农民个人共同参与的新型农村合作医疗的制度改革试点，2009年试点范围已经覆盖了全国94%的县市，一系列的相关措施使得新型农村卫生医疗体系雏形初具。

总体上，相对于1990年代及之前的改革主要聚焦于经济范畴，自2000年农村税费改革试点以来，不仅改革的重点领域明显跨出了经济领域，而是农村体制改革再一次成为了重点，并积极推进了城市反哺农村的改革进程，包括中央加大向农村的财政转移支付，以及地方政府财政支持农村最低生活保障、救济、养老、医疗等一系列的体制改革进程等。这一系列的针对性改革措施，明显扭转了自 1980 年代后期开始陷入困境的农村体制改革进程。但是不容忽视的是，这些体制改革尽管对明显改善"三农"问题发挥了积极作用，但仍然主要延续了以往聚焦农村的方式。这一时期的改革进程，已经出现了城乡统筹和工业反哺农业、城市支持农村的总体考虑，并且这一路径已经明确表述在 2005 年中央《关于推进社会主义新农村建设的若干意见》文件中，新农村建设也由此上升到重要的国家战略层面，涉及到城乡关系，以及经济发展、基础设施建设、社会事业发展、政治民主发展等全方面。然而，更具创新性的城乡一体化的系统性制度改革进程尚未明确出现。

表 3-4 农村新型合作医疗和医疗救助状况

年份	新农合县（个）	参加人数（亿人）	参合率(%)	基金支出（亿元）	受益人次（亿人）	医疗救助	
						（万人）	（亿元）
2004	333	0.8	75.2	26.37	0.76	729	—
2005	678	1.8	75.7	61.75	1.22	855	5.7
2006	1451	4.1	80.7	155.81	2.72	1559	8.9
2007	2451	7.3	86.2	346.63	4.53	—	—
2008	2729	8.2	91.53	662.31	5.85	—	—
2009	2716	8.3	94.19	922.92	7.59	—	—

注：—为数据缺失。
数据来源：《中国卫生统计年鉴》（2010）

3.2.5 以科学发展观为指引的城乡统筹发展的探索阶段

这一时期大致从 2000 年代中后期开始，以 2007 年党的十七大正式提出科学发展观，以及随后的一系列涉及农村的城乡统筹改革试点为标志，目前仍处于新的探索阶段。尽管大多新改革措施仍处于局部区域的试点阶段，甚至还在不断调整的过程中，但与此前聚焦于城市反哺农村的二元思维，以及相对分散的在各自领域的体制改革不同，这一时期的一系列试点改革措施，有着明确的统一指导思想和目标方向，这就是建构一体化的城乡统筹发展机制，因此具有深远影响和重要意义。

城乡统筹发展思路最早出现于2002年党的十六大，而科学发展观也可以追溯到2003年胡锦涛"坚持以人为本，树立全面、协调、可持续的发展观，促进经济社会和人的全面发展"的有关讲话。2007年，党的十七大明确提出了科学发展观并全面阐述了内涵及战略要求，即"第一要务是发展，核心是以人为本，基本要求是全面协调可持续发展，根本方法是统筹兼顾"。科学发展观的提出，在扭转了此前过于关注经济增长的发展方式同时，也提出了新的改革发展方向，如何推动城乡统筹发展，成为新的有关农村发展的重点议题。适应于这一时期的新改革探索，中央在科学发展观的指导下，创设了有别于"经济特区"，以新制度创新为主要方式，以全方位改革试点为主要使命的"综合配套改革试验区"。其中，2007年批准的重庆和四川综合配套改革试验区，明确提出了城乡统筹的体制改革试点要求。2010年6月，国务院又批准设立重庆市两江新区作为统筹城乡综合配套改革实验的先行区。城乡统筹发展成为新的城乡体制改革方向。

从目前的试点经验来看，农村产权制度成为改革试点的重要内容之一。成都市的改革采取了法律赋予农民土地、房屋等要素权益，同时分别向农村集体和农户办理土地使用证和房屋所有权证，在完成上述确权的基础上，充分发挥民主，允许并推进了市场化进程，推动了生产要素在城乡之间的自由流动。2010年，成都市进一步推进城乡户籍制度改革，取消了城乡二元户籍分割并实现了统一。成都市在有关改革试验总结中指出，"统筹城乡改革的目的就是要破除体制机制障碍，建立城乡一体化发展制度，努力实现公共资源在城乡均衡配置，赋予农民真正意义上的财产权利，实现包括劳动力资源在内的城乡各类生产要素自由流动，形成城乡经济社会发展一体化新格局"，在改革的措施上，成都市采取了从工业向集中发展区集中、农民向城镇和农村新型社区集中、土地向适度规模经营集中的"三个集中"起步，推动新型城镇化、新型工业化和农业现代化的"三化"联动,并进而对城乡发展建设实施了延伸至乡、村的市域城乡统筹规划,推进以"六个一体化"为核心的城乡一体化发展的体制机制建设,包括城乡规划一体化、城乡基础设施一体化、城乡产业发展一体化、城乡公共服务一体化、城乡管理体制一体化、城乡市场体制一体化,同时也实现了城乡居民医疗保障标准的统一。

综合这一时期的城乡一体化统筹发展的改革试点来看,这一时期的改革难点和焦点主要集中在几个方面,分别是农村产权制度改革和农民权益保障、农村土地承包权和宅基地的退出及补偿机制、集体建设用地的流转和权益保护、城乡居民身份和待遇统一,以及城乡基本公共服务的均等化等方面。尽管具体的措施仍有待试点,但一体化的改革发展方向和原则,已经基本明确。在最为关键的农村产权制度改革和农民权益保障方面,2005年,农业部的《农村土地承包经营权流转管理办法》,为在家庭联产承包责任制基础上的农民自愿有限流转土地经营权提供了途径,为农业的产业化和现代化,以及农民生产经营和收益权的保护,提供了制度性保障;2009年,国土资源部下发的《国土资源部关于促进农业稳定发展农民持续增收推动城乡统筹发展的若干意见》,明确提出加快农村土地确权登记,规范集体建设用地流转,逐步建立城乡统一的建设用地市场,并进一步指出,在城镇工矿建设规模范围外,除宅基地、集体公益事业建设用地,凡符合土地利用总体规划、依法取得、并已经确权为经营性的集体建设用地,可采用出让、转让等多种方式有偿使用和流转。这一时期,部分获得改革试点授权的地区和城市积极推进了多种形式的集体建设用地流转试验,并与城乡建设用地增减挂钩和耕地保护等相结合,取得了一定的经验;同期,包括成都、重庆,以及并非综合改革配套试验区的一些地区和城市,陆续推进了取消城乡二元户籍分割的体制改革进程。

总体上,相比此前的农村体制改革进程,城乡一体化统筹发展试点阶段的改革,有着明确的系统化的目标与方向,这就彻底打破延续50余年的城乡二元分割,实现城乡的一体化统筹发展。但是除了综合配套改革试验区较为系统和全面的改革试点外,全国的改革进程及方式仍有待进一步观察。

3.3 农村的社会经济发展

改革开放以后，中国农村经济出现了快速发展，农民的收入水平也明显提高。但是农村经济发展不仅涉及第一产业，也涉及第二产业和第三产业，而中国农村的非农经济部门无论是产出比重还是就业比重，也已经明显超过了农业部门。农民的收入水平也明显提高，但农民收入并不仅仅源于农村经济，大量外出打工人群也为农村带来了可观的工资收入。

无论是中国特色的乡镇企业，还是中国农村适应农业产业化发展而形成的多元化的经济组织，对于中国农村经济发展、农民生活改善、农村地区振兴等，都发挥了非常重要的支持作用。但是农村地区生产效率相对较低，以及因此可能对资源和环境造成的破坏，都需要政府部门的积极引导。

3.3.1 农村经济发展

由于农村经济构成明显较为复杂，首先从对农民生活最具影响的收入变化角度来间接分析农村经济的总体发展情况。综合从农村居民家庭人均纯收入绝对值变化和增长率变化来看，农村经济经历了与经济体制改革进程明显类似的变化趋势。

1984年前，推行家庭联产承包责任制的初期，农村居民家庭人均纯收入增长明显加快，1980年后增长率虽然有所下降，但总体上年均增长率仍接近甚至超过20%。这一时期的农村人均纯收入年均实际增长率达到了16.2%。同期的农村居民家庭人均收入相比城镇的差距，也因此开始明显缩小，表明农村居民生活水平提高速度明显较快于城镇居民。

此后直至1980年代末期，农村居民人均纯收入增长率总体上呈现出缓慢下降趋势直至1989年接近于零增长。同时期的农村居民家庭人均纯收入绝对值的增长趋势也日趋缓和。尽管如此，这一时期的农村居民人均纯收入与城镇差距，虽然有所波动，但仍呈现出缩小趋势，直至达到改革开放以来的最小差距。这表明尽管农村经济在这一时期相比前一阶段有所缓慢，但生活水平提高的速度仍较为明显快于城镇居民。

1989年后农村居民人均纯收入增长率再次进入提高通道,在经历1992年和1996年两个较为明显的峰值后,再次进入下降通道并直至2 000元左右。同期农村居民家庭人均纯收入绝对值也经历了改革开放以来增长趋势明显加快的时期,主要集中在1992—1996年间左右。尽管如此,这一时期,特别是1992—1996年间的农村居民家庭人均纯收入相比城镇的差距,却呈现出明显加大的趋势,充分反映出这一时期城镇经济快速发展的影响。

2000年后,农村居民家庭人均纯收入增长率开始再次进入上升通道,直至2007年后上升趋势才趋于平缓,同期的农村居民家庭人均纯收入绝对值也是改革开放以来快速增长时间最长的时期,然而相比城镇居民的收入差距仍在不断扩大。2009年,中国农村居民家庭人均纯收入达到了5 000元以上。

作为农村经济重要基础的第一产业,尽管在改革开放以来的快速工业化和城市化进程中遭受着耕地保护的巨大压力,仍呈现出较快的持续增长趋势。总体来看,第一产业的产值呈现出与农村居民家庭人均纯收入绝对值类似的趋势,与经济体制改革的阶段性历程同样有着紧密的趋势关系。较为明显的快速增长阶段主要出现在1978—1984年间、1992—1996年间和2000年后,分别是家庭联产承包责任制、构建社会主义市场经济体制、减轻农村税费负担、改善农民福利和保障等阶段性体制改革的大力推进时期。

图3-2 农村居民家庭人均纯收入绝对值变化

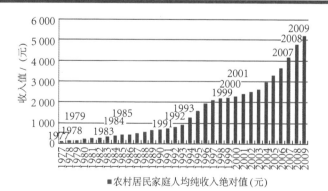

数据来源:《中国统计年鉴》(2010)

图 3-3 农村居民人均纯收入增长率变化图

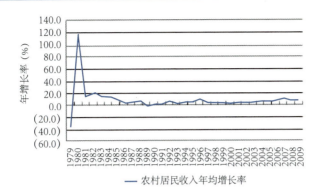

图 3-4 农村居民人均纯收入与城镇居民收入绝对值变化图

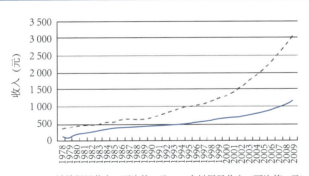

图 3-3 和图 3-4 数据来源：《中国统计年鉴》（2010）

同时，尽管第一产业仍是国民经济的重要基础，在国民经济产出中的比重却总体上呈现出快速下降的趋势，表明了持续快速工业化所产生的重要影响。从发展的趋势来看，改革开放初期实施家庭联产承包责任制后，农业经济率先快速发展，因此在国内生产总值中的比重一度连续上升，从不足 30% 上升到接近 35%，无论是增长趋势还是产出比重，都体现出在国民经济中的重要地位。此后，除了在 1980 年代末期比重略有增长，基本呈现持续下降的趋势特征。按照国际经验，具有标志性意义的时间分别出现在 1990 年代初中期的 1993—1995 年间，以及 2006 年至今。前一时间节点的第一产业比重下降到了 20% 左右，后一时间节点又进一步下降到了 10% 左右，这是公认的工业化进程从初期转入中期，以及从中期转入后期的重要标志性指标之一，对于判断国民经济构成趋势和城镇化进程都具有重要启示意义。与农村经济快速发展的趋势相对应，农村居民的生活水平和方式也都发生了明显变化。一方面，经过快速发展和一系列社会扶持等措施，中国农村的贫困率明显下降，尽管这一时期的贫困标准提升，但贫困率仍从 1978 年的 30.7% 下降到了 2009 年的 3.6%[①]，人均总支出也从 1978 年的 116 元上升到了 6334 元左右，反映出家庭经济实力的明显上升。同时，农村居民家庭恩格尔系数从 1978 年的 67.7 下降到了 2009 年的 41，经历了从贫困型向接近富裕型的明显改善趋势，按照国际经验其中最具标志性的特征年份分别出现在 1985 年和 2000 年，前者农村居民家庭恩格尔系数下降到 60 以下，后者进一步下降到 50 以下，是公认的从贫困转向温饱、从温饱转向小康的标志性指标。而上述两个年份也分别属于农村经济体制改革的半市场化阶段和城市反哺农村阶段的初始年份。

图 3-5 第一产业产值变化图

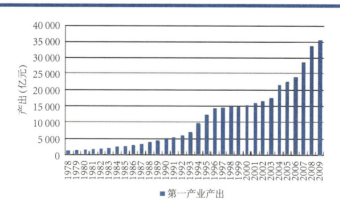

数据来源：《中国统计年鉴》（2010）

---

① 资料来源：国务院 2010 年《中国的人力资源状况》白皮书。

图 3-6 第一产业所占国内生产总值比重变化图

数据来源:《中国统计年鉴》(2010)

图 3-7 1978 年—2009 年农村居民人均生活消费支出和恩格尔系数变化趋势

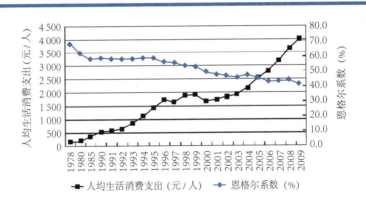

数据来源:《中国统计年鉴》(2010)

3.3.2 农村人口结构

中国不仅是一个人口大国,更是一个有着几千年农业传统的农业人口大国。1978 年全国总人口 9.63 亿,其中农村人口就达到了 7.90 亿人。1991 年我国农村人口达到了 8.39 亿人的峰值后，开始逐年下降。根据第六次全国人口普查，2010 年居住在农村的人口继续下降到 6.74 亿人，占总人口的 50.3%。至此，中国才进入到真正的城市人口规模逐渐占据主导地位的城市时代。但庞大的基数，决定了中国农村人口规模较长时期里仍将是一个庞大的数字。与此同时，中国农村人口的结构也发生着明显的变化，不仅老龄化的现象明显超过城市，青壮年人口的流失现象也非常突出，已经成为农村人口的突出问题。但农村平均家庭人口规模的下降，又对快速城镇化所可能带来的农村宅基地等建设用地的节省带来新的挑战。

1. 农村人口年龄结构特点

表 3-5 1990—2010 年中国乡村人口年龄结构变化

	1990	2000	2010		
	乡村	乡村	乡村	镇	市
0—14 岁	29.6%	25.5%	19.2%	16.9%	12.2%
15—59 岁	61.8%	63.6%	65.9%	71.2%	76.4%
60 岁以上	8.6%	10.9%	15.0%	11.9%	11.4%
老少比	29.1%	42.8%	78.2%	70.4%	92.7%
合计	100.0%	100.0%	100.0%	100.0%	100.0%

数据来源：第四、五、六次人口普查的全样本数据

自改革开放以来，中国农村人口的年龄结构发生了较大改变。0~14 岁年龄组的比例从 1990 年的 29.6% 下降到了 2010 年的 19.2%，但是与同期的城市和镇相比仍相对较高。在老龄化方面，中国农村 60 岁以上年龄组的比例从 1990 年的 8.6% 上升到了 2010 年的 15.0%，较为明显高于城镇。这些数据表明，中国农村依然保持着较高的出生率同时，也出现了相比城市地区更为明显的老龄化现象。对此现象，中国民间曾有"386160 部队"的戏称，"38"指留

守农村家中的家庭妇女,"61"指留在家中的儿童,"60"指留在家中的老人,而青壮年大多外出打工。

从人口的老少比变化情况也能够看出上述趋势,1990年中国农村人口的老少比在30%以下,属于年轻型人口结构,但2000年后虽然农村的劳动年龄人口比例仍然在上升,但老少比发生了很大变化,人口的老龄化趋势日益明显。后图中显示的中国农村40~59岁的人口比例巨大,意味着未来20~30年中国农村的老龄化形势将更加严峻。

图3-8 1990—2010年乡村人口年龄结构变化图

(单位:万人)

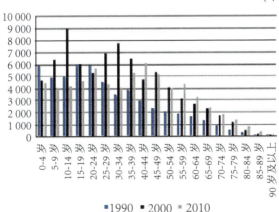

数据来源:第四、五、六次人口普查的全样本数据

2. 农村家庭人口规模变化

中国农村的家庭人口规模也在明显下降,第六次人口普查相比第四次人口普查,已经从平均每户6.65人下降到每户3.62人,逐步向核心家庭模式过渡。

进一步从户人口数的构成特征来看,2010年2~4人的核心家庭户都达到了总户数的20%以上且明显接近,而超过5人的户数比例已经仅有6%左右,这一分布特征相比1990年已经发生了较为明显的变化,相比2000年也有所下降。中国农村家庭户人口数量的下降，在受到计划生育和承包到户等诸多方面影响的同时，也同样产生新的影响。

一人户比例的迅速增长，使得中国农村地区传统的以户为基本单位的生产和生活组织面临着新的挑战。而家庭规模的小型化也相当程度上抵消着城镇化进程的影响，相比农村人口的快速下降，1990年中国农村家庭户为1.26亿户，2000年这一数字攀升到了2.09亿户，2010年虽有减少，仍然达到了1.95亿户，这意味着原本借助快速城镇化进程来减少农村相对粗放的建设用地发展以保护农业的努力可能大打折扣。

表3-6 中国农村家庭户规模的变化1990—2010年

	1990	2000	2010
户均规模（人）	6.65	3.86	3.62
合计	100.0%	100.0%	100.0%
一人户	5.9%	6.9%	12.4%
二人户	9.8%	14.8%	22.1%
三人户	19.5%	24.9%	22.3%
四人户	26.7%	26.5%	21.0%
五人户	19.9%	16.7%	12.7%
六人户	9.8%	6.5%	6.0%
七人户	4.7%	2.3%	2.0%
八人户	2.1%	0.8%	0.8%
九人户	0.9%	0.3%	0.3%
十人及十人以上户	0.7%	0.3%	0.3%

数据来源：第四、五、六次人口普查的全样本数据

3.3.3 农村产业与就业结构

随着农村经济快速发展，农村经济结构也在发生明显变化，体现在农业经济结构、就业结构和收入结构等多个方面，农村经济结构的变化，对于农村

和生产和生活方式有着重要影响,并直接影响到中国农村的城镇化进程特征。

在第一产业内部,产业结构调整经历了大致5个阶段。第一阶段1979—1984年,在突破"以粮为纲","绝不放松粮食生产,积极发展多种经营"的战略下,牧、渔业等多产业部门迅速增长,在第一产业部门中的比重明显上升,农业比重从超过80%逐步下降到了70%以下,多种经营初见成效。第二轮农业结构调整大致从1980年代中期直至1990年代初期,随着农民获得更多生产经营自主权,见效更快的牧业和渔业获得了更快发展,林业比重有所下降,农业比重下降趋势趋缓,到1991年已经逐渐下降到了60%左右。第三轮的调整为1990年代初期直至1996年左右,国家提出发展高产、优质、高效农业,提高经济效益的主张,农业比重相对稳定,林业较为明显下降,渔业相对增长最快,而牧业增长相对缓慢;第四轮调整大致从1998—2006年左右,以农户和农业产业化经营企业为主,优化品种、提高质量、增加效益为中心。农业比重缓慢下降直至保持相对稳定在50%~60%左右,林业比重在持续下降后开始缓慢提高,牧业也进入了缓慢提高的进程特征,渔业在1999年比重达到最高后开始持续下降。此后则第一产业内部结构相对稳定的发展时期。

在第一产业内部结构调整的同时,农村非农业产值的变化更为明显,2006年农村非农业产值达到24.98万亿元,是1978年640.5亿元的390倍。2009年,全国乡镇企业实现增加值92 500亿元,是当年全国第一产业增加值35 226亿元的2.6倍。而全国农村经济中的非农产值比重,也从1978年的31.4%上升到了超过85%,中国农村经济已经明显进入了非农产业占据主导地位的发展阶段。

2009年的约7.8亿人,增加接近一倍,农村劳动力就业率明显提高。同时,农村就业人口的部门分布也发生了明显的变化,非农就业人数持续快速上升,而农业就业人数在1991年达到最高值后开始波折下降,并在2000年后进入较为明显的下降趋势中。2009年的农业就业人数仅略高于1978年,农村就业人口中非农就业人数比重也已经上升到了近62%,明显占据优势地位,且从在农村就业中的比重来看已经相比1978年的不足30%提升了一倍有余,表明农村就业机构的非农化趋势日渐明显。

图 3-9 第一产业中产业所占比重变化图

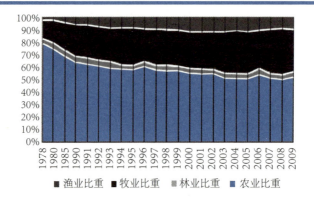

数据来源:《中国统计年鉴》(2010)

表 3-7 我国农村就业结构变化

年份	农业就业人数			非农就业人数		
	绝对量(万人)	增长率(%)	占总就业份额(%)	绝对量(万人)	增长率(%)	占总就业份额(%)
1978	28318	—	70.5	11834	—	29.5
1984	30868	-0.9	64	17329	13.4	36
1991	39098	0.5	59.7	26393	2.2	40.3
1997	34840	0.1	49.9	34980	2.5	50.1
2000	36043	0.8	50.0	36042	1.2	50.0
2004	35269	-3.4	46.9	39931	5.4	53.1
2005	33970	-0.047	44.8	41855	0.048	55.2
2006	32561	-0.04	42.6	43839	0.047	57.4
2007	31444	-0.03	40.8	45546	0.039	59.2
2008	30654	-0.03	40	46826	0.028	60
2009	29708	-0.03	38.1	48287	0.031	61.9

数据来源:据《中国统计年鉴》(2010)资料整理

从农村就业结构的变化历程来看,1980 年代初中期之前,伴随着农村经济快速增长,非农就业人口的增长无论在绝对量还是增长率方面,都明显快于农业就业人口。1990 年代初期农业就业人数达到了历史上的最高峰,绝对量达到3.9亿人,这一时期的非农就业人数尽管仍较快增长且增长率高于农业就业人数,但年均速度明显较低于前期。从1990年代初期到2000年期间,农村就业人口规模继续较为稳定上升,但农业就业人数可是出现波动,并在经历了中期规模下降后在2000年回升到3.6亿人,而非农就业人数则继续较快稳定增长到3.6亿人。1997—2000年左右也因此成为农村就业人口结构变化的关键特征年份,实现了农业就业人数和非农就业人数基本相当。此后,农业就业,不仅人数稳定下降,而且占农村就业人数比重也同样稳定下降,而非农就业人数和比重均呈现出稳定增长趋势。从就业特征来看,中国农村经济的非农化在2000年后进入了稳定发展的趋势。而国务院发展研究中心课题组的调查研究表明进一步表明,2005年左右中国农村劳动力在超过半数已经转入非农产业的基础上,另一个突出特点就是非农就业中有接近半数是从本地流动到外地打工,这也促成了中国日益庞大的农民工流动规模现象。

表3-8 2009年我国分地区农村居民人均生活消费支出比较一览表

(单位:元)

项目	东部地区	中部地区	西部地区	东北地区
总支出	5148.62	3622.00	3238.69	4148.30
食品	2047.75	1539.46	1395.86	1414.54
衣着	289.39	205.95	184.08	325.85
居住	992.77	748.36	677.38	839.34
家庭设备用品及服务	260.29	204.36	163.1	170.71
交通通讯	604.56	313.81	296.42	403.52
文教娱乐用品及服务	498.14	288.45	221.53	443.97
医疗保健	339.59	240.41	245.95	448.75
其他商品及服务	116.14	81.2	54.37	101.62

资料来源:《中国统计年鉴》(2010)

在经济快速发展和收入水平快速提高的同时,农村收入和支出结构也发生了明显变化。现金收入日渐成为主要的收入方式,同时现金支出也成为主要的支出方式,2009年农村现金支出占总支出达到了90.0%。中国农村逐渐从明显封闭的自给自足经济模式,向更多参与社会化大分工的模式发展。同期,中国农村的饮食结构从主食型向副食型转变,人均住房面积也超过了 30m^2,标志着生活质量的整体改善。但在另一方面,全国不同区域的发展明显不平衡,差距仍然较大。2009 年,沿海的东部地区人均消费支出接近于西部的 1.6 倍,中部的 1.4 倍。在支出项目中,东部地区在交通通讯、文教娱乐等较高层次消费上的支出明显高于中西部地区,在居住、医疗保健和其他商品及服务等方面也较为明显领先。而中部地区除了在医疗保健方面支出略低,其他各项目支出均高于西部地区。东北地区尽管在总支出方面较为明显低于东部地区,但在各主要指标方面均明显高于中部地区和西部地区,部分指标甚至高于东部地区,显示出较强的经济实力。

3.3.4 农村乡镇企业

乡镇企业是中国农村经济中的一种特有现象,是农村经济组织或者农民所有并且在乡村就地组织生产的一种企业组织形式。乡镇企业的存在,曾经不仅丰富了农村经济,壮大了集体经济实力并增加了农民收入,而且为农村剩余劳动力开辟了就业渠道,丰富了产品的市场供给,对繁荣城乡经济发挥了巨大作用。

1. 1980 年代活力初现的乡镇企业

类似乡镇企业的经济组织在中国有着较为悠久的历史,并且被认为是中国特色的农村工业化的重要载体。随着改革开放和搞活经济的指导思想,曾经几乎消失的作为乡镇企业前身的社队企业再次获得了新的发展机会,对于恢复和发展农村经济和按照农村富余劳动力发挥了重要作用。1984 年中共中央 4 号文批转了农牧渔业部的《关于开创社队企业新局面的报告》,正式将社队企业名称改为乡镇企业,而乡镇企业的快速发展也由此得到了政府的大力支持。1996 年 10 月颁布的《中华人民共和国乡镇企业法》对乡镇企业的内涵作了明确的界定,是指由农村集体经济组织或者以农民投资为主体,在乡镇（包括所辖村）举办的承担支援农业义务的各类企业。其范围包括乡（镇）办企业、村办企业、联户办企业、户（私营、个体）办企业，以及这些企业之间或者这些企业与国有企业、城镇集体企业、私营企业以及外资（包括中国港澳台地区）等多种经济成分联合投资建立的企业[①]。

窗口 3-2

邓小平曾说："在农村改革中，我们完全没有预料到的最大的收获，就是乡镇企业发展起来了，突然冒出搞多种行业，搞商品经济，搞各种小型企业，异军突起。"这是可以与家庭联产承包责任制相媲美的一大"奇观"。

作为农村经济的重要组成部分，乡镇企业的快速发展对于农村经济与就业发展起到了重要作用。仅 1978 到 1987 年间，中国乡镇企业从 152 万个发展到 1 750 万个，从业人数从 2 826 万人增长到 8 815 万人，产值达到 4 764 亿元，占当时农村社会总产值的 51%，首次超过农业总产值。在中国尚未大范围大规模推进对外开放的 1980 年代，乡镇企业的崛起，不仅对农村经济的发展发挥了重要作用，对于整个国民经济发展乃至城镇化模式，都发挥了重要影响。1987 年的乡镇工业总产值占全国工业总产值的 1/4；大量依托村镇发展的乡镇企业在创造了大量就业岗位同时，也造就了农村地区大量半工半农的就业人群，他们不仅生活依然在村庄，而且农闲时务工、农忙时务农，由此催生了中国"离土不离乡，进厂不进城"的二元城镇化格局。在长江流域的苏南地区，1980 年代创造的著名苏南模式，就是典型的以乡镇企业为主要动力的快速经济发展和城镇化进程方式。

---

① 所谓投资为主是指农村集体经济组织或者农民投资超过 50%，或者虽不足 50%，但能起到控股或者实际支配作用。乡镇企业在城市设立的分支机构，或者农村集体经济组织在城市开办的并承担支援农业义务的企业，按照乡镇企业对待。这一界定在某种程度上丰富了民营经济的内涵。

2. 1990年代波折中稳步前行的乡镇企业

1990年代乡镇企业继续稳步发展,但也出现了新的问题。最为普遍的问题是乡镇企业产权不清晰所导致的,带来了利益分配和发展决策等方面的一系列问题,譬如苏南地区的很多乡镇企业都由镇政府直接管理甚至由镇领导兼任乡镇企业领导职务,造成了新的政、企不分问题,严重的甚至直接威胁到乡镇企业的生存。而一些原本就是私人投资但为了政策上安全而戴上集体帽子的乡镇企业,此时也普遍遇到了企业性质界定的问题。同时,中国的对外开放进程已经进入新的阶段,大量的外资涌入也对明显存放的乡镇企业的生存构成了很大威胁。

在上述背景下,从国家到地方,以及乡镇企业自身,都开始积极寻找新的方向。上述的1996年10月颁布的《中华人民共和国乡镇企业法》,不仅对乡镇企业进行了较为详细的界定,而且从法律的层面上,也对乡镇企业的基本权益进行了确定和保护,为乡镇企业的新发展奠定了基础。而以产权制度改革为核心的乡镇企业改革也开始普遍推行,成为继家庭承包责任制之后,农村经济体制的又一次重大变革。1980年代曾全国闻名的苏南乡镇企业也大多在1990年代中后期推进了产权改革,大批小、微、亏企业经过公开竞价拍卖成为私有企业,一般中小型企业大多改制为经营者控股的有限责任公司,还有些"大而亏"的企业则切块改制。经过改革,苏南乡镇企业走出了发展低谷,但集体所有制为主体的所有制结构也随之发生改变,形成了个人、外资和集体多种所有制并存的局面。

1992年到1999年,全国乡镇企业从1 908万个发展到了2 071万个,从业人数从9 609万人增长到12 704万人,产值达到108 426亿元,其中工业增加值达17 374亿元,占全国工业总产值的48%。虽然发展速度相对前期下降,但在国民经济中的地位突出。

3. 2000 年后快速发展的乡镇企业

表 3-9 中国乡镇企业增加及占国内生产总值比重的变化

(单位：亿元)

	国内生产总值	乡镇企业增加值	占比
2000	99215	27156	27.4%
2005	183085	50534	27.6%
2009	340903	93532	27.49%
2010	401202	112232	28.0%

资料来源：中国乡镇企业年鉴 2001，2006；中国乡镇企业及农产品加工业年鉴 2010，2011

随着多元化产权形式得到了国家法律保护，逐步完成了产权改革的乡镇企业开始了新的发展阶段。2001 年正式签署协议加入世界贸易组织（WTO），又为中国企业发挥成本优势、扩大国际市场提供了重要机遇。由于具备土地成本和劳动力成本的双重优势，加之配套的制度安排，乡镇企业进入到了快速发展阶段。其中，珠三角和长三角地区的乡镇企业发展尤为迅速，至 2010 年，东部地区乡镇企业全年实现增加值 54 942 亿元，占乡镇企业增加值总量的比重达 58.74%。

据 2006 年的一项统计显示，农村 4.8 亿从业人员中有近 50% 的农村劳动力已经转入非农产业。这其中一部分优秀者已经成长为企业家，成为技术和制度的创新者，而大部分农村富余劳动力在工厂就业后，通过专业培训和边干边学积累了经验，增加了知识，提高了自己的素质和生产技能。

2009 年，全国乡镇企业实现增加值超过了 9 万亿元，是当年全国第一产业增加值的 2.6 倍。乡镇企业收入已经成为中国农村经济中的重要支柱部门。2009 年，农村居民人均从乡镇企业获得收入 1 807 元，占农村居民人均纯收入的比重达 35.07%，乡镇企业对于农民就业和生活水平提高都做出了重要贡献。根据《中国乡镇企业及农产品加工业统计年鉴 2011》，2010 年全国乡镇企业实现增加值 11.22 万亿元，占当年国内生产总值的 28%，增速快于 GDP

增速2.34个百分点。同年,乡镇企业就业人数达15 893万人,比上年底净增305万人,其中,第二产业吸纳劳动力最多,占49.8%;第三产业吸纳劳动力7803万人,占49.10%,净增加134万人。乡镇企业上缴税金11 328亿元,同比增长16.63%,支付劳动者报酬20 477亿元,同比增长18.04%,农村居民人均从乡镇企业获得工资性收入2 086元,比上年增长269元。乡镇企业为农民就业和农村生活水平提高作出了重要贡献,也有效缓解了中国快速城市化过程中的社会就业压力。

乡镇企业的发展,也产生了一些负面作用,比如环境污染、产业结构层次普遍偏低,产权问题等。近几年中国政府已经开始了税收转移支付、提高企业落户门槛、淘汰落后产能等相关的改革措施,降低乡镇企业的环境污染,提高乡镇企业的产业结构层次,推动相关的制度改革。

3.3.5 农村社会经济组织

在经济快速增长和结构快速变化的同时,中国农村经济的组织方式也发生着明显变革,经历了从人民公社到以家庭为单位的分散化的家庭联产承包责任制,到以家庭联产承包责任制为基础的农村多种形式的新型经济合作组织,直至以农业产业化为主要特征的新组织方式。农村经济组织方式的体制性变革,对于中国农村经济发展及其产业化和现代化历程,形成了重要影响。

改革开放之前,中国农村经济及社会采取的是政社合一的人民公社组织模式,即人民公社体系下的各级组织均采取行政和经济为一体的组织方式。人民公社模式的突出特点,除了政社合一,就是在生产分配上的平均化,个人及家庭的直接生产贡献与分配间的关系明显较弱。家庭联产承包责任制的施行,首先从经济管理方面推动了人民公社体制的松动,将生产经营与产出分配直接挂钩,形成了多劳多得的分配模式。随着家庭联产承包责任制的施行和在体制层面上巩固,人民公社的全国性体制改革于1983年展开,该年中共中央1号文件《当前农村经济政策的若干问题》,明确提出改革人民公社体制并推行政社分设。1984年的中共中央1号文件进一步对政社分设后的农村经济组织发展提出了指导方针,即不强行推行一种模式,但一般应设置以土地公有为基础的地区性合作经济组织,以完善统一经营和分散经营相结合的新体制模式,这一组织可以叫农业合作社、经济联合社或群众选定的其他名称,新型的以农村社区合作为主要特点的农村经济合作社模式得以在体制上确立。1985年,全国范围内的农村政社分设工作完成,绝大多数地方在原来的人民公社、生产大队、生产队解体后,组建了不同层次的新型经济合作组织。根据农业部有关资料,1999年底全国共设置社区型合作经济组织223.4万个,其中乡(镇)一级3.7万个,村一级70.6万个,组一级149.13万个。

随着1992年社会主义市场经济体制改革目标的确立,中国农村经济的市场化快速推进,更为市场化和专业化的新型合作经济组织开始出现并迅速发展。不同于此前从人民公社转型而来的大多与行政管辖地域匹配的社区型合作经济组织,这种新型合作经济组织大多诞生于市场经济环境并遵循着市场经济规律运作,通常不以特定行政管辖地域为界限,基本特征就是专业和自愿,并且以农民为主体,业务范围涉及到农业生产经营的产前、产中、产后等各个环节,更为重要的是承认个人产权且通常以个人产权为基础,因此往往更具市场活力,很快成为中国农业产业化战略中扮演起了重要角色。而同期,农业产业化也成为社会主义市场经济体制目标引导下逐步上升到国家层面的推进农业现代化发展的重要战略之一。体制层面上的农业产业化概念及战略推进,最初由山东省在总结自1980年代初中期以来的地方农村经济新型经济合作发展的经验基础上,于1994年以地方1号文件形式在全省全面推广的。1996年,全国农村工作会议在山东经验基础上,进一步将农业产业化确定为中国农业现代化的重要方向。诞生于这一宏观背景下的新型专业化经济合作组织的迅速发展,因此不仅成为中国农业产业化的重要组织方式,同时也是中国农业产业化发展的重要表征要素。

在中国农业产业化战略的引导下,获得了体制上认可的新型专业化农村合作经济组织快速发展,形成了以家庭联产承包责任制为基础的各有特色的多种组织形式,如"农户+公司"、"农户+流通专业组织"、"农户+批发市场"、"农户+零售市场"、"农户+各种协会"等等,并且出现了全国层面的共同快速发展局面，一批重点龙头企业也获得了迅速成长。根据廉高波（2008）的研究，2003年全国建立起的14万个比较规范的农村专业合作经济组织中，专业协会，专业合作社和股份合作社的比重分别达到了85%，10%，5%。其中，专业协会或研究会的组织形式比较灵活，合作关系一般较为松散，多数为实体性的，主要以向会员提供技术和信息服务为主；专业合作社在性质上属于劳动者的联合，在管理和决策上通常实行一人一票，在分配上以按交易量分配为主，合作关系一般比较紧密，多数是实体性的；联合社或联合会，实际上是专业合作社和专业协会在更大范围的联合与合作。而毛科军和巩前文的研究指出，到2006年，大陆上的东部沿海地区各类农业产业化组织占比45.2%、中部地区31.2%、西部地区23.6%；在产业分布上种植业产业化组织占比46.8%、畜牧业产业化组织占比24.1%、水产业组织占比8.2%、林特产品业组织占比10.4%、其他10.5%；在全国各类产业化组织与农户联结方式上，合同方式占比51.9%、合作方式占比12.6%、股份合作方式占比13.3%、其他方式22.2%。

由于农村经济组织发展的明显阶段化和地域差异化，中国各地出现了一些各具特色的地域性经济发展模式，对其所进行了理论性归纳，成为认识乃至指导中国地域性农村经济发展的重要工具。从1980年代至今，最具知名度和典型模式主要有温州模式、苏南模式、珠江模式、漳州模式、寿光模式等。国内有研究认为可以根据农村体制改革的阶段进程和农村经济组织的核心要素，划分为两大阶段，分别是1980年代初中期以乡镇企业发展为主要代表的如温州模式、苏南模式、珠江模式等，以及此后以农业产业化为主要特征的寿光模式、漳州模式等。这种模式化的认知，不仅有助于了解中国农村经济现代化进程中的差异化演进路径，也同样有利于更为深刻地了解中国农村地区的差异性城镇化进程。

窗口3-3　苏南模式

通常是指江苏省苏州、无锡和常州（有时也包括南京和镇江）等地区通过发展乡镇企业实现非农化发展的方式，由费孝通在1980年代初率先提出。

其主要特征是：农民依靠自己的力量发展乡镇企业；乡镇企业的所有制结构以集体经济为主；乡镇政府主导乡镇企业的发展。

苏南模式源自于人民公社时期，苏南各地在集体副业基础上办起了一批社队企业进行简单的生产资料和生活资料加工。1980年代中期随着国家对社队企业发展的明确支持，苏南地区的很多社队企业在转型为乡镇企业后，依托于上海等中心城市的技术、信息、人才、产品等要素支持，迅速发展成为重要的地方性经济力量，1989年苏南乡镇企业创造的价值在农村社会总产值中达到了60%。

以乡镇企业发展为主要特征的苏南模式中的一个重要特征，就是苏南地区的乡镇企业大多延续了原来社队企业的集体经济模式，主要由乡镇政府领导发展并组织各种企业发展所必须的资源如土地、资本和劳动力等，企业负责人也通常由政府指派甚至直接由乡镇领导承担。这种组织方式在初期充分发挥了将能人（企业家）和社会闲散资本有效结合的作用，并因此迅速推进了苏南乡镇企业在全国的率先崛起。

然而，初期曾发挥了重要作用的政企不分，也成为苏南模式重要基础的乡镇企业的重要弊端，随着社会主义市场经济体制建设的日趋完善，以及苏南地区经济发展中外资及更具市场化的民营经济、股份公司等的快速发展，苏南模式对于苏南经济发展的重要作用正在逐渐淡出。

窗口3-4 温州模式

是指以浙江省东南部的温州地区为代表，主要在浙南地区的，以家庭生产小商品和专业化大市场相结合方式发展的非农产业。小商品是指生产规模、技术含量和运输成本都较低的商品，大市场是指温州人在全国建立的市场网络。其基本特征是经济形式家庭化，小商品大都是以家庭为单位进行的；经营方式专业化，有家庭生产过程的工艺分工、产品的门类分工和区域分工；专业生产系列化；生产要素市场化，按市场的供需要求组织生产与流通，资金、技术、劳动力等生产要素，均可自由流动。

温州模式又被称作"小狗经济"，贴切形容了温州遍地小企业和小家庭作坊的场景，并因此明显与以为大工业配套的集体经济为载体的苏南模式，以及以外资为主导的广东模式不同。政府在经济发展的过程之中，扮演了"无为"者的角色，对民间经济行为更多采取明显较为宽松放任的态度。这种政府姿态，在当时的政治经济环境下，让那些不符合主流的事情和现象存在和发展，从而为民间经济的快速发展提供了条件。

温州模式的形成，同样有着特定的时代背景，温州等浙南地区的重要特征就是包括耕地等在内的自然资源稀少且交通条件明显较差，因此在长期的历史发展中逐渐形成了民间自力更生和外出谋生的文化特征。随着改革开放以来对于民间经济发展管制的日益放宽，特别是允许劳动力等要素流动等，使得温州模式的形成和快速发展成为可能。

至今，温州模式经历了早期的阶段性发展演化后，正在呈现出新的发展趋势，包括资本流动跨区域化、家族企业现代化、企业发展国际化、经济发展自律化等。

窗口3-5 珠江模式

珠江模式是人们对广东省珠江流域中以深圳、广州为中心的若干市县自改革开放以来社会经济发展模式的概括与总结，其主要特征就是充分利用国家赋予的改革开放先行等优惠政策，以其独特的地理区位和人文条件、土地和劳动力等优势，与外来资源相结合创造的外向型经济为主导的经济发展模式。

珠江模式的基本特点包括：地方政府有相对独立决策权、自身利益和竞争压力；外向型企业有相对独立性产权结构，乡镇企业具有相对排他性产权结构；具有受惠于外向型市场资源优势的外向型经济发展环境；以及以外资企业和中外合资企业为主体的突出特点等。

自改革开放以来，珠江模式的发展也经历了明显的与国家经济体制改革历程相吻合的阶段性演化。初期阶段大致以1984年为界，为早期探索期，两头在外的"三来一补"模式成为外向型产业经济的主要方式；第二阶段到1992年，是外向型产业经济升级发展的起飞阶段，珠三角与香港形成了较为明显的"前店后厂"模式；第三阶段大致1990年代末期为界，珠三角地区的政策优势明显削弱，外向型产业经济发展开始走向大型化和国际化，投资领域也从较为简单的制造业开始拓展到更多领域，珠三角产业经济进入新的探索时期；此后则是新的生机发展阶段，包括香港在内的大珠三角经济合作进入新的发展阶段，珠三角中心城市开始进入较为明显的产业升级阶段，高新技术和现代服务业较为明显发展，与香港的传统"前店后厂"合作模式逐步向更加互有交融的阶段转变。近年来，随着从国家到广东省政府与港澳一系列新合作协议的签署，珠江模式可能走向更加一体化的新发展阶段。

窗口3-6 漳州模式

漳州地处闽南地区，是大陆上台胞台属居住最为集中的地区，具有山多地少海岸线绵长的地点，适宜热带亚热带经济作物和水产养殖业发展。漳州模式在内涵上指以漳州为代表的一种以农业为基础，以农产品加工业为主导，以市场特别是国际市场为导向的，多种所有制形式并存，农业、工业和商贸业密切结合，相互促进，协调发展的发展模式，该模式的形成与上述条件有着紧密关系。

漳州模式的主要特点包括：其一，农业、农村工业和商业贸易密切结合的农业产业化特征，主要围绕着水果、水产和经济作物展开所形成的一条龙经济体系，这其中相比其他区域经济模式的最大差异就是产业化过程中的牢固农业基础，并且这种农业基础也并非一成不变，而是随着需求不断升级换代；其二，明显突出的国际化外向型经济特征。漳州地区的外向型经济有着悠久的历史传统，并且这种传统在改革开放后不久就得以重新接续发展，依托历史及侨乡优势，漳州模式显示了突出的外向型特征，农产品及其加工制成品出口在全市农业中占据明显突出地位；其三，多元化的所有制结构，共有经济和民营经济旗鼓相当，在经济发展中均发挥着重要作用，因此明显有别于温州模式和苏南模式。漳州农业以家庭经营为主，同时集体经济也发挥着重要的引导作用，农村工业则是乡镇办企业、村办企业、联户办企业和个体办企业"四个轮子"齐转，商业也形成了国有、集体和个体三种所有制并举的格局，多元化的所有制形式适应了农村生产力水平多层次的实际状况，充分调动了各方面的积极性；此外，由于良好的水果和经济作物农业基础，漳州模式也促成了地方经济效益与生态效益的统一，而农业产业化的不断深化发展也同时更好地实现了农村内部剩余劳动力的就地安置。

窗口 3-7 寿光模式

寿光位于山东半岛中部的莱州湾南岸，全县位于平原地带，四季分明，水源丰沛、光照充足，土壤肥沃，同时还具有良好的海岸线资源，渔业资源丰富。寿光模式在内涵上指以蔬菜种植为基础，以市场带动为核心，以政府宏观调控和支持为引导的农业产业化模式。

寿光模式的形成同样与寿光的自然基础条件有着紧密关系，但政府在其中的引导和支持发展也具有不可忽视的重要作用。寿光模式的发展同样具有明显阶段特征。初期大致以 1984 年为界，随着家庭联产承包责任制的推行，农村蔬菜种植快速发展，但以农户为基础的分散种植经营很快面临着销售难的"菜贱伤农"局面；第二阶段以 1992 年为界，1984 年，寿光在靠近交通要道处建设全市第一处标准较高的蔬菜专业批发市场，带动了蔬菜产业的率先发展，逐步促进了农产品市场的繁荣发展。这一阶段，寿光有关部门积极采取多种形式筹集资金，组织国有、集体、个体经济共同发展农副产品批发市场和成立蔬菜公司，并积极到全国各地发展购销业务，由此构建了多种所有制共同参与的产运销一体化的蔬菜产业大发展格局；第三阶段，自 1992 年国家提出建设社会主义市场经济体制以后，面临着日益严峻的竞争压力，寿光农业产业化进入了新的发展阶段，实现了三个拓展，即从农副产品市场抓起实现了由产地输出型向中转集散型的拓展，以培育要素市场为重点实现了单一产品市场向多元复合市场的拓展，积极开拓并实现了由国内市场向国际市场的拓展。

3.4 村庄和集镇建设

3.4.1 相关政策和法规

1980 年代费孝通先生就提出"小城镇大战略"，强调小城镇的重要性。1993 年国务院颁布了《村镇规划标准》（GB 50188—93），随后各省先后制定了村镇建设管理条例，比如《福建省村镇建设管理条例》（1997）、《内蒙古自治区小城镇规划建设管理条例》（2005）、《浙江省村镇规划建设管理条例》（1997）、《江苏省村镇建设管理办法》（1997）、《江西省村镇规划建设管理条例》（2002）等。中国城市规划协会还特别开辟了"全国优秀村镇规划设计奖"，以鼓励村镇建设和规划创新。

2003年开始，国家统计局每两年公布一次全国千强镇名单。2004年国家统计局开始每年出版《中国建制镇统计资料汇编》。2008年国家《城乡规划法》正式施行，将其适用范围推广到乡村。国家对村庄和集镇建设与规划越发重视，一系列的法规和政策正在制定当中，近几年很多省份开展了集镇规划全覆盖工作，有效促进了集镇建设的有序化。

窗口3-8

国务院批转民政部对1955年和1963年中共中央和国务院关于设镇的规定作如下调整：

一、凡县级地方国家机关所在地，均应设置镇的建制；

二、总人口在2万以下的乡，乡政府驻地非农业人口超过2 000的，可以建镇；总人口在2万以上的乡，乡政府驻地非农业人口占全乡人口10%以上的，也可以建镇；

三、少数民族地区、人口稀少的边远地区、山区和小型工矿区、小港口、风景旅游、边境口岸等地，非农业人口虽不足2 000，如确有必要，也可设置镇的建制；

四、凡具备建镇条件的乡，撤乡建镇后，实行镇管村的体制；暂时不具备设镇条件的集镇，应在乡人民政府中配备专人加以管理。

3.4.2 集镇建设

中国的集镇具体分为一般集镇和建制镇，前者只是农村地区的商业和社会活动中心，市县政府可以在一般集镇设立派出机构；后者是一级地方政府。

中国的建制镇制度与市县行政区划制度一样,经历了一系列的变迁完善过程,其主要发生在改革开放后。

1984年国务院批转民政部《关于调整建镇标准的报告的通知》,对建制镇标准做了进一步的修改,主要有两个方面:一是再次将设镇的门槛人口由3 000人下调回到2 000人;二是建制镇的审批权下放到了省、自治区和直辖市人民政府。建制镇标准的降低和审批权的下放使得建制镇数量迅速激增。1982年至1990年间建制镇的数量由2 678个猛增到14 539个,翻了5倍多(表3-10)。

表3-10 全国乡镇级行政区划统计 1981—2010年

(单位:个)

年份	合计	其中	
		镇	乡
1981	65802	2678	54371
1984	106439	7186	85290
1992	54830	14539	33827
2000	49668	20312	23199
2002	44850	20601	18639
2010	40906	19410	14571

资料来源:1978—2002数据摘自新中国55年统计资料汇编,2010年数据摘自《中国统计年鉴2011》

1990年代国家继续推行乡镇建制调整,大幅撤乡建镇和合并乡镇,以达到"机构改革和精简乡镇人员编制"的目的。1991—2000年间乡镇数量从56 481个减少到了43 511个,但是建制镇数量从12 084个增加到了20 312个,建制镇镇区的平均规模约为8 200人。

随着1990年代的建制镇数量猛增,国家逐渐认识到随着农村经济、社会的发展和城市化水平的提高,城镇人口大量增加,当时的设镇标准指标偏低等不足日益显现,以至于部分地区建制镇的数量增加过快、质量不高、规模偏小。因此2002年国务院发布《国务院办公厅关于暂停撤乡设镇工作的通知》,

决定停止执行《国务院批转民政部关于调整建镇标准的报告的通知》(国发〔1984〕165号),在新的设镇标准公布前,各省、自治区、直辖市暂停撤乡设镇工作。这期间乡镇合并等区划调整工作仍在进行,但幅度较之1990年代要小很多。2002年底建制镇达到20 601个后就不再增加,而是逐年减少,2010年底比2002年底减少了1 191个,乡也减少了4 068个。

实践证明,乡镇行政区划制度改革为中国的集镇建设提供了必要的、坚实的制度基础。数据显示,2009年全国建制镇镇区占地面积844万 hm²,绿化面积48万 hm²,镇区总人口2.12亿人,占当年全国城镇人口总量的34%;其中东部地区建制镇镇区总人口9 511万人,占全部建制镇镇区总人口的45%。建制镇已经成为中国城镇化的重要组成部分。

3.4.3 村庄建设

改革开放初期,中国城市化水平不足20%,超过8亿人居住和生活在农村,农村建设一直是政府最为关注的部分。1980年代初期国家推行的两大农村基本制度(土地承包责任制,村民自治制度)奠定了我国农村政治社会的基本形貌和运行机制。1990年代中国农村政策的一个基本导向是,国家逐步撤离村庄,市场机制日渐发挥主导作用,土地权利进一步明确化。但随着我国农村剩余劳动力数量的激增,农村经济日渐衰弥,至2000年我国城乡收入差距从1990年的2.20增加到了2.79,城乡收入差距进一步扩大。

窗口3-9

利用3至5年时间……抓好全省1 000个示范村的建设与整治,以"一建、二清、三治、四改"为重点,探索改善农村人居环境的新模式。

2006年3月全省各地举办培训班175期,培训骨干15 771人,其中村级干部7 397人。为了确保"十一五"期间全省"百镇千村"示范工程建设目标的实现,湖北省制定出台了相关政策措施作为支撑,比如:2006年由省建设厅负责安排1亿元"百镇千村"示范工程建设专项资金,其中5 000

万元用于千村的规划编制经费补助和当年启动的 500 个示范村的村庄整治。

各县（市、区）人民政府安排相应资金进行配套；在村庄整治中，宅基地退建还耕的，实行"先借后补、节约奖励"政策，先借用宅基地，三年内通过对退出宅基地和荒地整理，补齐借用的面积；多出的土地，其指标奖励给县（市、区）用于建设用地，各市（州）、县（市、区）从土地出让金中划出一定比例的资金用于村庄整治。

为了指导各地搞好村庄规划与整治，湖北省建设厅组织有关专家制定了《湖北省新农村建设村庄规划设计导则（试行）》和《湖北省新农村建设村庄整治技术导则（试行）》，并编印了《农房设计图集》。截至 2007 年 4 月，1 000 个示范村中已有 950 个完成规划编制并经市州建委备案，其中 2006 年启动整治的 500 个村已全部完成规划编制任务。

随着国家城镇化政策的加速推进，大量劳动力外出，农村留守儿童和老人逐渐增多，加之我国长期以来农村基础设施建设的欠账，农村发展越发失去活力。在这样的背景下，2005 年 10 月中国共产党第十六届中央委员会第五次全体会议（十六届五中全会）提出了建设社会主义新农村的战略任务，并于 2006 年取消了农村农业税的征收，减轻了农民的负担。

在国家新农村建设的政策指引下，各省进行了新农村建设模式的探索，比如 2005 年湖北省正式启动了"百镇千村示范工程"的建设试点，采取省直部门、地方政府、企业和村民共建的模式，建设了一批现代化的村容村貌良好的试点村。

2008 年《城乡规划法》第一次在法律层面提出了"乡规划"和"村庄规划"的概念，并明确了乡规划和村庄规划的编制内容、审批和修改程序以及实施要求等。从而在法律层面，肯定了村庄建设和规划的重要性。

截至 2009 年底，中国有行政村超过 60 万个，乡村人口 71 288 万人，乡村从业人员 46 875 万人。农村建设是中国城镇化进程中的后方阵地，对我国城镇化的健康发展具有重要意义，在国家相关惠农和抚农政策的支持下，中国的新农村建设正在向着健康发展的方向前进。

3.5 人口城乡迁移

表 3-11 第一产业就业比重的下降

年份	就业人口（万人）	第一产业就业人口（万人）	占比（%）
1978	40152	29313	73.01
1984	48197	30868	64.05
1992	59432	34769	58.50
2000	71150	35575	50.00
2010	75828	28890	38.10

资料来源：中国统计年鉴 1982—2011

随着农村经济体制改革的阶段性进程，以及农村经济的快速发展，农村人口流动成为非常重要的社会热点现象，对于中国的城镇化进程形成了重要影响。对于以城镇化为视角的有关中国农村人口流动的认识，需要从多个层面加以观察，如城乡人口流动、区域人口流动和农村就地流动等，以下主要从城乡人口流动和区域人口流动两个层面展开简要分析。

总体上，自改革开放以来，中国农业就业比重已经从 1978 年的 73% 迅速下降到了 2010 年的 38% 左右，大量从农业生产中解放的劳动力成为庞大的地域迁移性流动人口中最为重要的组成部分。从城镇化的角度来看，这一时期的中国农村人口流动具有显著和持续的方向性，在地域空间层面上具有明显的跨区域流动特征，在城乡关系上具有明显的从乡村到城市的流动特征，同时需要特别指出的是在农村地域以生产和生活非农化为主要特征的就地身份变迁性流动特征，这三个方面构成了中国农村人口城镇化的主要特征。同时，以城镇化为视角的农村人口流动，不仅具有时间阶段特征，还具有阶段性的地域流动方向特征，后者与全国区域经济发展和城镇化的区域进程特征形成了紧密联系。

3.5.1 城乡人口迁移

城乡人口迁移可划分为四个迁移流,即"乡—乡"、"乡—城"、"城—乡"和"城—城"。以下根据有关普查和抽查数据展开简要分析。

表 3-12 城乡人口迁移[①]

		1987		1995		2005	
		迁移人口(万人)	比例(%)	迁移人口(万人)	比例(%)	迁移人口(万人)	比例(%)
全国	乡村—乡村	531	16.83%	770	23.80%	1779	12.11%
	乡村—城镇	1547	49.00%	1163	35.95%	7227	49.21%
	城镇—乡村	191	6.05%	154	4.76%	514	3.50%
	城镇—城镇	887	28.11%	1148	35.49%	5166	35.18%
	总计	3156	100.00%	3236	100.00%	14686	100.00%
省际	乡村—乡村	126	17.17%	349	33.63%	864	17.30%
	乡村—城镇	252	34.31%	411	39.62%	3248	65.02%
	城镇—乡村	36	4.90%	66	6.36%	88	1.77%
	城镇—城镇	321	43.63	212	20.39%	795	15.91
	总计	735	100.00%	1038	100.00%	4995	100.00%

资料来源:张立,2010

表 3-13 1982-2005 人口迁移的原因分析(全部)

(单位:%)

年份	合计	务工经商	工作调动	分配录用	学习培训	婚姻迁入	随迁家属	投亲靠友	搬迁搬家	退休退职	其他
1982—1987	100	9.32	13.16	6.30	8.17	27.66	15.78	9.78		2.26	7.57
1985—1990	100	25.12	11.87	6.03	12.14	13.94	10.44	9.84	—	1.56	9.06
1995—2000	100	30.73	4.28	3.11	11.66	12.02	12.85	5.03	14.52		5.79
2000—2005	100	43.07	2.91	0.74	3.45	8.45	14.87	8.40	9.95	—	8.17

---

① 1987 年和 1995 年数据是五年迁移口径,2000 和 2005 年是现住地和户口登记地口径,所有数据均为(按抽样调查比例)折算后数字。

表 3-14 1982—2005 人口迁移的机制分析（全部）

(单位：%)

年份	合计	经济型		社会	其他
		计划	市场		
1982—1987	100	19.46	9.32	63.65	7.57
1985—1990	100	17.90	25.12	47.93	9.06
1995—2000	100	7.39	30.73	56.09	5.79
2000—2005	100	3.64	43.07	45.12	8.17

表 3-15 1982—2005 省际人口迁移的机制分析

(单位：%)

年份	合计	经济型		社会	其他
		计划	市场		
1982—1987	100	25.15	9.57	59.13	6.16
1985—1990	100	19.59	29.46	44.77	6.18
2000—2005	100	1.38	73.36	22.50	2.76

表 3-13~ 表 3-15 资料来源：根据 1987、2005 年全国人口 1% 抽样调查数据和 1990 年、2000 年人口普查资料整理

在全国层面，根据几个历史截点的考察可以发现，从乡村到城镇的"乡—城"迁移是始终占据主流的迁移流，但不同时间截点的表现又有所不同，呈现出较为明显的"V"形特征。即"乡—城"流在始终占据主导地位的同时，相比其他流向出现了从明显突出到较为突出，再到较为明显突出的趋势变化。

1987 年截点所揭示的 5 年迁移流数据表明，"乡—城"迁移在四种流动方式上明显占据主流，达到了全部迁移量的 49.00%，远远高于同一时期的"城—乡"迁移流，表明这一时期的人口迁移主要呈现出从乡村到城镇的显著特征。这一趋势特征与 1980 年代初中期国家积极推进小城镇建设和鼓励乡镇企业发展的政策导向相吻合，意味着在家庭联产承包责任制明显解放了农

村生产力的基础上，一系列的体制改革措施实现了拉力和推力的有效协调，为农村剩余劳动力的城镇化迁移提供了条件。

在1995年的时间截点上，尽管"乡—城"迁移流仍然占据主导地位，但占比相比前期明显下降，仅为36%左右。这一时期人口迁移流的另一重要特征，就是"城—城"迁移流比重明显上升，达到几乎与"乡—城"流相当的35.5%。这一数据表明，在农村人口继续不断向城镇流动的同时，城镇间人口流动规模开始明显增加。对应后文省际人口迁移的有关数据统计可以发现，这与全国层面人口更多向沿海，特别是东南沿海地区的大规模流动紧密相关，而同期的重要国家性体制改革方向，就是从此前更多注重农村体制改革转向城市体制改革，以及在此背景下，东部沿海地区特别是东南沿海地区出现了以大中城市为主要载体的快速发展现象。

2005年的时间截点上，"乡—城"流在此明显上升，占比甚至超过1987年的有关汇总统计，表明从农村向城镇的流动依然占据着主导性的地位，这也与这一时期国家层面上更加快速的城镇化进程相吻合。而同时，"城—城"迁移流也仍然保持了较高的与前期相接近的超过35%的占比，结合这一时期的全国性城市发展进程趋势可以判断，从中西部地区向东部沿海地区，从中心城镇向大中城市的大规模人口迁移，仍然是人口迁移中的突出现象。

结合历次人口普查和抽样调查的数据进行更为深入的分析表明，人口迁移的主要影响因素也在同时发生着阶段性的变化。2005年相比1987年最为突出的变化，就是因务工经商等原因迁移的人口比重明显上升，从约9.3%上升到43.0%。如果进一步将"务工经商、工作调动和分配录用"等归为经济原因，而把"分配学习、婚姻迁入、随迁家属、投亲靠友、搬迁搬家和退休退职"等归为社会原因，可以发现1980年代的迁移人口中约63.7%是因社会原因迁移，而1990年代后经济原因逐步取代了社会原因，2005年因经济原因迁移的人口比例上升到了47.7%，超过了社会原因的45.12%，成为人口迁移的主要动因机制。如果进一步的将经济原因划分为市场因素（务工经商）和计划因素（工作调动和录用分配）展开分析，可以发现1982—1987年间的迁移动因，计划因素占了19.5%，市场因素仅占9.3%；到了1990年代，计划因素略有下降到17.90%，市场因素上升到25.1%，市场因素逐步开始成为主流；2005年后计划因素减小到了3.6%，市场因素进一步提高到了43.1%，市场因素真正主导了人口的迁移流动。

3.5.2 跨地域人口迁移

从城乡视角的考察揭示了在快速城镇化的宏观背景下，从乡村到城市的人口迁移趋势特征及主要动因，以及同期同样值得特别关注从城镇到城镇的迁移流，而两者又都与跨地域性的迁移有着紧密联系。为此结合有关统计数据主要从跨区域层面进行简要分析。从东、中、西三大区域的人口迁移流来看，可以归纳出9大迁移流，呈现出如下阶段性主要特征：

1985—1990年间，区域性人口迁移不平衡特征已经出现，主要呈现出东部为主要迁入地的特征，迁入东部地区的省际迁移人口为628万人，占全部省际迁移人口的56.72%。这其中，从中部向东部迁移的人口明显高于从西部向中部的迁移人口。同时，从跨区域的双向迁移流差异角度可以发现，尽管从西部直接向东部迁移的净人口规模仅相当于从中部向东部的半数左右，但从西部向东部的净迁移人口相比反向迁移人口达到了约3.2倍，明显高于中部—东部的约2.0，从西部向东部的净迁移比重更为突出。同期的区域内部迁移中，东部地区明显高于中部和西部，显示出东部地区人口流动更为活跃，这也与这一时期的体制改革进程主要从东南部沿海地区逐步向东部沿海地区渐进的特征吻合。

1990—1995年间，此前区域性人口迁移的不平衡特征得以延续，仍然主要呈现出东部为主要迁入地的特征，但也出现了一些新的变化。首先是人口进一步向东部地区集聚迁移的特征更加明显，无论从中部地区还是西部地区，向东部地区的人口迁移规模均有明显上升，而从西部向中部地区的人口迁移在较为明显下降，且出现从中部向西部的人口迁移流大于从西部向中部的现象。同时，在跨区域人口双向流动比重方面也出现了较为明显的改变，此前"西部—东部"双向流动差异比明显突出的现象出现了改变，从此前的约3.2上升到 4.4，尽管有明显上升，但仍低于"中部—东部"的双向流动差异比，同期的"中部—东部"双向流动差异比从 2.0 上升到了 4.8。

1995—2000 年，东部地区作为主要人口迁入地的特点进一步突出，迁入人口规模迅速上升，达到了 2 633 万人，占全部省际迁移人口的 77.44%。这一时期的跨区域人口流动特征相比前期没有本质性变化，但在流动的数量和跨区域流动差异比方面又有进一步发展的现象。总体上，在双向流动人口规模均有所上升的同时，"中部—东部"的跨区域人口双向流动差异比进一步上升到了 10.5，明显高于前期的 4.8。而同期的"西部—东部"的跨区域人口双向流动差异比也进一步上升到了 7.8，虽有明显上升，但与"中部—东部"差异比的差距进一步拉大，表明全国层面中部向东部人口迁移的现象更为突出。

2000—2005 年间，前期人口跨区域流动的主要特征进一步延续，主要体现在要流动方向和迁移流动人口规模总体上持续扩大方面，但也出现了一些新的变化。一方面，尽管"中部—东部"、"西部—东部"的人口迁移流动方向仍然保持不变，且总体规模明显扩大，但两大跨区域的人口迁移流动差异比均有所下降，其中"中部—东部"差异比下降到 8.6，而"西部—东部"下降到 6.2。同时，从中部地区向西部地区的人口迁移，以及从西部地区向中部地区的人口迁移，也都出现了净迁移量下降的现象。

在上述分析的基础上进一步从跨省层面进行分析可以发现：

1985—1990 年间，全部省际迁移人口 1 107 万人，前 30 大迁移流人口 351 万，占全部 812 个省际迁移流的 31.75%。这一时期的省际人口迁移流主要是在东北三省、河北、山东等北方省份之间，以及以新疆、广东为流入地和以四川为流出地的迁移流，人口的省际迁移指向较为分散。

1990—1995 年间，全部省际迁移人口 1066 万人，前 30 大迁移流人口 423 万，占全部 812 个省际迁移流的 39.71%。这一时期东三省的人口迁移流继续保持一定规模，但指向明显南移，更倾向于由北向南的迁移。与此同时，沿海省份江苏、浙江、福建和广东等省的大规模人口迁入流增多，此外四川仍然是主要的人口迁出省份之一，新疆也是西部地区主要的人口迁入地。

图3-10 1985—2005年三大区域间人口迁移

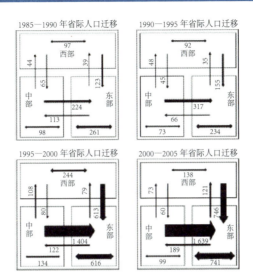

资料来源：张立，2010

1995—2000年间，全部省际迁移人口3 400万人，前30大迁移流人口1 779万，占全部812个省际迁移流的52.33%。这一时期的人口迁移规模增加明显，迁移流的指向性变得更加明确，前30大迁移流的11个指向广东省，江苏、上海、浙江、福建、北京和新疆也是主要的人口迁入地，而四川、江西、安徽、河南、湖北和湖南是主要的人口迁出地。

2000—2005年间，全部省际迁移人口3804万人，前30大迁移流人口2039万，占全部812个省际迁移流的53.60%。这一时期的人口迁移继续趋向于集中在东南沿海省份，30大迁移流中的27个指向广东、福建、浙江、上海和江苏，这些迁移流的迁出省份除了河南和安徽外全部是长江以南省份。

无论是从跨区域人口流动，还是从跨省人口流动的趋势来看，都能够清晰反映出中国体制改革的区域渐进性，以及区域经济发展的不平衡性的影响。总体上，越早进入体制改革的区域或省份，以及经济越发达和市场化程度越高的区域和省份，往往越是人口迁移的主要目的地。

3.5.3 农民进城与就业

农村人口移民城市是城市化进程中的核心现象。在中国,农民进城如果没有获得城镇户籍的话,就不能享受与城镇人口同等的社会福利,包括社会保障、子女就学、工作就业等,因其户籍身份的变更,其已经不具备农村人口的根本特征。通常称之为"农民工"。2010年六普数据显示,中国农民工数量约为2.6亿,这样庞大的流动人口规模值得特别关注。

自从1980年代小城镇户口放开以后,农民进城务工日渐增多,从起初的向小城镇迁移,逐步过渡到向更大规模的城市迁移。农民进城务工也从最初的"打零工"过渡到"稳定就业"与"兼职就业"并存。

1. 农民进城

1980年代以前中国实行的是城乡分割的就业管理,城镇企业职工有基本的社会保障,且是工作终身制,俗称"铁饭碗";而对农村劳动力则是严格限制进城就业。这从国家先后颁布的几次限制农民进城的通知可以比较清楚地看出,比如1958年国务院《关于制止农民盲目流入城市的通知》,1959年国务院《关于制止农村劳动力流动的通知》,1981年国务院《关于严格控制农村劳动力进城做工和农业人口转为非农业人口的通知》等。

但随着1970年代末农村家庭联产承包责任制的推行以及小城镇户口的松动,1980年代初期开始,部分从土地束缚解脱出来的农民涌向城市,寻找新的就业机会。至1980年代末期农民工在农村劳动力中所占的比重达到了24%。1989年由于国家经济萎缩等客观原因,国务院发布了《关于严格控制民工盲目外出的紧急通知》,又开始从紧控制农民流入城市。直至1992年邓小平南行讲话之后,政府对农村劳动力流动的政策再次松动。

窗口3-10

据1990年代的一份采访显示,上海某厂的一个农村劳动力厂里每年支付4 000多元就可以了,而一个城镇固定工每年包括工资、奖金、住房、医疗保健、子女入托就学等,厂里要支付20 000多元。

南京市劳动局在1990年结合清理工作发放农村劳动力"务工许可证"时发现，在21万9千个领证人中有9万2千个是以前未列入国家统计的。这说明了企业私自使用廉价农村劳动力的积极性和程度都是很高的。

1994年劳动部颁布《农村劳动力跨省流动就业暂行规定》，这是国家关于农村劳动力跨地区流动就业的第一个规范化文件，首次没有使用"限制农民工进城"之类的字样。1997年中国政府推动国有企业改革，加之亚洲金融危机影响，城市下岗和失业职工数量大幅增加，大多数省份又相继出台了限制农民工进城就业的各类规定和政策，比如在招工次序上明确强调"先城镇、后乡村"、限制招收外来劳动力的比例等。尽管1990年代农民工进城经历了几次政策的波折，但是1990年代初期中国的农民工数量已经逐渐形成规模。据劳动部1994年的8省抽样调查数据，占农村劳动力总数20%的人在外务工，其中40%是在所在县内务工。以此推算当时全国农村流动劳动力有9 000万，其中流出本县以外的有4 000万~5 000万。

2001年中国正式加入世界贸易组织（WTO），中国逐步成为了"世界工厂"，制造业的用工需求急剧增加，而这一阶段也是中国农村剩余劳动力供给量最大的时期。需求的急剧增加上供给的充足，使中国农民工流动达到了历史的顶峰，据六普初步数据，中国2010年农民工数量达2.6亿之多，其中跨乡镇迁移达到了1.4亿。

2. 农民工就业

1980年代初期，农民工进入城市就业是有门槛的，且需经过统一的城镇企业招工程序。政府劳动部门一般根据有无列入劳动就业计划将其区分为农民合同工和计划外用工（临时工）。（拥有城镇户口的）城镇劳动力被称为固定工。农民合同工因为是根据政府招工计划进入城市就业的，所以工资水平与城镇合同工基本持平，但其享受的社会福利比城镇固定工要低。然而农民合同工数量有限，农民工中绝大多数是企业自行雇用的计划外用工（临时工）。后者不仅与城镇劳动力有较大的工资差距，而且其职业稳定性也更加缺少保障，一般计划外用工的工资水平仅为固定工和农民合同工的 50%~70%。

1991 年国务院发布《全民所有制企业临时工管理暂行规定》，要求："企业需要临时工，原则上在城镇招用；确需从农村招用时，应报经设区的市或相当于设区的市一级的劳动行政部门批准。"江苏省对这一规定的实施细则中规定，企业从城镇招用的临时工，实行社会养老保险制度。临时工退休养老基金由企业单位和个人缴纳，而对从农村招用的临时工则没有类似规定。招工来自于城镇和来自于农村，其待遇有着明显的差别，这导致了城镇用工企业更倾向于招收农村来的工人，因为招聘农村来的工人，可以节省大量的成本。据农业部调查，1993 年全国跨区域流动的近 8 000 万农村劳动力中，约有超过 70% 的比重进入了各类城市。农业部《"民工潮"的跟踪调查与研究》课题组（1995）估计这部分停留在城市的农村劳动力又有近 40% 成为国有、集体企业的雇员。

1990 年代农民工大潮，也引发了一系列问题，比如对农民工的歧视、农民工工资拖欠等问题，极大地影响了社会和谐。因此，2003 年《国务院办公厅关于做好农民进城务工就业管理和服务工作的通知》中提出"进一步提高对做好农民进城务工就业管理和服务工作的认识，取消对农民进城务工就业的不合理限制，切实解决拖欠和克扣农民工工资的问题，改善农民工的生产生活条件，做好农民工培训工作，多渠道安排农民工子女就学，加强对农民工的管理"。2008 年颁布的《中华人民共和国劳动法》，不再区分城镇职工和农民工。

农民工通过在城镇就业获得了比农村更高的收入，并将其源源不断地输送到老家，提高了农村家庭生活水平。研究表明，农民工往农村家里汇款的比例高达 70%，有 50% 以上的农民工将其收入的 40% 以上寄回老家；有外出务工人员的农村家庭，其收入中有超过 50% 来自于农民工汇款的占到了 45% 以上。据世界银行扶贫协商小组测算，2005 年中国农民工每人平均汇款额已达到 3500 元，如果以 2.4 亿农民工推算，2010 年中国农民工务工汇兑资金流量有近 8 400 亿元，外出务工汇款成为改变农民家庭生活甚至推动农村经济发展的最重要资金来源。

此外，大量农村劳动力进入城市，并没有对城市就业造成明显冲击。实际上农民工进入城市就业是一个职业替代的过程。缺乏技能的农民工进入城市，首先进入的是非技术工作岗位，而这类岗位通常是城市居民所不愿意从事的。相关研究表明，农村流动劳动力对城市所称产生的就业替代率仅为0.1。农民工进城填补了城镇就业需求的缺口，也缓解了农村劳动力大量剩余造成的社会压力。

3.5.4 农民进城与城市公共服务

中国的户籍制度和单位体制，决定了城乡居民在享受城市公共服务设施方面的差异。在1980年代以前，中国城市的公共设施供给除了城市政府以外，还包括各大国有企业和事业单位，比如政府幼儿园、铁路职工疗养院、邮电局文化中心等，这些设施都是当时具有中国特色的城市生活的写照。农民工从农村进入城市的初期，由于无法获得城市户籍，在国有（营）企业中也多是临时工或合同工，因此尚无法享受与城市居民同等的公共服务。除最近几年以外，城市的各项法规和设施建设基本都将农民工排除在外，最典型的就是农民工的子女教育问题。农民工由于无当地城市户口，其子女只能在户口所在地的家乡就读，从而造成与父母分居两地的现实。此外，在文化娱乐和技能培训方面，过去政府提供的服务也基本上是一片空白。本节将主要阐述国家在近些年中对农民工社会服务方面做的主要改进和相关法律法规的完善。

1.农民工子女教育

长期以来，由于中国的教育制度、高考制度、户籍制度和区域发展的不均衡特点，流动人口的子女无法在流入地入读公立学校，只能就读民办学校，或者在原籍就读。

国家对农民工子女教育的政策经历了一系列的转变过程（主要体现在对流动儿童的政策导向上）。1980年代初期中国外出务工人员数量并不多，因此其子女就学问题尚未得到关注，基本在其户籍所在地解决。1992年以后随着人口流动的增强,流动子女教育问题逐渐凸显。1995年教育部将研究解决流动人口子女教育问题列入当年的议事日程。1996年原国家教委印发了《城镇流动人口中适龄儿童少年就学办法(试行)》,并在部分省、区进行试点。1998年国家教委和公安部联合正式颁布了《流动儿童少年就学暂行办法》,开始有条件地允许流动人口子女在流入地就学,但要缴纳一定的"借读费"。

2000年以来中国农民工人口数量急剧扩大,总量超过了2亿,其背后有至少7 000多万他们的子女,这其中包括跟随父母在他乡的1 400多万随迁子女,5 800多万留守儿童,其中4 000多万年龄是在14周岁以下。据测算,8个城镇儿童当中就有一个是流动儿童,在上海这样的特大城市,则是每3个儿童当中就有一个是流动儿童[①]。2001年中国《中国儿童发展纲要(2001—2010年)》,对流动儿童的就学问题提出了具体的目标要求和应采取的策略措施。明确规定"全面普及九年义务教育,保障所有儿童受教育的权利……流动人口中的儿童基本能接受九年义务教育"。2001年《国务院关于基础教育改革与发展的决定》强调,"要重视解决流动儿童少年接受义务教育问题,以流入地区政府管理为主,以全日制公办中小学为主,采取多种形式,依法保障流动儿童少年接受义务教育的权利"。

窗口3-11

深圳市持居住证的外来务工人员约为900万,如何较好地引导、解决他们的精神文化需求,是深圳市委、市政府非常关注的问题。从2004年起,深圳开始把服务农民工作为社会文化工作重点,于2005年创办了深圳市外来青工文化节;2006年初实施"外来工文化服务工程",并纳入年度重点工作;2007年开始全面推进农民工文化服务工程。

在建设农民工文化服务体系过程中,深圳采取的是"政府主导+社会化运作"模式。目前已形成了专门的农民工图书馆、厂区文化活动中心(室)和共享工程农民工服务点、城市街区24小时自助图书馆厂区服务点与各级图书馆、博物馆、文化馆、文化站、文化活动中心相结合的农民工文化服

---

① http://news.ifeng.com/history/phtv/tfzg/detail_2010_03/26/406817_0.shtml.

阵地网络；初步形成了一个集学习、娱乐、信息咨询、素质教育、技能培训为一体的综合文化服务体系；精心打造的"外来青工文体节"、农民工图书馆和文化素质培训等成为闻名全国的农民工服务品牌。为保障在深农民工对精神文化的需求，近年来深圳市每年用于农民工文化服务工程的资金超过1000万元。①

2003年国务院办公厅印发了《关于做好农民进城务工就业管理和服务工作的通知》。同年国务院办公厅转发了教育部等六部门《关于进一步做好进城务工就业农民子女义务教育工作的意见》，第一次把政策对象指向进城务工就业农民子女。2004年中共中央、国务院印发了《关于进一步加强和改进未成年人思想道德建设的若干意见》，要求高度重视流动人口家庭子女的义务教育问题。2006年中央政府颁布了《国务院关于解决农民工问题的若干意见》，要求保障农民工子女平等接受义务教育。为了实现这一目标，国务院明确提出了"两为主"的原则，即以流入地政府为主，负责农民工子女义务教育；以全日制中小学为主，接受农民工子女入学。

由于农民工群体的低收入特点，针对农民工开办的民办学校，一般办学条件较差，教育质量较低。比如，北京市目前有300多所民办农民工子弟学校，但仅有60多所是经政府部门审批的合法办学。近年来，北京等城市也进行了相关改革，开始逐步允许农民工子女进入当地的公立学校就读。

2010年中央一号文件提出"落实以公办学校为主、以输入地为主解决好农民工子女入学问题的政策，关心农村留守儿童"，标志着中国农民工子女教育问题已经得到国家的高度重视，但因涉及到我国根本的教育制度、高考制度、户籍制度等，改革的道路还很漫长。

2. 农民工文化娱乐

农民工在城镇中从事的行业劳动强度大，薪水低，一定程度上制约了农民工的日常文化娱乐活动。大部分农民工在工作之余以看电视、打麻将和玩

---

① 摘自：http://news.163.com/11/0601/09/75F20M0T00014JB6.html.

扑克牌打发时间,很少融入到城市的文化娱乐活动中去。2000年以来,国家和地方政府高度重视农民工的文化娱乐生活,出台了一系列的关于城乡公共文化服务均等化的政策。2011年文化部、人力资源和社会保障部和中华全国总工会下发《关于进一步加强农民工文化工作的意见》(以下简称《意见》)。这是中国第一次对农民工文化建设进行全面部署。《意见》明确提出"要加强政府对农民工文化工作……营造全社会共同关心支持农民工文化工作的良好局面……在保障农民工享有和城市居民均等的基本公共文化服务的同时,要充分尊重农民工群体特有的文化需求,尤其要重视新生代农民工的文化需求,提供有针对性的公共文化服务"。

在国家政策的关注下,各地针对农民工文化娱乐活动的各项举措正在逐步落实,农民工的文化娱乐活动正日益丰富多彩。

窗口3-12

2011年全国首份面向农民工的文学生活刊物《芳草·潮》面世,《打工族》、《特区文学》等一大批报刊向他们倾斜办刊、开放阵地,丰富了他们的精神文化生活,同时也释放了他们的艺术才华和文化创造力。3月份江苏省常州市在吊桥路一号金水岸项目陈章建筑工地上演了一台"分享知识快乐、构建书香工地"服务重点工程、送文化进工地系列活动。7月,广东省政府下发了《关于加强人文关怀改善用工环境的指导意见》,提出了保障职工合法权益、改进企业用工管理、健全劳动关系协调处理机制、改善用工环境等多方面内容。

3. 农民工再教育:技能培训

农民工再教育问题是中国城镇化深入推进的重要问题之一,关系到中国城镇化的质量,也关系到社会的稳定,农民工群体只有掌握了现代社会的基本生存技能,才能够在城市中扎稳脚跟,中国城镇化的成果才能稳固。国家和地方政府正在重视农民工的再教育问题,各项措施正在有条不紊地推进当中。

相关数据显示,2001年农村劳动力中受过专业技能培训的仅占9.1%,新转移的农村劳动力中受过专业技能培训的只占18.%。针对农民工的低技能就业现状，2003年农业部、劳动保障部、教育部、科技部、建设部和财政部联合发布了《2003—2010年全国农民工培训规划》。2010年1月国务院办公厅下发了《关于进一步做好农民工培训工作的指导意见》(国办发〔2010〕11号)。

在国家政策指引下，各地政府出台了一系列针对农民工的技能培训计划。哈尔滨市2010年提出，计划用7年时间，投入4亿资金，对100万名农民工进行技能提升培训，涉及11个培训专业，到2016年实现转移农村劳动力150万人以上。合肥市加大对企业在岗农民工的培训力度，先后为京东方、海润光伏、美菱集团、日立建机、赛维LDK等20多家企业培训在岗农民工8 500多人。同时，合肥市鼓励企业进行农民工培训，对开展培训的企业进行相应补贴。2010年前八个月时间，合肥市已经累计对农民工进行技能培训2万多人。2011年6月，蚌埠市出台了《农民工技能培训实施办法》，提出"凡进城求职的农村劳动者都可参加农民工就业技能培训，培训结束后，将按所学工种(项目)补贴标准享受培训补贴及鉴定补贴。此外，开展农民工技能提升培训的企业也可获相应补贴"。

窗口3-13

《2003—2010年全国农民工培训规划》提出，2003—2005年，对拟向非农产业和城镇转移的1 000万农村劳动力开展转移就业前的引导性培训，对其中的500万人开展职业技能培训；对已进入非农产业就业的5 000万农民工进行岗位培训。2006—2010年，对拟向非农产业和城镇转移的5 000万农村劳动力开展引导性培训，并对其中的3 000万人开展职业技能培训。同时，对已进入非农产业就业的2亿多农民工开展岗位培训。

2010年1月国务院《关于进一步做好农民工培训工作的指导意见》进一步地明确提出，按照培养合格技能型劳动者的要求，逐步建立统一的农民工培训项目和资金统筹管理体制，使培训总量、培训结构与经济社会发展和农村劳动力转移就业相适应；到2015年，力争使有培训需求的农民工都得到一次以上的技能培训，掌握一项适应就业需要的实用技能。

3.5.5 农民进城与社会保障体系改革

1. 社会保障体系

图 3-11 2006—2010 年社会保险参保人数

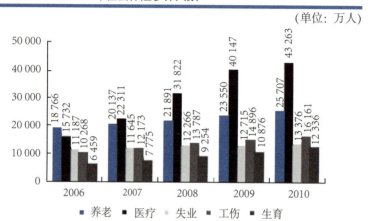

资料来源：中国 2010 年度人力资源和社会保障事业发展统计公报

中国城乡差异的户籍制度和过去的计划经济体制，决定了城乡人口在社会保障方面的差异。新中国成立以来直至 20 世纪末期，中国社会的农村人口除了土地保障以外，基本上没有任何社会保障。医疗、养老、失业、工伤和生育保险等一直是与城市居民和企业职工相联系，与农村人口无关。在这样的制度背景下，进城务工的农村人口（农民工）与城市的社会保障体系基本上处于完全隔离状态。20 世纪末期，中国对农村社会进行了社会保障体系的改革，国家的社会保障开始逐步覆盖到农村，包括最低生活保障、基本养老保险和农村医疗保险等。但是农村的社会保障水平对于在城市中生活，并从事非农产业的农民工而言，有很多不相匹配之处。因此，21 世纪初期，中国政府开始重视农民工群体的社会保障问题，并相继出台了一系列的法律法规，大幅提高了农民工群体的社会保障水平。

2004年,中央一号文件《中共关于促进农民增加收入若干政策的意见》提出:"保障进城就业农民的合法权益……进城就业的农民工已经成为产业工人的重要组成部分……城市政府要切实把对进城农民工的职业培训、子女教育、劳动保障及其他服务和管理经费纳入正常的财政预算"。十一五开局的2006年,《国务院关于解决农民工问题的若干意见》(国发[006]号)正式发布,从而开启了推进农民工社会保险工作的大幕。

2011年7月《中华人民共和国社会保障法》(以下简称《社会保险法》)正式实施。《社会保险法》第二条明确指出:"国家建立基本养老保险、基本医疗保险、工伤保险、失业保险、生育保险等社会保险制度,保障公民在年老、疾病、工伤、失业、生育等情况下依法从国家和社会获得物质帮助的权利";第九十五条明确指出"进城务工的农村居民依照本法规定参加社会保险"。

图3-11的数据显示,中国的社会保险参保人数增长非常迅速,其增量群体,除了城市低收入居民外,很大一部分就是农村人口。

2. 医疗保险

2006年国家劳动和社会保障部《关于贯彻落实国务院关于解决农民工问题的若干意见的实施意见》明确提出"争取2008年底将与城镇用人单位建立劳动关系的农民工基本纳入医疗保险"的目标,这也标志着农民工医疗保障工作进入了具体推进阶段。同年,劳动和社会保障部出台《关于推进混合所有制企业和非公有制经济组织从业人员参加医疗保险的意见》,明确要求各地劳动保障部门把与用人单位形成劳动关系的农村进城务工人员纳入医疗保险范围。这意味着,今后与用人单位有劳动关系的农民工将可参加医疗保险。近年来,在中央政策的引导下,各地就建立农民工医疗保险制度进行了积极的探索,主要是因地制宜的进行农民工医疗保险试点。截至2010年末,全国参加医疗保险的农民工人数为4 583万人。比2006年(2 367万人)增长了94%。

3. 养老保险

在中国改革开放的前期阶段,由于相关制度的缺位,城镇职工基本养老保险并未覆盖到农民工群体。1990年代末期国家开始重视进城务工人员的基本养老保险问题,先后开展了若干城市的试点,并逐步推广到全国范围。1997年国务院颁发《关于建立统一的企业职工基本养老保险制度的决定》,标志着中国城镇企业职工基本养老保险制度的确立。《城镇企业职工基本养老保险关系转移接续暂行办法》(2009)于2010年1月起施行,明确了农民工的养老保险的跨地域接续问题,进一步保障了农民工群体的权益。现行的养老保险制度的实施范围包括各类企业及其全部职工,并明确规定包括1年以下的农民工。但由于我国的地区差异问题,各地针对农民工的养老保险制度差异较大,各地政府正在进行试点尝试,探索适合本地的农民工养老模式。2010年末参加基本养老保险的农民工人数为3 284万人,比2006年(1 417万人)增长了132%。

4. 失业保险

1993年4月国务院发布的《国有企业职工待业保险规定》明确待业保险的覆盖群体为国有企业职工。1999年开始实施的《失业保险条例》进一步扩大了失业保险的覆盖范围,允许各省级政府根据情况决定失业保险的适用范围。在国家相关法律法规的指引下,各省相继开展了扩大失业保险覆盖面的工作,逐步覆盖农民工群体和外来从业人员。2002年《广东省失业保险条例》正式实施;2004年《浙江省失业保险条例》开始实施,二省均明确失业保险覆盖农民工等合同制职工;2005年河北省政府修改了《失业保险实施办法》,修改后的《失业保险实施办法》规定,政府可以根据本地区失业保险基金可支付能力,对纳入失业保险范围的农民合同制工人逐步实行与城镇职工相同的失业保险政策;2011年下半年湖北省、安徽省和江苏省开始允许农民工比照城镇户籍人员政策参加失业保险;同年12月《成都市非城镇户籍从业人员综合社会保险失业补贴实施细则》正式出台;深圳对《深圳经济特区失业保险条例(修订草案)》进行审议,拟将失业保险覆盖外来从业人员。截至2010年末全国参加失业保险的农民工人数为1 990万人。

5. 工伤保险

原国家劳动部于 1996 年颁布了《企业职工工伤保险试行办法》，第一次将工伤保险作为单独的保险制度统一组织实施，对沿用了 40 多年的企业自我保障的工伤福利制度进行了改革。20 世纪末期我国人口流动频繁，工业快速发展，职工工伤和职业病状况也日益严峻，仅职业病患者全国就有 2 亿多，其中近 90% 是农民工（据 2006 年 8 月 23 日《人民日报》刊载），农民工群体的工伤保险问题逐步引起了国家的重视。2003 年国务院审议通过《工伤保险条例》（2004 年 1 月施行，2010 年 12 月进行了修订，扩大了工伤保险的适用群体，并完善了相关内容）。2004 年国家劳动和社会保障部相继出台了《非法用工单位伤亡人员一次性赔偿办法》和《关于农民工参加工伤保险有关问题的通知》，提出了切实有效的政策措施。针对建筑企业农民工工伤频发的特点，2006 年 5 月劳动保障部《做好建筑施工企业农民工参加工伤保险有关工作的通知》。

在国家相关法律法规的指引下，各省相继出台了有针对性的地方性法规。《广东省工伤保险条例》1998 年颁布，经过 2004 年和 2011 年两次修订完善，其中 2004 年的修订，适用对象增加了"个体工商户和民办非企业单位"。2005 年 4 月江苏省施行《江苏省工伤保险条例》，1999 年 9 月发布的《江苏省城镇企业职工工伤保险规定》即行废止。2007 年河南省颁布了《河南省工伤保险条例》。截至 2011 年 6 月底，全国农民工工伤保险参保人数为 6 555 万人。

6. 生育保险

中国生育保险待遇主要包括两项。一是生育津贴，用于保障女职工产假期间的基本生活需要；二是生育医疗待遇，用于保障女职工怀孕、分娩期间以及职工实施节育手术时的基本医疗保健需要。生育保险的法律依据是：1988 年 7 月国务院发布的《女职工劳动保护规定》，1988 年 9 月原劳动部发布的《关于女职工生育待遇若干问题的通知》，1994 年 7 月发布的《中华人民共和国劳动法》；1994 年 12 月原劳动部发布的《企业职工生育保险试行办法》。

中国目前的生育保险制度主要是针对城镇企业和事业单位职工，对流动人口和农民工群体的政策覆盖尚处于探索改革当中。2010 年末全国参加生育保险人数为 12336 万人。相比较其他社会保险而言，农民工和外来人口的生育保险覆盖的推进速度较为缓慢，目前仅有北京市（2011 年）、厦门市（2011 年）和个别省份的城市进行了试点，尚未全面铺开。

7.最低工资规定

由于中国长期以来劳动力供大于求，部分企业过分压低工资，侵害了农民工的利益。因此除了上述社会保险之外，国务院还针对低收入劳动者颁布了《最低工资规定》。该规定明确，最低工资标准采用月标准和小时标准两种，省、自治区和直辖市范围内的不同行政区域可以有不同的最低工资标准。

随着中国经济的快速发展，城镇用工需求逐年增加，但人口结构却在向老龄化转变，加之三十年计划生育调控的成果显现，近些年中国劳动力有"供不应求"的态势。2011 年全国有 24 个省区市调整了最低工资标准，平均增幅 22%（表 3-16）。

表 3-16 2011 年部分省市最低月工资标准

（单位：元）

省份	调整前	调整后
浙江	1100	1310
广东	1030	1300
上海	1120	1280
天津	920	1160
北京	960	1160
江苏	960	1140
山东	920	1100
福建	900	1100
深圳市	1100	1320

数据来源：各省市政府网站

4

城市发展管理与政府作为

　　城市政府是中国城镇化建设的直接推动者和鼓动者,也是城市建设和发展的直接责任者。本章对城市政府的职责及其运行进行剖析,着重从城市建设和发展的角度,揭示城市政府在中国城镇化进程中的实际作用及其作为。

　　在中国改革开放的进程中,城市政府由全能的管控者逐步向企业家型的公共管理机构转变。在经济基础相对薄弱的基础上,形成了以增长为导向的制度和行为架构,以建立基于土地财政的公共产品融资模式和提供最低限度的公共服务体系的方式,推动着城市经济的快速发展。在此过程中,结合市场经济体制的逐步建立和运行,城市政府积极运用城市规划、公共财政和行政管理的手段,加强城市人力资源和公共服务体系建设,完善社会治理体制和方式。

4.1 城市政府的构成与变革

4.1.1 城市政府的类型与组织

1. 城市政府的类型

依据《中华人民共和国宪法》，中国的行政区域划分为三个层次：省、自治区、直辖市；自治州、县、自治县、市；乡、民族乡、镇。其中，直辖市和较大的市分为区、县；自治州分为县、市。

根据《宪法》和《各级人民代表大会和地方各级人民政府组织法》的有关规定，城市政府是地方国家权力机关的执行机关，是地方国家行政机关；都服从国务院，并对本级人民代表大会（或其常务委员会）和上一级国家行政机关负责并报告工作。

在实际的管理实践中，由于城市的规模和作用以及所承担管理职责或权限不同，城市与城市之间的地位也不相同。为了更好地区分城市之间的差异和相互关系，就出现了以城市政府的行政级别来区分城市的做法，由此形成的城市体系结构中包括了：

（1）直辖市

直辖市是由中央政府直接管辖的城市，其地位与省、自治区相同，有地方立法权。直辖市的设立与改变，由全国人民代表大会审议决定。中国目前有北京、上海、天津、重庆四个直辖市。

（2）副省级市

该类城市缘起于1980年代初的"计划单列市"，即为了推进大城市的快速发展，将部分省辖大城市在国家级的发展计划实行单列，并使这些城市享有省一级的社会经济管理权限，因此，这些城市既在所在省的领导下，但实际行政又相对不受省政府控制。1990年代中期，中央政府批准16个城市为副省级市，其中重庆市后来经全国人大批准设立直辖市，现共有副省级市15个。

(3) 地级市

地级市在大部分省、自治区内为一级行政区，是在原省辖市和1983年地级行政区的管理体制改革基础上发展而来。现在所指的地级市，通常在城区设区并下辖若干县或县级市。《宪法》中所称之"设区的市"即指地级市及以上的市（只有极少数地级市未设下辖区）。截至2013年底，中国共有274个地级市。

(4) 县级市

县级市的行政地位与县相同，且绝大部分由县改制而形成。县级市与县的最大区别在于经济发展水平相对较高，城市人口相对较多。县级市少部分由省或自治区直管，大部分由地级市管辖。截止2013年底，中国共有368个县级市的建制市。

2. 城市政府的构成

根据《中华人民共和国地方各级人民代表大会和地方各级人民政府组织法》，中国各地政府设立地方人民代表大会和地方人民政府。中国地方各级人民政府都是国务院统一领导下的国家行政机关，都服从国务院，即中央政府。

一般而言，各级城市政府由以下几方面构成：

(1) 市人大（人民代表大会）

市人大是地方国家权力机关，在其行政区域内，负责保证宪法、法律、行政法规的遵守和执行，依照法律规定的权限，通过和发布决议。直辖市、省会城市以及经国务院批准的"较大的市"具有地方立法权。

市人大会议每年至少举行一次，行使重大事项、人事决策权，监督行政机关运行、立法、监督法律的执行，审议城市政府工作报告和关于国民经济和社会发展规划及规划执行情况的报告、关于国家预算及预算执行情况的报告，审查和决定城市的经济建设、文化建设和公共事业建设的计划。

市人大常务委员会讨论、决定本行政区域内各方面工作的重大事项；监督本级城市政府、法院和检察院的工作；撤销本级城市政府的不适当的决定和命令；撤销下一级人民代表大会的不适当的决议；依照法律规定的权限决定国家机关工作人员的任免。

(2) 市政府（城市人民政府）

市政府是地方各级国家权力机关的执行机关，是城市的最高行政机关，负责处理辖区内各项综合性的行政事务，向人民代表大会负责并定期向人民代表大会汇报工作。市政府每届任期同本级人民代表大会每届任期相同，任期为五年。

市政府依照法律规定的权限，管理行政区域内的经济、教育、科学、文化、卫生、体育事业、城乡建设事业和财政、民政、公安、民族事务、司法行政、监察、计划生育等行政工作，发布决定和命令，任免、培训、考核和奖惩行政工作人员。同时市政府对上一级国家行政机关负责并报告工作，领导所属各工作部门和下级人民政府的工作，有权改变或者撤销所属各工作部门和下级人民政府的不适当的决定。

图 4-1 中国政府系统结构关系

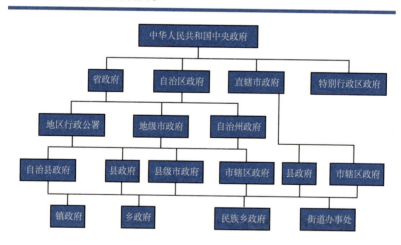

（3）市委（中国共产党委员会）

在中国特定的政治体制下，中国的城市政府具有高度的综合性，不仅包括政治学意义上的普通政府，而且还涉及城市级别的中国共产党委员会（即市委），负责主持和处理该区域党内各项事务和重大事件。

（4）市政协（人民政治协商会议）

中国人民政治协商会议是中国共产党领导的多党合作和政治协商的重要机构，市政协以政治协商、民主监督、参政议政的方式，针对城市的宏观政策以及政治、经济、文化和社会生活中的重要问题，在决策之前进行协商，并就决策执行过程中的重要问题进行协商，通过调研报告、提案、建议案或其他形式，向城市政府部门提出意见和建议。

3. 城市次级政府系统构成

目前在中国大多数城市政府组织中，在市级政府之下，还包含"市辖区"、"街道办事处"和"居民委员会"三个等级。

在其中，市辖区是一种行政单位类别，是城市的组成部分，负责执行城市政府相应的下属职能；街道办事处则是市辖区、不设区的市的派出机构，超过10万人的城市可以设置街道办事处。街道办事处具有政治动员、政策执行、医疗照顾的特色，属于区政府的派出机构；居民委员会是城市居民自我管理、自我教育、自我服务的基层群众性自治组织，城市按居民居住地区设立居民委员会。居民委员会具有地方政府的行政预算，并执行地方政府交付的任务，如公共秩序的维持与社会福利的提供等。居民委员会设人民调解、治安保卫、公共卫生等委员会，办理本居住地区的公共事务和公益事业，调解民间纠纷，协助维护社会治安，并且向人民政府反映群众的意见、要求和提出建议。

4.1.2 城市政府的机构改革与职能定位

中国改革开放以来的数次政府机构改革，主要都是围绕经济管理机构改革来展开的。自1980年代初期开始，中央政府就开始提出改革经济管理体制和经营方法的问题，首次提出了机构改革的概念。

1984年，中国共产党第十二届三中全会明确提出："实行政企职责分开，正确发挥政府机构管理经济的职能"。在1980年代的历次改革中，城市政府的侧重点在于以经济管理部门为重点，针对经济管理机构进行了再设计，主要是合并、裁减专业管理部门和综合管理部门内部的专业机构。由于减少了行政层次，合并了职能相近的部门，城市政府消除了机构设置上的混乱状况。同时根据政企分开的原则，把一些政府经济管理机构改组成专门经济组织。

在1990年代，城市政府机构改革的目标从以往与有计划的商品经济体制相适应的层次，提高到与社会主义市场经济体制相适应的层次，这标志着一次质的飞跃。中央政府区别不同情况，将专业经济管理部门的改革分为三类：一类改为经济实体，不承担政府行政管理职能；一类改为行业总会，作为国务院的直属事业单位，代为行使政府的行业管理职能；一类属于保留和新设的行政管理机构，它们的职能是规划、协调、监督和服务。此次改革为全面改革经济管理体制提供了明确的目标，意义重大。

通过一系列的政府机构改革，中央政府与地方政府关系方面发生了重大调整，一批原先属于中央政府各部门的政府职能被下放给地方政府。国务院将部分审批权和具体事务性工作共一百多项职能下放给地方政府。在这样的改革背景下，各级城市政府的行政体制获得了更加明晰的角色定位，其职能也相应得到了进一步的完善。

4.2 城市政府的职能与运行

4.2.1 城市政府的职能与权力

1. 城市政府的职能构成

随着中国城市的普遍发展，城市结构由简到繁，城市政府的职能也经历了从简单到复杂、从经验管理到科学管理的过程。城市的日益繁复与发展推动了城市的专业化管理分工，以往那种将城市系统分割成若干子系统，以专业职能部门为基本单位强化专业的传统管理方式已经越来越不能适应时代的发展。

根据1982年修改后的《中华人民共和国地方各级人民代表大会和地方各级人民政府组织法》，各级城市政府行使的职权可以分为三类：

(1) 城市政府需要执行中央人民政府即中华人民共和国国务院的决定和命令，规定行政措施，发布决定和命令。城市政府需要执行上级国家行政机关的决定、命令、交办的事项，执行本级人民代表大会及常务委员会的决定，以及国民经济和社会发展计划。

(2) 城市政府需要实施政府内部管理职能，包括发布决定、命令，领导所属工作部门、下级政府的工作，对工作人员进行任免、培训、考核和奖惩；领导所属各工作部门和下级人民政府的工作；改变或者撤销所属各工作部门的不适当的命令、指示和下级人民政府的不适当的决定、命令。

(3) 城市政府都需要实施对本地区居民所承担的责任。城市政府均有着自己特定的服务领域和服务对象，它们对当地人民群众的日常工作和生活，对地方企业、事业单位和社团的发展，对地方经济、社会和法制环境的协调发展，承担着直接责任。

作为城市管理主体的城市政府，需要按照特定的发展目标和原则，采用特定的方法与组织形式，对行政区域内的经济、教育、科学、文化、卫生、体育事业、环境和资源保护、城乡建设事业等方面进行计划、组织、指挥和控制，以保证城市的日常运行和持续发展。

2. 城市政府的部门构成

城市政府的部门构成与其所承担的职能相对应，同时城市政府因大小、地区、级别等方面的不同而在部门构成方面也存有差异性，因此，城市政府的构成并不存在一种普遍的模式，部门称谓也会存在一定的差别。

总体上，城市政府的部门设置一方面需要与其相对应的职能相对，其中与城市发展和城市管理相关的部门主要有发展和改革委员会、人力资源和社会保障局、城乡建设和交通委员会、规划和国土资源管理局、环境保护局、绿化和市容管理局、住房保障和房屋管理局、交通和运输管理局等。

另一方面，城市政府的部门设置也需要与中央政府的各个职能部门垂直对应，如发展与改革委员会、经济和信息化委员会、商务委员会、教育委员会、科学技术委员会等。与城市建设与城市化进程密切相关的城市政府部门需要对应于中央政府的人力资源和社会保障部、国土资源部、环境保护部、住房和城乡建设部、交通运输部、国家发展和改革委员会等部门。

图 4-2 杭州市人民政府的部门构成及其组织

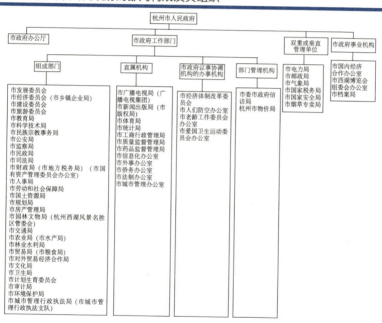

4.2.2 城市政府的经济职能

城市政府作为政府系统的一部分，需要承担常规的经济职能，如维护经济秩序、保持国民经济的综合平衡和稳定协调的发展、弥补市场的缺陷、补偿和纠正经济外部效应、组织与实现公共产品的供给、调节收入和财富分配等。在这样一种综合性的背景下，城市政府在经济方面需要行使以下职能：

（1）作为国民经济和社会发展的规划、指导机构，城市政府负责制定经济社会发展的战略和长期规划；确定、协调产业发展和市场流通以及对外贸易等方面的经济政策；协调行业协会进行行业管理，制定行业规划、技术经济标准等；对国有企业进行必要的行政管理及重大投资决策。

(2) 作为经济运行的调节控制机构，城市政府负责行使政府宏观经济管理的调控职能，根据经济运行情况，利用税收、利率、汇率、财政支出等经济手段调节社会总需求和总供给，使之保持大体平衡，创造和维护较好的宏观经济环境。

(3) 作为经济运行的监督检查机构，城市政府负责行使政府宏观经济管理的监督职能，包括工商行政管理、税务、海关、审计、监察、检察等。同时依据经济立法和国家经济政策，通过制度性手段，对社会经济生活的各个环节进行监督，保证市场运行的秩序和规范，保证微观经济主体活动的合法性与健康性。

(4) 作为信息和咨询机构，城市政府负责行使政府宏观经济管理的咨询和服务职能，由统计、信息、咨询研究等部门组成。其职责在于准确、及时、全面地反映国民经济和社会发展情况，并对其进行系统分析和研究，为社会各界提供信息和咨询服务，为国家宏观经济决策提供信息和咨询服务，以保证决策的科学性。

(5) 作为国有资产管理机构，城市政府负责行使国家作为资产所有者的职能，包括中央、地方各级国有资产管理机构。其职责在于依照国家（地方）有关法律的规定，行使生产资料所有者的资产最终所有权及相应的收益权，实现国有资产在经济运行中的保值、增值，并通过投资公司、控股公司等金融中介，行使生产资料所有者的资产处置权。

除此之外，城市政府还需要承担由于特定国情以及由于体制转型而带来的特殊经济职能，例如：

(1) 部分地替代市场

中国是一个处于市场化进程初期阶段的国家，不仅面临着市场机制存在内在缺陷的问题，而且面临着市场力量薄弱，不能充分有效地实现资源配置的问题。于是单靠市场机制来引导现代化经济的发展，不仅力度不够，而且持续的时间也会较长。这就在客观上要求城市政府代替市场行使一部分配置资源的职能,以推动现代化经济的发展。

政府的替代活动,主要表现为政府选择和确定某些有动态比较优势和示范效应的现代产业部门,运用政权力量影响其要素投入和配置状况,以促进其发展,例如兴办国有企业,对某些生产要素的价格实行直接的干预等;或者政府可以通过财政补贴、信贷分配、税收优惠、进口限制等间接替代办法,影响民营企业的经营方向,使其投资于经济发展急需和潜在收益较高的项目。

(2) 培育市场

所谓培育市场,是指由政府采取种种措施,为市场发育创造良好的环境和条件,以加快市场发育的进程。在市场经济建设过程中,城市政府之所以要承担起培育市场的作用,是由于中国的市场发育受到社会历史条件,特别是传统计划经济体制的惰性力的重大制约。在市场化进程十分缓慢的情况下,要拆除市场发育所面临的各种障碍,建立起能够促进市场发展的机构和经济条件,城市政府必须发挥重大的关键性作用。

(3) 推进市场化改革

中国的经济市场化具有不同于其他国家的特征。中国是在传统计划经济体制的基础上通过改革来构建市场经济体制的,没有政府的推进和组织,经济市场化的各个因素就不可能成长起来。在过去二十多年的经济市场化进程中,政府的组织与推进发挥了关键作用。在中国经济进一步的市场化进程中,政府仍然发挥重要的推动作用。

窗口4-1 上海市发展和改革委员会的主要职能[1]

1. 贯彻执行国民经济和社会发展的战略、方针和政策,研究提出相应的政策措施;研究提出城市经济、社会和城市发展战略,拟订并组织实施城市国民经济和社会发展中长期规划及主体功能区规划;衔接、平衡城市总体规划、土地利用总体规划及各专项规划和区域规划;……

2. 研究提出城市年度国民经济和社会发展的主要预期目标,组织编制年度国民经济和社会发展计划,……

[1] 引自上海市政府网 http://www.shanghai.gov.cn/

3. 统筹协调城市总体改革，研究提出框架和思路，拟订中长期改革规划和年度改革工作重点；……

4. 拟订城市全社会固定资产投资总规模和投资结构的调控目标、政策及措施，衔接平衡需要安排市级政府性资金和涉及重大项目的专项规划；……

5. 根据国家产业政策，组织研究提出城市产业发展战略，推进经济结构战略性调整；组织拟订城市产业发展导向和综合性产业政策；……

6. 综合分析城市全社会资金形势，研究提出政府投资的重大项目投融资方案，协调指导承担政府投资项目的市级投资公司的投融资工作；对全社会资金包括财政预算资金、政府性资金和国有资产的平衡协调提出意见；……

7. 综合分析国际资本动态及利用外资和境外投资的状况；研究提出城市利用外资和境外投资的战略、规划、总量平衡、结构优化的目标和政策；……

8. 监测预测城市价格总水平的变动，研究提出价格总水平的调控目标、价格政策措施和价格改革的建议；研究制定政府管理的重要商品和服务价格调整方案并组织实施；……

9. 研究分析区县经济社会发展改革情况，提出推进城乡一体化的有关政策；统筹协调涉及市、区县"两级政府、三级管理"的重大事项，指导区县发展和改革工作；会同市有关部门研究提出城镇化发展战略、郊区城镇体系和城镇布局的政策意见，推进郊区城镇建设；参与研究城市"农村、农业、农民"发展改革的重大问题和政策。

10. 分析预测国内外市场状况，研究提出城市贸易发展战略；……

11. 负责规划社会应急处置体系中的物资保障工作；……

12. 负责城市社会发展与国民经济发展的衔接平衡，组织拟订社会发展战略、总体规划和年度计划；协调平衡人口和计划生育、科技、教育、文化、卫生、体育、旅游、民政、社会管理等发展政策，推进社会事业建设；提出经济和社会协调发展、相互促进的政策，协调社会事业发展和改革的重大问题。

13. 统筹平衡城乡建设的发展战略与规划；综合分析基础设施运行状况，协调有关重大问题；组织编制城市基础设施发展规划和年度计划；组织协调重大基础设施项目的前期工作；综合平衡城市综合交通发展战略、规划和相关政策；参与研究和协调推进城市房地产发展和保障性住房建设的政策建议。

14. 研究提出城市能源发展战略，组织编制城市能源发展规划，负责城市能源的综合平衡和宏观调控，研究提出能源发展及结构调整的政策；综合平衡城市能源的重大政策和重大事项，指导、实施能源建设与科技进步。

15. 推进可持续发展战略，研究人口、经济、社会、资源、环境协调发展的重大问题；研究提出国土资源规划与保护政策，做好城市国民经济和社会发展规划与土地利用年度计划的衔接，协调推进国土整治；组织编制城市发展循环经济、生态环境建设、资源节约和综合利用等规划，研究提出相关政策；负责城市节能减排和应对气候变化的综合协调工作；综合协调环保产业和清洁发展机制等有关工作。

16. 研究城市与国内区域经济联动发展的重大问题，提出上海服务长江三角洲、服务长江流域、服务中国、促进区域协调发展的战略、体制、机制和重大政策建议，参与拟订跨地区合作的中长期规划；综合协调区域经济发展重大事项，推进有关重大项目建设。

17. 研究提出促进就业、调整收入分配、完善社会保障与经济协调发展的政策，协调城市有关就业、收入分配和社会保障的重大问题；组织编制城市人口发展战略、规划和年度计划，研究提出和协调人口综合调控政策及人口与经济社会协调发展的重大问题。

4.2.3 城市政府的社会职能

城市政府的社会职能主要包括维护社会秩序和稳定，调节社会分配、实现社会公正和组织社会保障，提供社会公共服务，保护资源与环境等。在计划经济时代，中国城市政府的社会职能相对较弱，主要通过将社会成员归属于单位、以行政手段来施行相应的管理与保障，社会事业主要由国家或集体经济组织包办。1986年制定的第七个五年计划，首次增加了"社会发展"领域，社会管理才纳入政府的基本职责。1998年第九届全国人大一次会议通过的《关于国务院机构改革方案》，将"宏观调控、社会管理和公共服务"明确为政府的基本职能。2003年中国共产党第十六届中央委员会第三次全体会议通过的《中共中央关于完善社会主义市场经济体制若干问题的决定》将政府职能确定为"经济调节、市场监管、社会管理和公共服务"四个方面。

随着改革开放的不断推进，城市政府通过制定一系列社会政策和法律规范，对社会组织和社会事务进行规范和引导，培育和健全社会结构，调整各类社会利益关系，回应社会诉求，化解社会矛盾，维护社会公正、社会秩序和社会稳定，维护和健全社会内外部环境，促进政治、经济、社会、文化和自然协调发展。

从推进城市化不断发展的角度，中国城市政府在社会职能方面的作用主要表现在以下几个方面：

1. 积极推进就业，解决失业问题。

在改革开放初期，应对大量知青返城浪潮，在改革开放不断深化、国有企业改革不断推进过程中，出现大量下岗、分流人员，各类城市政府为这些人员的就业和再就业创造多种形式的就业岗位，提供税收优惠政策等，并通过政府工程、社区服务和吸引投资等方式，通过刺激和扩大总需求等途径不断增加就业岗位。

城市政府还通过建立人才交流市场和劳动力市场等，保证劳动市场信息畅通，促进各类劳动力的充分流动。鼓励并促进各类教育、培训机构的建设和发展，改善和提高现有人力资源的技能和素质，增强其职业适应性、帮助各类人群（包括进城农民工）不断扩大其就业机会。

2. 逐步完善流动人口管理

由于中国城市化进程的不均衡性，目前已有超过2亿多人的流动人口，流动于中国的东西部地区之间、城市与农村之间。这种流动对社会管理提出很大挑战，传统的户籍管理制度逐渐失效，相应的社会福利保障、公平正义诉求以及由此而引发的社会治理等一系列问题逐渐产生。

为了切实保护、公平对待城市流动人口的合法权益，城市政府在就业、居住、就医、子女教育等基本民生问题上，不断创新管理制度和机制，结合城镇化建设，逐步打破城乡分割，积极稳妥地推进户籍管理制度改革，并尝试建立改变城乡二元经济结构的体制和机制。

3. 逐步建立城市社会保障体系

从改革开放初期开始,中央和地方政府开始对计划经济体制下形成的以企业和国家财政为主体的福利和保障制度进行改革,逐步向社会保障转变。

1984年开始,在一些城市试行退休人员退休费社会统筹,至1986年实现了全国县、市一级的养老保险费社会统筹。1993年,中央政府决定实施"社会统筹和个人账户相结合"的社会保险制度,2000年,国务院颁布了《关于印发完善城镇社会保障体系试点方案的通知》,"做实"个人账户,实行真正的半积累制,并为建立独立于企事业单位之外、资金来源多元化、保障制度规范化、管理服务社会化的社会保障体系的建设确定了具体内容。

经过三十多年的发展,逐步建立起了养老、医疗、失业、工伤和生育保险制度,全面实施了最低生活保障制度,并与社会救济、社会福利、社会优抚安置等制度相结合并积极推进其他保障形式的发展,积极扶持和发展慈善和救济事业,共同建构和完善中国城市社会保障体系。

在公共住房领域,1999年开始实行廉租住房、2004年开始实行经济适用住房、2010年开始实行公共租赁住房等制度,为城市中低收入、住房困难家庭提供保障性住房。

4. 大力发展社会事业

作为关系到广大人民群众切身利益的各项社会事业,包括教育、医疗卫生、科技、文化、体育、社区建设等多个方面,在改革开放的进程中,各级政府加大对社会事业的支持力度,逐步完善各项社会事业投入机制,在不同时期结合各项事业的实际情况和社会需求,增加对社会事业的投入,基本普及了城乡九年义务教育,建立了较为完善的疾病预防控制体系和公共医疗救治体系,加强各类文化、体育设施和基层群众文化和体育运动设施的建设,满足城市市民不断增长的物质和精神文明的需要。结合改革开放的不断深入,城市政府逐步转换既是投资者,又是管理者、经营者的多重身份,推动社会事业的多元化、社会化、市场化的进程,并按照"管办分离"的原则,逐步实行对各项社会事业的分类管理,统筹城市社会经济的协调发展。

随着经济体制改革的推进,计划经济体制下的"单位人"逐步向"社会人"转变,城市政府的社会管理职能日益强化,社区建设也得到逐步推进。在1980年代中期开始,以社区服务为核心的社区建设工作在全国各城市逐步推进,1995年国家民政部制定了《全国社区服务示范城区标准》,推动了城市社区服务向高标准、规范化的方向发展。从1990年代初开始,在社区服务基础上,包纳了社区文化、社区医疗、社区康复、社区教育等内容的"社区建设"概念,逐步普及,并在各地城市政府的工作中进行了广泛探索。2000年,中央政府发布了推进城市社区建设的意见,将城市社区建设推进到新的发展阶段。城市社区建设理顺了社区与城市政府有关部门及各类服务机构的关系,社区自治职能得到强化,社区服务网络进一步健全,社区服务中介组织得到发展,社区志愿队伍不断扩大。与此同时,社区功能逐步完善,使广大市民得到便利,并营造出服务完善、文化丰富、秩序安定、邻里和谐、环境整洁的生活居住环境,促进城市社会的全面发展。

5. 环境和自然资源保护事业积极稳步发展

1978年,全国人大通过的《宪法》修正案,规定"国家保护环境和自然资源,……",1979年颁布施行了中国第一部《环境保护法》,使环境保护工作步入法制轨道。中央和地方人民政府相继设立环境保护行政主管部门,制定相应的法规和规章,稳步推进全国范围的环境保护工作的有序开展。

在1980年代,根据中央政府"经济建设、城乡建设和环境建设要同步规划、同步实施、同步发展"的指导方针,城市政府开展了以企业治理"三废"为主的防治污染工作,新上项目实行"三同时",不增加新污染源,对老污染源采取利用资源和能源综合处理、加强污染治理工程建设、清理整顿、取缔关闭等手段予以处理,提高了"三废"治理的成效。

1990年代,中国政府批准发布了《二十一世纪议程——中国21世纪人口、环境与发展白皮书》,确定了中国可持续发展的总体战略、对策以及行动方案,明确了污染治理和生态保护的重点。城市政府在中央政府的统一部署和监督下,不断加强环保治理和环境基础设施建设。据统计,全国环保治理投资总额逐年增加,环境治理投资占GDP的比重由1980年代的每年占0.5%左右,上升到现在的 1.5% 左右,城市环境基础设施建设投资占环境污染治理投资总额的 50% 左右。

自 1990 年代后期开始,全国实行"污染物排放总量控制","十一五"规划将主要污染物排放总量减少 10% 作为经济社会发展的约束性指标,推动地方政府积极实施结构减排,淘汰落后产能企业,在经济不断发展的背景下,主要污染物排放总量得到初步控制。

尽管在改革开放进程中,中国各级政府在环境保护事业中作出了不懈努力,取得了积极进展,但主要污染物超过环境承载力,生态环境受到不同程度的破坏,控制和减缓污染任务仍然艰巨,需要各级政府采取有力措施,加快经济结构调整和转变经济增长方式,加大节约资源和环境保护力度。

4.2.4 城市政府的建设管理职能

中国城市政府在城市建设方面的管理职能也是在改革开放 30 年中,伴随着城市化进程不断发展而逐渐完善起来的。1996 年,全国人大通过了地方政府与地方人大组织法,赋予地方人大立法权,这使得城市政府具有更多的空间和资源来进行城市建设,同时也具有更多的责任来进行城市建设管理,其主要职能在于:

1. 根据《中华人民共和国城乡规划法》,城乡规划是地方政府的责任,城市政府及其城市规划主管部门在审批、修改、公布、实施城市规划和行政执法方面的具有必要权力。同时根据城乡规划法,地方政府可经由土地使用审批权,进行土地控制。城市政府需要在土地利用总体规划确定的城市建设用地区内,由城市政府进行统一规划、统一征用、统一开发。

2. 城市政府需要统筹平衡城乡建设的发展战略与规划,综合分析基础设施运行状况,协调有关重大问题。同时需要组织编制城市基础设施发展规划和年度计划,组织协调重大基础设施项目的前期工作;综合平衡城市综合交通发展战略、规划和相关政策。

3.城市政府需要根据土地利用总体规划、城市规划、土地利用年度计划和现有建设用地的利用情况，由土地行政主管部门拟订城市建设用地统一开发方案，向上级政府部门提出申请。

从操作层面而言，城市建设管理一般涉及城市建设用地管理、城市建设工程规划管理这两个方面：

1.在城市建设用地管理方面，城市政府根据获得批准的城市建设用地统一开发方案，由土地行政主管部门会同有关部门拟订土地使用权的招标、拍卖方案，经批准后，负责组织实施招标、拍卖，并与土地使用者签订国有土地有偿使用合同。同时城市政府也可能通过国有土地划拨或者有偿使用手续，批准建设单位或者个人的建设用地申请。建设项目竣工后，由城市政府土地行政主管部门对建设用地进行验收，并办理土地登记，核发国有土地使用证。

2.在城市建设工程规划管理方面，城市政府城市规划管理机关根据已批准的法定城市规划，提出建设地址建议方案，由建设单位按照城市规划管理机关的要求向有关部门征询意见，并最终确定建设地址。

建设单位向城市规划管理部门提交上级主管部门批准的申请建设用地的文件，由城市规划管理机关会同土地管理机关审核同意，按规定分别报经市、区、县人民政府批准后，发给建设用地许可证。建设单位持建设用地许可证(临时建设用地许可证)和其他有关文件，向土地管理机关申请征用、划拨土地。

城市规划管理机关根据相关城市规划条件以及建设单位所持有的建设项目批准文件、确定建设地址通知书或者建设用地许可证以及地形图，负责确定规划设计条件。建设单位按照规划设计条件通知书，向城市规划管理机关提出设计方案。城市规划管理部门审查批准设计方案后，向建设单位发审定设计方案通知书。

建设单位持建设项目批准文件、施工设计图纸、资料和其他有关文件，向城市规划管理机关申请，经审查批准后，发给建设工程许可证；城市建设项目竣工后，由城市政府土地行政主管部门对建设用地进行验收，并办理土地登记，核发国有土地使用证。

4.2.5 城市政府日常管理职能

2006年,在新的住房和城乡建设部的职责定位中,城市政府被明确赋予城市管理的具体职责,并且负责确定市政公用事业、绿化、供水、节水、排水、污水处理、城市客运、市政设施、园林市容、环卫和建设档案等方面的管理体制。

城市政府的日常管理职能主要包括以下几方面:

1. 在绿化管理方面,城市政府需要根据城市国民经济和社会发展总体规划、城市总体规划的要求,编制绿化、林业专业规划,负责编制绿化、林业和城管执法中长期发展规划和年度计划;负责实施国家绿化、林业和城管执法等方面的标准、规范,组织制定相关的地方性标准、规范、规程。负责组织、协调城市绿化、林业重大建设项目的实施,协调城乡重大建设项目中涉及绿化、林业设施配套建设工作。

2. 在市容管理方面,城市政府需要负责统一管理市容环境卫生工作;依法对全市市容环境卫生实施监督检查;负责生活废弃物和特定污染物的管理;负责城市市容环境卫生配套设施的管理;负责水域和特定区域有关市容环境卫生的管理;依法承担拆除违法违章建筑职责中的相关工作。

3. 在物业管理方面,城市政府需要负责城市住宅质量和性能管理,负责新建住宅交付使用的许可审批;城市政府负责物业管理的行业管理,指导、监督业主委员会的运作以及住宅专项维修资金的管理。城市政府负责居住类房屋的修缮、改造和安全鉴定的行政管理,推进旧区改造项目,负责优秀历史建筑的保护管理工作,负责直管公房资产的监督和管理,负责落实私房政策和私房历史遗留问题及宗教房产代经管理,会同市有关部门推进建成住宅的功能完善工作。

4. 在治安管理方面,城市政府需要预防、制止和侦查违法犯罪活动,维护社会治安秩序,制止危害社会治安秩序的行为;管理交通、消防、危险物品和特种行业;指导和监督国家机关、社会团体、企业事业组织和重点建设工程的治安保卫工作,指导群众性组织的各类治安防范工作。

5. 在卫生管理方面,城市政府需要制定传染病和慢性非传染性疾病的防治规划,制定城市免疫规划及政策措施,依法监测传染病,建立预警机制,防止和控制疫情的暴发和蔓延，组织开展全民健康教育与促进。同时城市政府需要负责城市卫生应急工作，编制卫生应急预案和制定卫生应急政策措施，负责突发公共卫生事件监测预警和风险评估，指导实施突发公共卫生事件预防控制与应急处置，发布突发公共卫生事件应急处置信息。

4.3 城市（乡）规划法规与管理

4.3.1 综述

城市（乡）规划对于城乡发展具有重要作用，尤其对于各项城乡建设具有直接的指导和控制作用。

中国的城市规划在计划经济时代很大程度上是国民经济计划的附属，其作用在于落实经济计划已经确定的建设项目的空间布局。随着改革开放的不断推进，指令性的经济计划逐步式微，城市规划作为政府宏观调控和公共政策的作用不断得到强化。

在中国，地方政府是地方城乡规划的编制和实施部门。中央政府通过立法、提出规划编制的国家标准和技术要求进行行业规范和专业指导，编制全国城镇体系规划以指导省域城镇体系规划和各地城市总体规划的编制，并拥有对省域城镇体系规划和其指定的重要城市（如直辖市、省会、特大城市）的总体规划审批权。住房与城乡建设部（以下简称建设部）是城乡规划管理的国家职能主管部门。

中国城市（乡）规划的核心主干法为1990年起实施的《中华人民共和国城市规划法》（以下简称《城市规划法》）和2008年起实施的《中华人民共和国城乡规划法》（以下简称《城乡规划法》）。在此之前，尚有以国务院令形式颁布的1984年版《城市规划条例》。国务院颁布的城市规划相关行政法规还包括如《村庄和集镇规划建设管理条例》（1993）、《风景名胜区条例》（2006）、《历史文化名城名镇名村保护条例》（2008）等。

三十多年来，随着改革开放的推进，城市（乡）规划在制度上和内容都发生了较大的变化，其中一些重要内容的转变主要体现在：

1. 在规划的定位上，1990年《城市规划法》强调"适应社会主义现代化的建设需要"，2008年《城乡规划法》更明确指出是为了"促进城乡经济社会全面协调可持续发展"。

2. 在规划管理的范围方面，1984年《城市规划条例》确定为"城市"——"国家行政区域划分设立的直辖市、市、镇，以及未设镇的县城"；1990年《城乡规划法》确定为"城市规划区"——"城市市区、近郊区以及城市行政区域内因城市建设和发展需要实行规划控制的区域"，"城市规划区的具体范围，由城市人民政府在编制的城市总体规划中划定"；2008年《城乡规划法》确定为"规划区"——"城市、镇和村庄的建成区以及因城乡建设和发展需要，必须实行规划控制的区域"。

3. 规划体系，从1984年《城市规划条例》的总体规划和详细规划两个阶段，发展到1990年《城市规划法》中除了分为总体规划和详细规划两个阶段，对于大、中城市，根据需要"可以编制分区规划"；到2008年的《城乡规划法》建立起新的规划体系，即"城镇体系规划、城市规划、镇规划、乡规划和村庄规划"，"城市规划、镇规划分为总体规划和详细规划"，"详细规划分为控制性详细规划和修建性详细规划"，并将控制性详细规划作为规划实施管理的主要依据。在依法编制的规划体系之外，战略规划、概念规划、城市设计以及多种形式的城市规划研究等等也成为地方政府规划城（乡）发展的重要协助手段。

4. 对于规划区范围内的城市建设规划管理，1984年《城市规划条例》规定了"两证"——"建设用地许可证"和"建设许可证"；1990年的《城市规划法》规定了"一书两证"——"建设项目选址意见书"、"建设用地规划许可证"、"建设工程规划许可证"；2008年《城乡规划法》在城市、镇规划区内的建设，根据不同的土地使用方式区分了不同的规划管理方式，以划拨方式获得土地使用权的，采取"一书两证"的管理，对于通过土地出让获得土地使用权的，则采用"两证"的管理，对于乡、村庄规划区内的建设则实行"一证"——"乡村建设规划许可证"的管理。

5. 在公众参与方面，1990年《城市规划法》仅规定了"任何单位和个人都有遵守城市规划的义务，并有权对违反城市规划的行为进行检举和控告"的原则性条文；在2008年的《城乡规划法》中，除了有相类似的原则性规定之外，在规划制定和规划实施的程序规定中，增加了不少公众参与的内容。

4.3.2 城市（乡）规划主干法（规）的沿革

1. 《城市规划条例》（1984年）

《城市规划条例》是中华人民共和国第一份国家级的法规，由国务院于1984年批准颁布执行。

改革开放之始，中央政府即开始着手制定《城市规划法》，并于1980年由国家建委和城市建设总局向国务院报送了初稿。后几经修改，因考虑到城市经济体制改革刚起步，许多事务尚在探索中，因此，先以行政法规方式颁布实施。

《城市规划条例》共分7章55条。主要内容包括：

（1）确定了该条例的适用范围，即城市的范畴：是指国家行政区域划分设立的直辖市、市、镇，以及未设镇的县城。并将城市按照非农业人口规模将城市划分为大城市（人口50万以上）、中等城市（人口20万以上不足50万）和小城市（人口不足20万）三个等级。

（2）确定了城市规划的任务和原则，以及城市规划行政体系。

（3）确定了城市规划分为城市总体规划和城市详细规划两个阶段，并对城市总体规划和详细规划的内容进行了规定。

（4）对城市规划的制定程序进行了规定。对城市总体规划的审批建立了分级审批制度，即直辖市的城市总体规划，由直辖市人民政府报国务院审批；省和自治区人民政府所在地的城市、其他人口在一百万以上的城市的总体规划，由所在省、自治区人民政府审查同意后，报国务院审批；其他城市的总体规划，报省、自治区、直辖市人民政府审批；市管辖的县城、镇的总体规划，报市人民政府审批。详细规划由本城市人民政府审批。

(5) 明确了城市规划与经济计划等之间的关系。一方面，城市规划必须根据国民经济和社会发展长远计划、区域规划等来合理确定"城市在规划期内经济和社会发展的目标"，另一方面，"根据城市规划确定的城市建设项目，应当纳入中长期的和年度的城市建设计划，并按照合理的建设程序组织实施"，"城市成片建设的地区，应当按照城市规划，实行综合开发，统一建设"。

(6) 确定了城市土地使用和各项建设的规划管理，建立起"建设用地许可证"和"建设许可证"制度以及竣工验收制度。

此外，还涉及到旧城区改建和对违反规划行为的处罚等内容。

2.《中华人民共和国城市规划法》（1990年）

1990年的《城市规划法》是中华人民共和国第一部经全国人大批准通过的有关城市规划的国家法律。

《城市规划法》共6章46条。主要内容包括：

(1) 确定了城市规划作用范围。城市是指"国家按行政建制设立的直辖市、市、镇"；城市规划区是指"城市市区、近郊区以及城市行政区域内因城市建设和发展需要实行规划控制的区域"。城市规划区的具体范围"由城市人民政府在编制的城市总体规划中划定"。

(2) 明确提出了城市发展方针。"严格控制大城市规模、合理发展中等城市和小城市"。在对大、中、小城市的划分上，延续了《城市规划条例》划分的三级制。

(3) 明确了城市规划与相关规划的关系。城市规划编制"应当依据国民经济和社会发展规划"等，城市规划确定的城市基础设施建设项目，"应当按照国家基本建设程序的规定纳入国民经济和社会发展计划，按计划分步实施"。同时还要求"城市总体规划应当和国土规划、区域规划、江河流域规划、土地利用总体规划相协调"。

(4) 明确了城市规划工作的法定主体。"城市人民政府负责组织编制城市规划；县级人民政府所在地镇的城市规划，由县级人民政府负责组织编制"。

(5) 进一步完善了城市规划体系。提出编制全国和省自治区、直辖市的"城镇体系规划"；大、中城市可以在总体规划的基础上，编制"分区规划"。

(6) 确立了城市建设规划管理的"一书两证"制度，即选址意见书、建设用地规划许可证和建设工程规划许可证，并明确了"城市规划区"为规划管理的空间范畴。

(7) 赋予了地方政府及其行政主管部门在实施城市规划和行政执法方面的种种必要权力。

(8) 建立了规划的行政救济制度。当事人如果对行政处罚决定不服的，可以向上一级机关申请复议；对复议决定不服的，可以向人民法院起诉。

此外，还对城市新区开发和旧区改建的原则作出了规定。

在《城市规划法》颁布后，地方法规、行政规章和技术标准等相继颁布施行，逐渐形成了比较完善的城市规划法规体系。在城市规划编制方面，主要有1991年建设部颁布的《城市规划编制办法》和1995年的《城市规划编制办法实施细则》。在城市规划实施管理方面，有1990年建设部颁发的《关于抓紧划定城市规划区和实施统一的"两证"的通知》，1991年建设部和国家计划委员会共同颁发的《建设项目选址规划管理办法》，1992年建设部颁发的《关于统一实行建设用地规划许可证和建设工程规划许可证的通知》和《城市国有土地使用权出让转让规划管理办法》等。

与此同时，与城市规划相关的国家标准也相继颁布实施，其中主要有：《城市用地分类与规划建设用地标准》、《城市居住区规划设计规范》、《城市工程管线综合规划规范》、《城市规划基本术语标准》、《城市道路交通规划设计规范》、《城市用地竖向规划规范》等等。

建设部还先后颁布了《城市规划编制单位资质管理规定》、《注册城市规划师执行资格制度暂行规定》等，以加强对城市规划行业的管理。

3.《中华人民共和国城乡规划法》（2008年）

2007年，《中华人民共和国城乡规划法》经全国人民代表大会常务委员会批准，从2008年1月1日起正式施行。

《城乡规划法》以"加强城乡规划管理，协调城乡空间布局，改善人居环境，促进城乡经济社会全面协调可持续发展"为目标,建立了新的规划体系,并强化了对政府行为的规范,通过一系列规定以保证城乡规划的严肃性。

《城乡规划法》共 7 章 70 条,主要内容包括:

(1) 根据"一级政府、一级规划、一级事权"的原则,建立了新的城乡规划体系。该体系包括"城镇体系规划、城市规划、镇规划、乡规划和村庄规划",其中城市规划和镇规划分为总体规划和详细规划两个阶段,在详细规划阶段分为"控制性详细规划"和"修建性详细规划"。

(2) 对"规划区"及其划定进行了规定。规划区"是指城市、镇和村庄的建成区以及因城乡建设和发展需要,必须实行规划控制的区域"。"规划区的具体范围由有关人民政府在组织编制的城市总体规划、镇总体规划、乡规划和村庄规划中,根据城乡经济社会发展水平和统筹城乡发展的需要划定。"

(3) 明确了城乡规划的原则和目的。强调制定和实施城乡规划,"应当遵循城乡统筹、合理布局、节约土地、集约发展和先规划后建设的原则,改善生态环境、促进资源、能源节约和综合利用,保护耕地等自然资源和历史文化遗产,保护地方特色、民族特色和传统风貌,防止污染和其他公害,并符合区域人口发展、国防建设、防灾减灾和公共卫生、公共安全的需要"。

(4) 对各级各类城乡规划的编制主体、编制内容和审批程序等进行了详尽的规定。全国城镇体系规划、省域城镇体系规划以及直辖市、省会城市和国务院确定的其他城市的总体规划,由国务院审批。其他城市的总体规划由省级人民政府审批。县城镇的总体规划由县人民政府报上一级人民政府审批,其他镇的总体规划由镇人民政府报上一级人民政府审批。

(5) 明确了城市总体规划、镇总体规划的强制性内容,其中包括:"规划区范围、规划区内建设用地规模、基础设施和公共服务设施用地、水源地和水系、基本农田和绿化用地、环境保护、自然与历史文化遗产保护以及防灾减灾等"。

(6) 确立了"控制性详细规划"作为规划实施管理直接依据的地位。

(7) 根据建设项目取得土地使用权的不同方式,实施有区别的规划管理制度。对于以划拨方式获得国有土地使用权的建设项目,沿用原有"一书两证"的规划管理制度;对于以出让方式获得国有土地使用的建设项目,采用"两证"

管理方式，并明确规划部门"不得在城乡规划确定的建设用地范围以外作出行政许可"。

(8) 对城乡规划的修改设专章进行严格规范。

(9) 建立了较为完整的公众参与制度和对规划行政权力的监督与制约。

此外，对规划的监督检查、法律责任以及对城乡规划编制单位和规划师资质管理等进行了详细的规定。

4.4 土地利用和管理

中国近三十年城镇化的快速发展，与其特有的土地制度有着非常密切的关系。现行土地制度强化了政府引导和介入城镇化发展的能力，政府所推行的一系列土地使用制度改革也不断改变着中国城镇化进程中的空间和社会格局。

4.4.1 城乡土地权属

中国实行土地公有制，但其城市与乡村土地权属有所差异。根据现行《中华人民共和国宪法》第十条的规定，"城市的土地属于国家所有"，"农村和城市郊区的土地，除由法律规定属于国家所有的以外，属于集体所有"。

《宪法》还规定，"国家为了公共利益的需要，可以依照法律规定对土地实行征收或者征用并给予补偿"，"任何组织或者个人不得侵占、买卖或者以其他形式非法转让土地"，"土地的使用权可以依照法律的规定转让"。

4.4.2 城乡土地制度改革

1. 城镇国有土地制度改革

计划经济时期，与土地公有制相适应，中国的城市土地实行由政府部门划拨的无偿和无限期使用制度。从1979年开始，伴随着外资开始进入经济特区和沿海开放城市,全国人大通过了《中华人民共和国中外合资企业法》,该法规定,地方政府可对外商投资企业收取土地使用费,或者以土地使用权作为合资企业的中方合营者的投资股本,由此开始了土地有偿使用的改革。1982年,深圳特区开始按照城市土地等级不同而收取不同的使用费。但这些做法主要还集中在特区城市和部分沿海开放城市中,1987年开始施行的《中华人民共和国土地管理法》(以下简称《土地管理法》)中,尚未出现有关土地有偿使用的条文。

1987年,国务院批准在深圳、上海、天津、广州、厦门、福州等经济特区和沿海开放城市进行土地使用改革试点。同年9月,深圳市率先试行土地使用权有偿出让;12月,深圳首次公开拍卖土地使用权,规划为住宅用地,使用年限50年。

1988年,全国人大修订《宪法》,在删除土地不得出租的有关规定的同时,增加了"土地使用权"可以依照法律的规定转让的规定。《土地管理法》也于同年12月进行修订,规定"国有土地和集体所有的土地使用权可以依法转让"。并在法律中明确了中国"实行国有土地有偿使用制度"。国务院发布决定在全国城镇普遍实行收取土地使用费(税)。

1990年,国务院发布《城镇国有土地使用权出让和转让暂行条例》,明确规定"国家按照所有权与使用权分离的原则,实行城镇国有土地使用权出让、转让制度",公司、企业、组织和个人可以依法取得土地使用权,进行土地开发、利用和经营。条例还规定,依法取得土地使用权的土地使用者,"其使用权在使用年限内可以转让、出租、抵押或者用于其他经济活动"。

至此,通过宪法、法律的修订,中国的土地所有权与使用权可以分离的新的城镇国有土地权利制度被基本确定。此后,随着社会经济的发展,在国家法律框架内,国务院及其所属的行政主管部门、地方人大和政府机关又先后制定了一系列有关土地使用制度的法规和规范性文件。1992年邓小平南行讲话之后,1993年中共中央十四届三中全会决定把土地使用制度改革作为那一时期经济体制改革的重要组成部分,土地使用权有偿、有限期出让由试点城市而扩展到全国各地。

1998年，《土地管理法》再次进行修订，规定"任何单位和个人进行建设，需要使用土地的，必须依法申请使用国有土地"。除法律规定的建设用地可以划拨方式取得外，"建设单位使用国有土地，应当以出让等有偿使用方式取得"。1999年，国土资源部下发《关于进一步推行招标、拍卖出让国有土地使用权的通知》；2000年，又发布《国土资源部关于建立土地有形市场促进土地使用权规范交易的通知》，逐步建立起相对健全的土地交易管理制度。2002年，国土资源部发布《招标拍卖挂牌出让国有土地使用权规定》（11号令），规定商业、旅游、娱乐和商品住宅等各类经营性用地，必须以招标、拍卖或者挂牌方式出让；2007年，国土资源部对11号令进行了修订，发布《招标拍卖挂牌出让国有建设用地使用权规定》，将"土地使用权"修改为"建设用地使用权"，将工业用地也纳入必须以招拍挂方式进行出让的范围。至此，各类经营性建设用地，都须以招拍挂的方式出让。

经过三十多年的土地制度改革，目前，以行政划拨方式获得建设用地的仅限于国家机关用地和军事用地、城市基础设施用地和公益事业用地、国家重点扶持的能源、交通、水利等基础设施等有限的几类用地。

2. 农村集体所有土地制度改革

以"包产到户"为特征的农村改革是中国经济体制改革的起点，而"包产到户"的重要基础就是集体土地使用的制度改革。所谓"包产到户"，就是在保持农村土地的集体所有权的前提下，农户取代生产队成为农业生产和收入分配的基本单位，其实质就是农户拥有土地承包经营权，包括对承包土地长期稳定的使用权、收益权和转让权。

进入1980年代以来，中央政府通过发布一系列关于农村工作的"一号文件"，逐步推进农村改革的深入。1982年，中共中央"一号文件"和当年修订的《宪法》明确肯定了包产到户的合法性，1984年的"一号文件"确定了承包给农民的土地15年不变。到1993年，中央11号文件将承包期延长到30年不变。2002年通过的《中华人民共和国农村土地承包法》（简称《农村土地承包法》）明确规定"耕地的承包期为30年，草地的承包期为30~50年，林地的承包期为 30~70 年"，并规定"承包期间，发包方不得收回承包地"。

土地承包经营权流转，始终作为农村土地承包制度的一部分并随之不断完善。1984 年中央一号文件就明确了农户承包地可以自愿转包，并鼓励耕地向种田能手集中；1993 年 11 号文件，在确定延长承包期时，也强调了"允许农民依法、自愿、有偿地流转土地承包经营权"。《农村土地承包法》规定，在承包期内，农户有权依法自主决定承包地经营权是否流转和流转的形式，任何组织和个人不得强迫农户流转，也不得阻碍农户依法流转等，并对此用一节 12 个条款进行了规定。2008 年中共十七届三中全会通过的《中共中央关于推进农村改革发展若干重大问题的决定》，进一步明确提出要建立农村土地承包经营权流转市场。

农村集体所有土地的承包除了用于农业用途，从 1980 年代中期开始，中央政策鼓励农民利用农村集体土地创办乡镇企业，与同时期外资企业的工业用地有偿使用政策相类似，乡镇或以集体土地使用权入股，或以对企业收取有限的土地使用费用的方式进入非农用地市场，从制度层面促成了中国乡镇企业的繁荣和发展，农村工业化和乡村城镇化成为 1980 年代到 1990 年代中国城镇化的主要特征。1985 到 1997 年，每年在农村集体土地上的建设用地量甚至超过了同期国有建设用地的数量。1998 年修订后的《土地管理法》明确规定，农村集体所有土地的使用权"不得出让、转让或者出租用于非农业建设"；"建设占用土地，涉及农用地转为建设用地的，应当办理农用地转用审批手续"，而且须纳入到土地利用年度计划中进行控制，对农用地的非农用途进行了严格的法律约束。

4.4.3 土地利用管理

在 1987 年《土地管理法》施行之前，中国的土地利用管理分城乡两部分进行管理，城市部分由城市规划主管部门进行管理，农村部分由农业主管部门进行管理，因此在 1987 年的《土地管理法》中特别强调了各级土地管理部门主管本行政区域内的"土地的统一管理工作"。由此，统一的土地利用管理才依法得以全面开展。按照《土地管理法》规定,"城市总体规划、村庄和集镇规划中建设用地规模不得超过土地利用总体规划确定的城市和村庄、集镇建设用地规模",相应地,在规划区内,城市和村庄、集镇的建设用地"应当符合城市规划、村庄和集镇规划"。

1. 土地利用总体规划

  1987年《土地管理法》规定了"各级人民政府编制土地利用总体规划","经上级人民政府批准执行"。国务院办公厅发布《关于开展土地利用总体规划的通知》,由此开始了第一次全国各层次土地利用总体规划的编制工作。1993年2月,国务院正式批准了《全国土地利用总体规划纲要(草案)》。这一轮土地利用总体规划在国家法律层面对内容等并无具体规定和要求,在实际工作中主要是通过自上而下的总量控制,将国家对土地的宏观调控以数量指标的形式逐级分解落实,以控制建设用地总量增长过快的趋势。

  针对1990年代城市化快速发展以及由此带来的建设用地扩张过快、耕地面积快速减少的状况,中央政府于1997年发布了《关于进一步加强土地管理切实保护耕地的通知》,提出实行"世界上最严格的"管理土地和保护耕地的措施,加强土地宏观管理。1998年,国家《土地管理法》进行了修订,明确提出"国家实行土地用途管制制度"和"严格限制农用地转为建设用地,控制建设用地总量,对耕地实行特殊保护"规定。该法将土地利用总体规划作为实施土地用途管制的基础,对土地利用总体规划的目标、内容和技术方法都作了详细规定,并要求"使用土地的单位和个人必须严格按照土地利用总体规划确定的用途使用土地"。在此基础上,第二轮土地利用总体规划编制在全国范围内普遍展开。与第一轮相比,第二轮土地利用总体规划的编制更强调刚性控制,从第一轮对八个类别的用地进行指标控制转向强调围绕耕地总量动态平衡、建设用地总量控制、土地开发整理、土地生态环境改善等核心内容展开,并以保护耕地为重点,严格控制城市建设用地规模,实施严格的由上而下的建设用地指标控制。由于这轮规划过于强调耕地保护的单一目标,规划指标刚性有余、弹性不足,导致对未来用地发展的预见性不足,在实施中出现了较大偏差,许多地方经后期检查都未能实现最初的规划目标。

针对第二轮土地利用总体规划实践中所存在的问题,国家在 2002 年后又启动了第三轮土地利用总体规划的编制工作。中央政府对此次规划的要求,除了要严格保护耕地,控制建设用地无序扩张外,还应当以"节约、集约利用土地为核心",并更为强调"可持续发展、社会可承受性、经济有效性和生态合理性"之间的多目标多重协调,兼顾国家耕地保护政策和地方经济发展、民众意愿等多种需求。在规划内容方面,也提出在原有的数量调控基础上,增加空间管制、开放时序、环境容量和建设标准等内容。

2008 年 10 月,国务院批准了《全国土地利用总体规划纲要(2006 年—2020 年)》。该纲要由全国土地利用面临的形势、指导原则与目标任务、保护和合理利用农用地、节约集约利用建设用地、协调土地利用与生态建设、统筹区域土地利用和规划实施保障等七章内容组成,并确定了约束性指标和预期性指标体系,其中约束性指标包括耕地、基本农田、城乡建设用地规模、人均城镇工矿用地、新增建设用地占用耕地、整理复垦开发补充耕地指标等。

该《规划纲要》提出,全国耕地保有量到 2010 年和 2020 年分别保持在 12 120 万 hm^2(18.18 亿亩)和 12 033 万 hm^2(18.05 亿亩);并确保 10 400 万 hm^2(15.6 亿亩)基本农田数量不减少、质量有所提高。对于建设用地,要求新增建设用地规模得到有效控制,闲置和低效建设用地得到充分利用,建设用地空间不断扩展,节约集约用地水平不断提高,有效保障科学发展的用地需求。到 2010 年和 2020 年,全国规划新增建设用地分别为 195 万 hm^2 和 585 万 hm^2。

2. 耕地保护

耕地保护是中国政府长年以来土地管理的重心所在。1987 年开始施行的第一部《土地管理法》就将"切实保护耕地"作为立法目的,并明确规定:"各级人民政府应当采取措施,保护耕地",各项建设"必须节约使用土地,可以利用荒地的,不得占用耕地"等。

随着中国工业化和城市化的快速发展,全国建设用地快速扩张,耕地数量减少加快的趋势十分明显。针对这一情况,中央政府 1987 年建立"建设用地计划管理"制度，1994年设立"基本农田"保护制度，1997年《刑法》修订时增设了"破坏耕地罪"等方式，以达到保护耕地的目的。1998年，《土地管理法》修订，建立了更为严格的土地管理和保护耕地的制度。该法明确提出："十分珍惜、合理利用土地和切实保护耕地是我国的基本国策"，并提出"国家保护耕地，严格控制耕地转为非耕地"。在耕地保护方面，法律明确提出，国家实行"基本农田保护制度"和"占用耕地补偿制度"，要求各级政府必须保证"本行政区域内耕地总量不减少"；从而彻底改变了过去土地管理以保障建设用地供应为主的方式，将保护耕地作为土地管理最为重要的工作目标。此外，对于因建设需要征用农田的，审批的权力进一步集中到国务院和省一级政府，征用基本农田、或者非基本农田的耕地面积超过35hm^{2}的，均须报国务院审批。

尽管国家对土地管理日趋严格，但由城市化带来的建设用地需求仍然旺盛，耕地保护面临着前所未有的压力。第一次全国农业普查汇总统计显示，1996年全国耕地面积为19.51亿亩，约130万 km^2；2004年全国耕地面积减少至1.37亿亩，约122万 km^2（见图4-3）。

图4-3 1996年至2008年全国耕地面积减少

（单位：千 km^2）

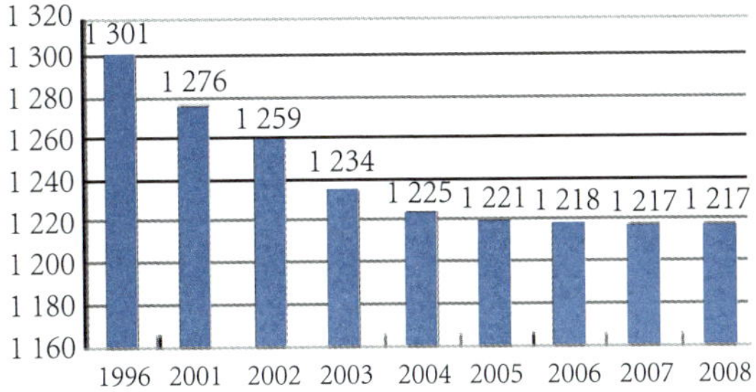

年份	1996	2001	2002	2003	2004	2005	2006	2007	2008
面积	1 301	1 276	1 259	1 234	1 225	1 221	1 218	1 217	1 217

数据来源：中国国土资源部《国土资源公报》

2004年，中央1号文件提出，各级政府要切实落实"最严格的耕地保护制度"，控制征地规模，严格遵守对非农占地的审批权限和审批程序，并严格执行土地利用总体规划。同年,国务院发布《关于深化改革严格土地管理的决定》,在严格土地执法、加强土地管理、促进集约用地等方面做出了更加严格的规定和措施。2005年,国土资源部提出城镇建设用地的增加要与农村建设用地减少相挂钩,即地区内建设用地总量不能增加,以实现耕地总量动态平衡、集约使用土地的目标。从统计数据显示可以看到,自2004年开始,耕地快速减少的局面明显得到缓解。

2008年,国务院机构改革确定国土资源部的职责包括了"加强土地供需调控和总量平衡";"落实最严格的土地管理制度";"加强国土规划、土地利用总体规划的整体控制作用"等内容。

根据2013年底国土资源部公布的第二次全国土地调查数据,2009年全国耕地面积修正为135万 km^2,即20.31亿亩耕地,主要是受调查标准、技术方法的改进和农村税费政策调整等因素影响,二次普查比一次调查逐年变更数据多出2亿亩。

3. 建设用地管理

建设用地管理涉及到以下几个方面[①]:

首先,使用确权和变更登记。1986年的《土地管理法》规定,"由县级以上地方人民政府登记造册,核发证书,确认使用权",依法改变土地使用权的,"必须办理土地权属变更登记手续,更换证书"。1998年修订后的《土地管理法》规定,凡是改变用途的,也须"办理土地变更登记手续",这是与该法律规定的土地用途管制制度相一致的。

其次,建设用地总量控制。1986年《土地管理法》仅强调按照国家固定资产投资计划等批准文件审批建设用地,未有关于建设用地总量控制的要求。1998年《土地管理法》则明确规定,"各级人民政府应当加强土地利用计划管理,实行建设用地总量控制",并建立"土地利用年度计划"制度,"土地利用

---

① 由于1988年《土地管理法》修订基本延续了1986年《土地管理法》的条文,仅作部分修订;2004年《土地管理法》修订基本延续了1998年《土地管理法》条文,也仅作部分文字的修订,因此,下文主要对1986年和1998年的《土地管理法》在建设用地管理方面的内容进行比较,其他不再作展开。

年度计划的编制审批程序与土地利用总体规划的编制审批程序相同,一经审批下达,必须严格执行。"

第三,建设用地申请。1986年《土地管理法》规定,只有"列入国家固定资产投资计划的或者准许建设的国家建设项目,经过批准,建设单位方可申请用地。"1998年《土地管理法》修订后规定,"任何单位和个人进行建设,需要使用土地的,必须依法申请使用国有土地",并对"依法申请使用国有土地",进行了特别说明:"包括国家所有的土地和国家征用的原属于农民集体所有的土地",即所有建设用地必须首先转变为国有土地后方能申请使用。

第四,建设用地的批准。1986年《土地管理法》仅涉及到征用集体所有土地,即"按照国家基本建设程序批准的设计任务书或者其他批准文件向县级以上地方人民政府土地管理部门提出申请,经县级以上人民政府审查批准后,由土地管理部门划拨土地",该土地的"所有权属于国家,用地单位只有使用权"。1998年《土地管理法》规定,"经批准的建设项目需要使用国有建设用地的,建设单位应当持法律、行政法规规定的有关文件,向有批准权的县级以上人民政府土地行政主管部门提出建设用地申请,经土地行政主管部门审查,报本级人民政府批准。"法律同时规定,国家机关用地和军事用地、城市基础设施用地和公益事业用地、国家重点扶持的能源、交通、水利等基础设施用地等,经法定程序批准可以划拨方式取得,除此之外,"建设单位使用国有土地,应当以出让等有偿使用方式取得"。

第五,征收[①]农民集体所有土地作为国有的建设用地使用的管理。1986年《土地管理法》采用由批准用地的建设单位进行土地征用,但该用地的"所有权属于国家,用地单位只有使用权"。在审批权限上规定,"征用耕地1000亩以上,其他土地2000亩以上的,由国务院批准";"征用耕地3亩以下,其他土地10亩以下的,由县级人民政府批准";其他征用土地由省级人民政府批准。1998年《土地管理法》则规定,所有的土地征用由国家进行,只有转变为国有土地之后才能以划拨或有偿使用方式供建设使用。对于涉及到征

---

① 2004年《土地管理法》修订,将1998年《土地管理法》中的"征用"土地全部改为"征收"土地。在本节的上下文中,均按原法律文字引用,不做修改。

用农用地的,法律规定须先行办理农用地转用审批,经批准后才可办理征地审批。此外,法律对土地征用审批权限进行了更为严格的规定,凡是基本农田,或者基本农田以外的耕地超过 35hm^2,或者其他土地超过 70hm^2 都须由国务院批准;其他征用土地,则由省级人民政府批准并报国务院备案。

第六,土地使用权收回。1986 年《土地管理法》规定,以下四种情形可经县级以上人民政府批准,收回用地单位的土地使用权,注销土地使用证:(1)用地单位已经撤销或者迁移的;(2)未经原批准机关同意,连续二年未使用的;(3)不按批准的用途使用的;(4)公路、铁路、机场、矿场等经核准报废的。1998 年《土地管理法》则规定,以下五种情形可经原批准用地的人民政府或者有批准权的人民政府批准,收回国有土地使用权:(1)为公共利益需要使用土地的;(2)为实施城市规划进行旧城区改建,需要调整使用土地的;(3)土地出让等有偿使用合同约定的使用期限届满,土地使用者未申请续期或者申请续期未获批准的;(4)因单位撤销、迁移等原因,停止使用原划拨的国有土地的;(5)公路、铁路、机场、矿场等经核准报废的。对第(1)和第(2)项收回国有土地使用权的,对土地使用权人应予适当补偿。

此外,对于乡(镇)村建设用地的管理,因兴办乡镇企业和村民建设住宅需要使用本集体经济组织农民集体所有的土地,或者乡(镇)村公共设施和公益事业建设需使用农民集体所有的土地,1986 年《土地管理法》没有区分是否涉及农用地转变,仅规定由县级以上人民政府按照审批权限批准。但 1998 年《土地管理法》修订之后,如果这类用地涉及到需要使用农地进行建设的,则需要依法"办理农用地转用审批手续"后方可进行用地审批。另外,1998 年《土地管理法》还规定,"农民集体所有的土地的使用权不得出让、转让或者出租用于非农业建设"。

2013 年底,中共中央第十八届三中全会通过《中共中央关于全面深化改革若干重大问题的决定》,提出"建立城乡统一的建设用地市场",表明伴随着城镇化进程的深入,中国城乡用地制度改革还将持续推进。

表 4-1 历年中国城市建成区面积

(单位: km²)

年份	中国城市市区建成区总面积	建成区面积年增长率	年份	中国城市市区建成区总面积	建成区面积年增长率
1985	8842	—	1999	21525	1%
1986	9775	11%	2000	22439	4%
1987	10664	9%	2001	24027	7%
1988	10969	3%	2002	25973	8%
1989	12474	14%	2003	28308	9%
1990	12761	2%	2004	30406	7%
1991	13148	3%	2005	32521	7%
1992	13792	5%	2006	33660	4%
1993	17416	26%	2007	35467	5%
1994	—	—	2008	36295	2%
1995	20465	—	2009	38107	5%
1996	20660	1%	2010	40058	5%
1997	20791	1%	2011	43603	9%
1998	21380	3%	历年平均		6%

数据来源：根据历年《中国统计年鉴》及《中国城市统计年鉴》数据整理

图 4-4 历年中国城市建成区面积及增长

数据来源：根据历年《中国统计年鉴》及《中国城市统计年鉴》数据整理

4.5 地方政府财政

本节主要讨论在城市政府的资源和收入情况。报告首先分析地方财政的税收来源变化情况，探讨地方公共建设财政的收入来源演变，然后集中讨论地方政府为支持城市发展所采用的政策创新、非税收收入的发展。

4.5.1 地方财政情况

1978年改革开放以来，中国的地方财政收入显示出日益多元化的趋势。可划分为自有收入和外来收入；其中自有收入包括税收和非税收收入，外来收入包括举债收入、补助金收入和公债收入（见表4-2）。

表4-2 地方财政收入主要项目分类

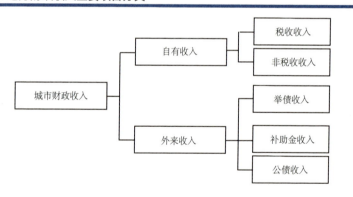

整体而言，城市层面的地方收入绝对值不断上升，收支基本平衡；财政收入占GDP的比重有所波动，但总趋势为上升。例如上海在1949至2000年的52年间，财政支出的绝对数量持续增加，财政支出占国民生产总值（GDP）的比重变化较大（见图4-6）。上海市的财政支出从1949至1983年，支出的绝对值都处于较低的水平；此期间财政支出占GDP的比例起伏较大，最高达到1958年的12.97%。1984年后上海财政支出的绝对值有一定的提高，1984到

1992年是相对平稳的增长期，1993年后有较大的增长率，一致保持到1997年。同时上海市级财政支出占上海市国民生产总值的比例从1993年开始，也有较大幅度的提高。收入绝对值和支出在GDP比重的提高反映了城市政府财权的扩张。

图4-5 上海财政收支（1978—2010年）

（单位：亿元）

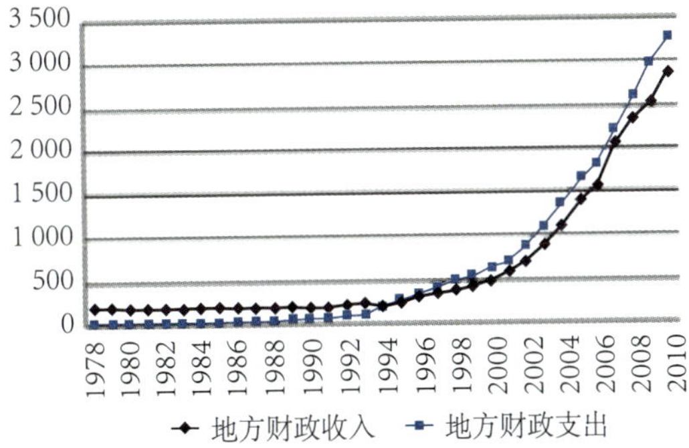

图4-6 上海市财政支出的增长及其占GDP的比重 （1949—2000年）

（单位：%）

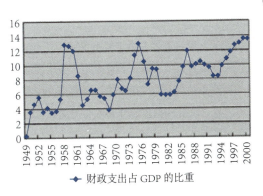

资料来源：上海市统计年鉴，2000年

在城市统计的地方财政收入来源中，上海的营业税所占比例最高，2010年为32.5%；企业所得税其次，为21%；增值税为第三大税种，占总财政收入的13.5%（见表4-3）。

表4-3 地方财政收入来源：以上海为例

（单位：亿元）

指标	2000	2009	2010
地方财政收入（亿元）	497.96	2540.30	2873.58
增值税	93.55	372.47	388.62
营业税	153.81	839.68	933.91
企业所得税	103.03	481.69	606.05
个人所得税	60.24	230.44	261.20
契税	14.37	162.01	173.58
市级财政收入	215.81	1257.06	1393.23
区县级财政收入	282.15	1283.24	1480.35
地方财政收入构成（%）	100	100	100
增值税	18.8	14.7	13.5
营业税	30.9	33.1	32.5
企业所得税	20.7	19.0	21.1
个人所得税	12.1	9.1	9.1
契税	2.9	6.4	6.0
市级财政收入	43.3	49.5	48.5
区县级财政收入	56.7	50.5	51.5

资料来源：上海统计年鉴2011年

改革开放30年来，财政制度偏重于城市发展。二元化的城乡管理制度加大了城乡居民收入差距，拉大了城乡教育差距，强化了城乡基础设施差距。在城市范围内的流动人口，因其户籍身份，在教育、住房和基础设施等方面均未能得到保障；地方政府的财政预算并未将流动人口的公共服务和社会福利纳入其中。

同时，中国不同地域间的差异同样存在（见图4-7），在全国的地方财政一般预算内总收入中（包括工商税收类、关税类、农牧业税和耕地占用税、企业所得税），67%集中在东部地区，中西部地区集中了18%和15%。在全国的地方财政一般预算内总支出中，中西部地区增加到了25%和23%，东部地区为52%，存在着中央调控和政府间转移支付。

图 4-7 地方财政一般预算收入和支出（2010 年）

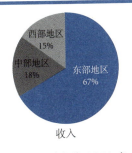
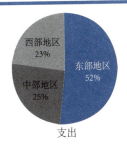

资料来源：中国统计年鉴 2011 年

城市公共支出需求的规模、范围、位置和增长趋势将影响国家公共财政政策，因为它们决定城市政府的收入要求。在 2011 年，中国城镇化率超过 50%，一半的中国人口生活在城市。城市财政的需求因流动人口并未能完全享受到城市公共服务和基础设施，而被低估。城市支出需要和收入要求对财政转移支付的设计以及城市信用规则有直接影响。由于中国城市间的差异，统一制定的省一级城市财政政策很难在实施中获得较好的效果。城市分散和城市间的经济差异使中国设计公平的转移支付制度比其他许多国家更为困难。

4.5.2 城市公共建设财政

根据中国城市政府的职能，城市政府的财政资金支出包括建设和管理各种公用设施，提供各种社会福利，以及行政管理费等，同时还包括用于支持市属企业进行技术改造、扩大再生产或新建其他市属企业的费用和投资。

城市公共建设财政是城市政府为办理城市公共建设事务，取得、运用与管理政府相关经费的经济行为。城市公共建设事务包含公共设施、公共环境等的建设、维护和改善，和城市居民的生活息息相关，也是投资者投资取向的决策要素。中国城市建设维护资金的收支情况体现了城市公共建设财政的收入来源与支出项目。

在改革开放前，中国城市发展与城市建设受到忽视并严重落后，这是一方面由于中国整体城市化水平低下，城市间缺乏流动，因此也几乎没有城市建设的需求；另一方面，由于中国实行中央计划经济，城市缺乏财政自主权，在财政方面收到中央的严格管制，缺乏必要的资金进行城市建设。改革开放后，中国政府开始重视城市基础设施建设，初步建立了城市基础设施建设资金的稳定来源。1978年，第三次中国城市工作会议在《关于加强城市建设工作的意见》中规定，在中国47个城市试行从上年工商利润中提取5%的城市维护费作为城市维护和建设资金，首次为城市基础设施建设开辟了稳定的资金来源渠道。1980年，国家建委在中国城市规划会议上提出"综合开发城市"的建设方针，要求无论是工业项目还是民用项目，都必须使房屋建设和市政公用设施建设配套进行建设，同时交付使用，配套建设资金由建设单位垫付。1985年，中国113个城市试行收取"市政公用设施配套费"和"城市公用设施增容费"。同年，国务院颁布《中华人民共和国城市维护建设暂行条例》，取消1979年开征的城市维护费，改征城市维护建设税。

从1980至2005年，中国城市维护建设总资金收入总金额不断上升（见图4-8）。1980到1991年增长缓慢，1992至1998年稳步增长，1998年后增幅较大。自2006年起，城市维护建设资金收入仅包含财政性资金，社会融资未纳入统计，因而图中显示的总金额有所下降。

中国城市维护建设资金收入总金额在增长的同时，存在一定地域差异（见图4-9）。以2006年城市维护建设资金收入为例，东部地区的城市维护建设资金占总金额的69%，超过2/3；中部地区城市维护建设资金仅占总金额的15%，西部地区城市维护建设资金占总金额的16%（地区划分与本章前相同）。城镇化发达的东部地区的城市维护建设资金收入金额远远高于城镇化落后的中西部地区。

图 4-8 城市维护建设资金收入总金额

(单位:万元)

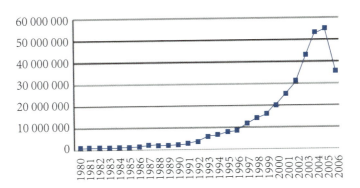

资料来源:中国城市建设统计年鉴(2006),中国建筑工业出版社

图 4-9 城市维护建设总收入区域分布(2006年)

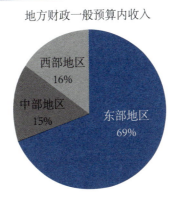

地方财政一般预算内收入

资料来源:中国城市建设统计年鉴(2006),中国建筑工业出版社

表4-4 1985—2006年城市财政收入总量及人均收入

城市名称	年份	合计（万元）	人口（万）	人均城市维护建设资金（元）
北京	1985	73534	510.4	144.07
	1990	241115	554.25	435.03
	1995	393484	593.65	662.82
	2000	1809789	690.86	2619.62
上海	1985	156915	776.37	202.11
	1990	233916	864.46	270.59
	1995	1369453	921.70	1485.79
	2000	2649883	986.16	2687.07
广州	1985	29931	257.0	116.46
	1990	86437	291.48	296.54
	1995	644877.6	316.72	2036.10
	2000	1689640.47	566.67	2981.70

资料来源：根据中国城市建设统计年报，中国城市统计年鉴，上海投资建设统计年鉴整理得

研究集聚了大部分城市维护建设资金的东部地区将有利于梳理中国城市政府资金来源对城镇化推进的情况。以北京、上海和广州三大主要城市的维护建设资金为例，其收入总金额和人均值都在成倍增加（见表4-4）。1990到1995年人均城市维护建设资金的增长速度最快，其中广州1995年的人均城市维护建设资金是其1990年人均城市维护建设资金的6.87倍；上海在1995年的人均城市维护建设资金为其1990年的5.49倍；北京增长较小，1995年人均城市维护建设资金为其1990年的1.52倍。1995年到2000年，人均城市维护建设资金额有进一步增加；其中北京增长最大，其2000年的人均城市维护建设资金为1995年人均城市维护建设资金的3.95倍；上海在此5年间增长了1.81倍；广州增长了1.46倍。人均城市维护建设资金的快速增长反映了中国城市在各类资金支持下，处于快速发展的建设时期。

表 4-5 1985,1990,1995,2000,2006 年北京财政收入来源[①]

(单位:万元)

年份	合计	城市维护建设资金收入							国家预算投资	地方机动财力	公共企业自有基金	市政建设配套费收入	市政建设有偿使用收入	水资源收入	其他收入
		小计	城市维护建设税	公共事业附加	工商所得税附加	房租收入	园林收入	环卫收入							
1985	73534	37843	21556	6953	810	3276	4217	1031	26896	—	—	—	—	1328	7467
1990	241115	65235 城市维护建设资金 小计	43512 城市维护建设税	21723 公共事业附加	45008 国家预算投资	中央财政专项拨款	45874 地方财政拨款	1474 水资源费	国内贷款	利用外资	3388 排水设施有偿使用费	34655 小计	经营性收入 20628 房租收入	12051 园林收入	1976 清洁卫生收入 / 65481 其他收入
1995	393484	128109 两项城市维护建设资金 小计	104153 城市维护建设税	23956 公共事业附加	148340 国家预算投资	中央财政专项拨款	32623 地方财政拨款	6749 水资源费	国内贷款	利用外资	15359 房租收入	40880 园林收入	10296 清洁卫生收入	11128 其他收入	—
2000	1809789	153500 两项城市维护建设资金 小计	147508 城市维护建设税	5992 公共事业附加	45987 国家预算投资	94752 地方财政拨款	27139	306445 国内贷款	53066 利用外资	190388 企事业单位自筹 / 过桥过路费	938512 其他收入	垃圾处理费	排水设施有偿使用费	—	—
2006	2541372	543225 两项城市维护建设资金 小计	451704 城市维护建设税	91521 公共事业附加	1402964 市财政拨款	127152 水资源费		其他收入	468031 市政公共设施有偿使用费	387226 过桥过路费	80805 污水处理费		土地出让转让金	资产置换收入	市级以下财政基金

资料来源:中国城市建设统计年鉴(1985,1990,1995,2000,2006),中国建筑工业出版社

[①] 其中"—"表示在其他城市具有,但在北京不具有本项资金来源。

表 4-5 展示了以北京为例的城市维护建设资金收入来源，具体分类和统计口径在不断调整变化。北京的城市维护建设资金收入在 1985 到 2006 年的三个变化时间段中，每一段都有较大调整。1985 年城市维护建设资金收入包含城市维护建设税、公用事业附加、工商所得税附加、房租收入、园林收入、环卫收入。1990 年城市维护建设资金收入仅包括城市维护建设税和公用事业附加；工商所得税附加不再纳入城市维护建设资金，房租收入、园林收入、环卫收入被列入经营性收入。同时 1990 年的城市维护建设资金来源增加了利用外资、国内贷款和中央财政专项拨款。尽管 1990 年通过外资和国内贷款获取资金的城市为数很少；但这两种方式的增加，反映出城市公共建设财政来源的扩大。国家预算投资在 1985 年和 1990 年均存在，北京市获得该项资金的金额较大。1985 到 1990 年的变化还包括 1985 年的地方机动财力、公用企业自有资金、市政建设配套费收入和市政设施有偿使用收入未纳入 1990 年的收入来源；城市维护建设资金的管理进一步规范。

1990 到 1995 年城市维护建设资金收入项目变化不大，排水设施有偿使用费和清洁卫生收入在来源中消失；从 1996 年开始，房租、园林和环卫收入不计入城市维护建设资金收入。2000 年的统计中，两项城市维护建设资金（城市维护建设税、公用事业附加）的项目不变，利用外资和国内贷款在城市数量和金额方面都有大规模的增长，中央财政专项拨款不再出现在城市维护建设资金收入中；企事业单位自筹资金出现为收入来源。2006 年的两项城市维护建设资金保持不变；国家预算投资不再作为三大城市的维护建设资金来源；市政公共设施配套费、市政公用设施有偿使用费、过桥过路费、污水处理费、垃圾处理费、排水设施有偿使用费单列出，作为城市维护建设资金来源。同时需要注意的是土地出让转让金、资产置换收入和市级以下财政资金列入收入来源，其中土地出让转让金的金额较高。

在变化的城市公共建设财政收入中，重要来源是两项城市维护建设资金，包括城市维护建设税和公用事业附加。城市维护建设税的征收依据是国务院（85）19 号文，国务院发布《中华人民共和国城市维护建设税暂行条例》和城市编制的城市维护建设税暂行办法等地方法规。征收范围是凡城市政府交纳产品税、增值税、营业税的单位和个人都是城建税纳税义务人；收费标准是以纳税人实际交纳的产品税、增值税、营业税税额为计税依据，按一定税率收取；资金使用范围是保证用于城市的公用事业和公共设施的维护建设。城市公用事业附加征收范围是凡是工业用电和民用照明以及公用企业、公用电话；凡在市区从事出租汽车经营业务的单位和个体户；收费标准是电力、电话、自来水等项目按其销售收入的各自比例征收；资金使用范围主要用于企业住地的道路、下水道、路灯等市政设施和卫生公益事业；出租汽车管理。两项城市维护建设资金是城市建设发展和维护的重要且稳定的资金来源。

从 1985 年到 2006 年，城市维护建设税和公共事业附加的绝对值均逐年增加（见图 4-10）。但随着城市建设规模的扩大，城市发展财源的扩展，全国的城市维护建设税和公共事业附加在城市维护建设资金总额中的比例在逐年下降（见图 4-11）。以 2000 年的北京、上海和广州为例，城市维护建设税和公用事业附加两项资金在总收入中的所占比例分别为 8.48%、13.10% 和 4.3%（见表 4-6）。其他类型资金在城市发展中发挥着越来越重要的作用。

表 4-6 2000 年城市维护建设资金收入结构

(单位：%)

城市	两项城市维护建设资金			国家预算投资	地方财政拨款	水资源费	国内贷款	利用外资	企事业单位自筹	其他收入
	小计	城市维护建设税	公用事业附加							
北京	8.48	8.15	0.33	2.54	5.24	1.50	16.93	2.93	10.52	51.86
上海	13.10	8.31	4.80	3.13	9.65	—	3.19	5.66	38.47	26.79
广州	4.30	2.77	1.53	0.05	7.61	0.03	43.28	11.31	1.84	31.59

资料来源：根据中国城市建设统计年报，中国城市统计年鉴，上海投资建设统计年鉴整理得

图 4-10 全国城市维护建设税（1985—2006 年）

（单位：万元）

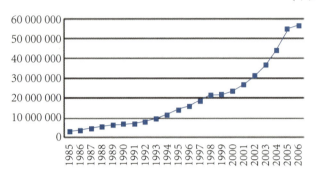

图 4-11 全国城市维护建设税占城市维护资金收入比重（1985—2006 年）

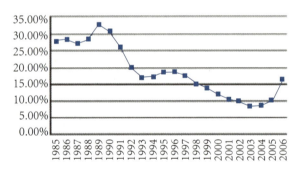

资料来源：中国城市建设统计年鉴（2006），中国建筑工业出版社

横向比较中国三个主要城市：北京、上海和广州在 2000 年的城市维护建设资金结构（表 4-6），各城市的主要资金来源差异较大。北京城市维护建设资金收入中，所占比例最大的是其他收入（51.86%），即专项收费、国债、掘占费等；上海的各收入来源金额比例较为均衡，贡献最大的是企事业单位自筹的资金（38.47%）；广州的收入来源中国内贷款（43.28%）所占比例最高，其次为其他收入（31.59%）。三个主要城市的城市维护建设资金来源结构的不同，反映出在中国城市发展中资金的多样性，地方政府的自主性增强。

表4-7 全国各分区土地出让金金额和比例（2006年）

地区名称	土地出让转让金（万元）	土地出让转让金占城市维护与建设资金的比例（%）
东部地区	5629968	22.97
中部地区	1730312	31.93
西部地区	1458853	26.66

资料来源：中国城市建设统计年鉴（2006），中国建筑工业出版社

图4-12 全国城市维护建设资金中的地方财政拨款绝对值（1985—2006年）

（单位：万元）

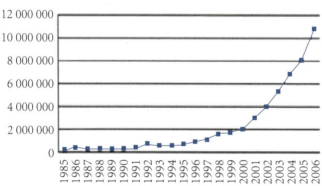

资料来源：中国城市建设统计年鉴（2006），中国建筑工业出版社

同时，城市维护建设资金中的地方财政拨款从1985—2006年在上升；特别以2000年以后上升幅度较大（见图4-12）。在城市维护和建设中，地方财政拨款所占的比例基本保持在10%左右，仅2006年因统计口径的变化而上升到30%，说明地方财政拨款在城市发展中的支持相对稳定（见图4-13）。

总体而言，以城市维护建设资金收支为核心的城市公共建设财政在1985到2006年之间在具体资金来源及其金额结构方面变化较多。为城市发展设立的两项城市维护建设资金（城市维护建设税和公共事业附加）绝对金额上升，

图 4-13 城市维护建设资金中的地方财政拨款比重（1985—2006 年）

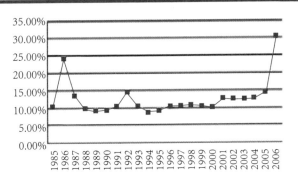

资料来源：中国城市建设统计年鉴（2006），中国建筑工业出版社

而在总金额中的比例逐年下降。城市之间的财政来源比例有所不同。在权力下放后，城市政府的主动权增加，资金来源扩张，非税收资金的比例增大，快速发展中的变化也较大，为城镇化的快速推进提供了资金支持。

4.5.3 城市的非税收财政收入

中国城市政府的非税收收入中，土地出让转让金和国内银行贷款为两种主要类型，在城市开发中形成了滚动的资金链条。

土地出让是市、县人民政府依据《中华人民共和国土地管理法》、《中华人民共和国城市房地产管理法》等法律法规和国家有关政策规定，以土地所有者身份出让国有土地使用权所取得的收入。

1990 年代以来，中国城市逐渐将城镇土地作为生产资料，通过使用权的出让和转让，收取一次性的土地出让转让金，作为城市的重要非税收财政收入，被称之为"土地财政"。其本质上是城市政府财政依赖土地有偿使用收益，致力于土地使用权的获取和出让，获取其土地从一级市场进入二级市场的差价。土地财政为地方政府提供了城市建设的资金，快速改善了城市的基础设施、道路网络和城市面貌。但土地财政一方面造成了城市扩张，城市现状建成区外围的农村集体土地不断转变为城市建设用地进入土地流通市场；一方面在城市现状建成区内部，造成了因居民搬迁安置和补偿的社会矛盾。

1990年代初期，地方政府可以通过抵押土地的方式，获得一次性基础设施投资所需的资金；可以成立土地储备机构，以法人身份把国有土地使用权抵押或质押贷款；也可以提出财政担保，使得地方政府通过银行系统间接举债。这些方式帮助地方政府开始了城市基础设施大建设。土地发挥了类似通货的作用，地方政府放出土地获得贷款。这种方式在1994年中央政府收缩银根后，出现了资金链断裂，造成了未能修建完成的楼宇或未能及时开发的土地。1997年亚洲金融风暴后，中央政府执行了扩张性财政政策，举债建设高速公路等基础设施或转借地方政府用于城市建设。随着1998年住房分配货币化，住房市场的需求得到释放，城市土地成为房地产开发商竞相争夺的对象，使得1999至2004年全国土地有偿使用收入占地方财政收入总额的比重不断增加。中国全国土地出让总收入由2000年的595.58亿元迅速攀升到2004年的6 412.18亿元，增长了近十倍，年均增长速度高达81.14%，2004年城市土地有偿使用金占地方财政收入总额的比重达到55.23%。由此可见，在地方政府以土地所有者开始批租土地，土地出让收入成为推进城市建设和发展的重要资金来源。

随着土地有偿使用金的金额增大，地方政府对土地收益更加依赖。以厦门市为例，厦门市政府预算收入中的80%依赖于工商企业税收（与中央分成的增值税、企业所得税及归属地方的营业税），2002—2004年这个经常性的预算收入在65亿~75亿元/年之间。恰(仅)足以支付经常性的公共服务（法律、治安、教育、消防）和经常性的建设支出（城市维护费、排污费）。同一时期用于重大建设的投资16亿~28亿元/年成为厦门市政府的预算缺口。2004年厦门市政府预算赤字最严重，达到33.36亿元。2002—2004年厦门市的土地批租出让收入约为40亿~44亿元/年，不但弥补了预算缺口，还使地方政府获得财政盈余。

2007年之前，土地出让收入先纳入预算外专户管理，再扣除征地补偿和拆迁费用以及土地开发支出等成本性支出后的余额缴入地方国库，纳入地方政府性基金预算管理。从 2007 年开始，国家对土地出让收入管理制度进行了改革，将全部土地出让收入缴入地方国库，纳入地方政府性基金预算管理，与公共财政预算分开核算，专款专用。

2010 年厦门土地出让收入预算安排达到 137.13 亿元[①]。

需要注意的是，中国各地因城市发展情况的不同，城市空间结构、人口分布和产业布局的不同，其城镇土地出让收入区域差异较大（见表 4-7，图 4-14）。根据 2006 年的统计，东部地区 9 个省份的土地出让转让金达 563 亿，占全国土地出让转让金总金额的 63.8%；中部地区为 173 亿；西部约为 146 亿，中西部 22 个省份的土地出让转让金占全国总金额的 36.2%。随着中西部开发的加快，东西部的土地出让规模有较大的变化，但土地出让收入集中在东部地区的格局基本没有改变。2011 年，东部地区土地出让收入总量仍达到 19 642.77 亿元，占全国土地出让收入的 58.7%，中西部地区的土地出让收入占到了 41.3%。这些土地出让转让金在其各自地区的城市维护与建设资金总额中的比重略有不同。东部地区的资金来源多，因此虽然土地带来的建设资金绝对值大，在城市维护与建设资金的总金额中仅占 23%；中部地区发展较快，城市土地带来的建设资金比重达到 32%；西部发展略慢，该比重约为 27%。

图 4-14 城市维护建设资金中的土地出让转让金（2006 年）

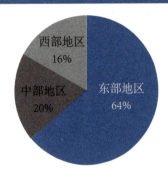

资料来源：中国城市建设统计年鉴（2006），中国建筑工业出版社

---

① 数据来源：《关于厦门市 2009 年预算执行情况和 2010 年预算草案报告》。

图 4-15 城市维护建设资金中国内贷款金额（1986—2005 年）

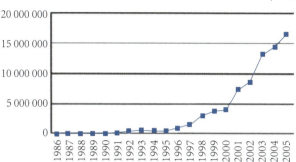

资料来源：中国城市建设统计年鉴（2006），中国建筑工业出版社

图 4-16 城市维护建设资金中国内贷款比例（1986—2005 年）

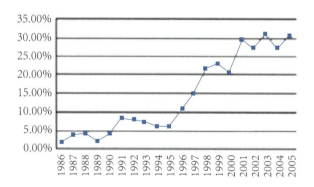

资料来源：中国城市建设统计年鉴（2006），中国建筑工业出版社

土地财政为政府提供了城市建设的一次性收入，但未能形成可持续的长期现金流。在各种土地批租中，住宅类型用地的土地出让转让金成为地方政府进行城市发展建设的主要资金来源，高额的土地租金造成了中国房地产价格的快速上扬。而地方政府同时以低额租金、甚至零租金提供土地给工厂和企业，希望依托企业发展所带来的工商企业税形成持续长久的财政收入来源。

但存在企业占用大量土地,但生产效率低的问题,也存在企业的土地租赁期限超过企业生存时间,造成土地荒废等问题。

随着耕地严格控制和《物权法》的颁布,城市建成区外围土地扩展和内部改造均使土地财政难以为继。物业税(property tax)被提上日程,希望帮助城市政府获得持续财政收入。2011年初中国开始在上海和重庆开始物业税试点。根据《上海市开展对部分个人住房征收房产税试点的暂行办法》,政府将对上海市居民家庭新购第二套及以上住房和非上海居民家庭新购住房征收房产税,税率根据房价为0.4%~0.6%;多套住房合并计算,总量在人均不超过60m^2,其新购住房只征收超出部分。目前物业税尚未能有力支持城市财政,解决土地财政的困境。

同时,在中国城镇化进程中,城市政府建设也依赖于国内贷款。从1986年到2005年,城市维护与建设资金中的国内贷款不断增加(见图4-15,图4-16)。1986到1995年增加缓慢,金额数量较小,保持在50亿元人民币以下;1996年开始增幅较大;2000年以后进一步快速增加,至2005年总金额达到了1670亿。国内贷款在城市维护建设资金总额中的比例变化较大,但基本趋势为不断上升;2001年开始至今该比重基本保持在30%左右。

4.5.4 城市经营

城市经营是1990年代以后,一些中国城市随城区和基础设施建设扩张而兴起的一系列做法的总称,其目的在于运用市场手段,综合运用土地资源、地域空间及其他经济要素,提高城市的运营收入,以满足进一步扩大城市建设的资金需求。

从1980年代开始,城市政府开始采取种种手段拓展可支配的财政收入,如收取进城费或出售城市户口指标,向流动人口收取城市建设费、城市教育附加费、城市卫生费、城市治安费等等,但很显然,该类收入的总量是有限的。随着土地使用制度和投融资制度的改革的推进,兴办各种开发区、招商引资、土地开发、房地产开发以及扩大基础设施项目融资等手段,使城市政府的可支配收入得到了持续的提高。城市经营主要包括以下三个方面：

1. 城市土地资源的经营

改革开放以来，城市土地使用权逐渐被纳入到市场流通环节中，由此使土地使用权的出让成为城市经营的最重要方式。根据中国法律规定，城市政府垄断了土地一级市场（即由政府来担当土地使用权的出让方），城市政府通过以较低廉的价格征用农村土地（农村土地属于集体所有，只有经过政府的征用才能转变为国有土地，而国有土地是进行土地使用权出让的前提条件），或者通过将中心区的居民动迁至城市边缘地带来征收城市中心区土地，然后通过土地使用权出让而获得较高的土地溢价收益。

2. 城市基础设施建设的经营

在这方面，许多城市政府做法是把城市基础设施的使用和建设推向市场，通过对城市基础设施的所有权与经营权实行有效剥离，采取拍卖、租赁、抵押以及特许权经营、BOT等方法，促使城市资产重新配置和优化组合。

3. 城市无形资源的经营

城市无形资源是附属于自然生成资产与人力作用资产之上的相关延伸资产。城市无形资源包括：特许经营权，例如公共汽车运营权、临时停车泊位经营权、洗车亭建设经营权以及冷饮摊点、书报亭、自动售货机、看车亭、售票亭等零售服务设施的经营权等；冠名权，例如道路、桥梁等基础设施冠名权、城市雕塑冠名权、城市公园冠名权等；户外广告发布权等。政府部门可以通过转让、拍卖、租赁等形式吸引民间资本，即可实现无形资源的有形化、市场化运作，为城市建设筹措资金。

城市政府通过针对城市进行规划、建设、管理，通过营造城市的最佳投资环境和最适宜的居住环境，可以创造城市的品牌，提高知名度和综合竞争力，吸引要素积聚，优化城市资源配置，加快城市基础设施建设，带动城市经济社会全面发展。

窗口4-2　城市经营案例一

胶州市（青岛市下辖的县级市）2001年投入8 000万元修建城南新城区的道路等基础设施，带动周边3.2km^{2}的土地升值，以此融通资金5亿元，投入新城区建设，形成了滚动效应。二是一次性成片出让生地，让开发商建设熟地或进行项目开发，然后对外招商进行经营。比如青岛瑞源工程有限公司垫资3 000万元参与出口加工区土地回填，政府以回填地抵偿工程款，企业再参与土地开发，形成了政府——企业共同受益的城市经营新模式。三是注意经营好非建设用地。2001年12月15日至16日，青岛市政府在青岛国际会展中心举办了"2001青岛市山、海开发暨高效农业项目推介会"，将部分荒地、荒山、荒坡、荒滩和海域开发经营权向社会推介，共推出群山资源项目、海洋资源项目、畜牧业项目和种植业项目4大板块近600个项目，吸引了国内外企业和个人投资近15亿元，不但有效开发了"四荒"资源和非建设用地，而且增加了就业，促进了农林牧渔业的产业化和现代化发展。

窗口4-3　城市经营案例二

1992年，山东省青岛市就公开出售市委市政府办公大楼，将办公地址东移，通过对土地实行统一规划、管理和出让，至今已累计筹集建设资金130多亿元。在几乎没有政府投入的情况下，使青岛高新技术开发区和东部新城区迅速崛起，这是青岛最早的城市经营活动。青岛市在土地经营方面的主要做法是建立完善的土地储备制度。先是对规划用地先行投资，完善基础设施，优化开发环境，将生地养熟，再以拍卖模式出让地块使用权，收益归政府财政。这一运作模式在实践中已取得明显效果，显示出强大的生命力。

窗口4-4　城市经营案例三

2000年初，辽宁省的土地市场初步构建起较为成型的基本框架。全省14个市、60%的县建立了土地交易市场，有48个市、县建立了土地储备制度，有40个市、县实行了土地招标拍卖挂牌交易，78%的建设用地实现了有偿出让，其中通过招标挂牌出让的国有土地迅速增长，土地评估、登记代理、咨询等中介机构迅速发展，逐步与市场运行机制相匹配。"八五"期间辽宁省土地转让中，有偿转让占总量的22%，土地出让金额49.6亿元；"九五"期间辽宁省土地转让中，有偿转让占总量的25%，土地出让金额85.9亿元；2002年辽宁省土地转让中，有偿转让占总量的78%，土地出让金额104.7亿元。而且，在土地转让过程中，经营性土地使用权拍卖比例，由"九五"期间的不足出让总量的5%，达到39%，拍卖的价款比例也由15%上升到57%。

4.6 城市人力资源管理

在经济高速发展的背景下，人力资源已经成为城市发展的核心因素，城市之间竞争最终就是人力资源竞争，谁拥有了人力资源方面的优势，谁就拥有了竞争优势。中国的各个城市，无论大小，都把人才资源作为重要的战略目标，通过一系列行之有效的政策，在积极培养本地人力资源的同时，大力引进外来人才，以面对日益激烈的发展环境。

4.6.1 城市化进程中人力资源的流动状况

1. 城市化进程中人力资源流动状况

中国改革开放以来的城市化进程是在工业化基础上推行的，而这种工业化的有效进行，除了城市原先拥有的各种产业工人外，还大量赖于从农村到城市源源不断输入的劳动力。在中国城市化的进程中，城市所吸纳的外来人口主要有两个来源：一是由于城市开放所吸引的大量外来就业人口，二是由于城市功能的多元化、城市生活的便利性所吸引来的大量小城镇及农村的人口。

由于中国重大的人口基数，再加上原先城乡发展的不平衡性，中国的人力资源流动迁移和城镇化发展存在着一种与众不同的特点，呈现出人口流动非常活跃，但全国范围内的分布状况极不均衡的状态。总体而言，中国城市化进程中的人力资源流动存在以下几种类型：

(1) 城乡之间的劳动力流动

在改革开放初期，城市化进程中的人力资源流动着重表现为大量农民劳动力进城务工。由于一些东南沿海城市在特定政策的引导下最早实行对外开放并进行工业化,吸引了大量西部地区以及中部地区的农村流动人口前来就业,使得城市规模得以迅速扩张。因此,从农村进入城市的剩余劳动力就成为中国城市化进程最早先也是最重要的推动力。

(2) 城市之间的人力资源流动

由于中国城市发展呈现出地域不平衡性,发达地区的大城市、重点城市凭借良好的区位条件、资源禀赋、历史因素、经济基础、产业结构等优势,在城市间的竞争中往往占据主导,而且随着原有的城市规模继续扩大,呈现出大城市向特大城市发展,中等城市向大城市发展,小城市向中等城市发展的趋势,城市经济集中度进一步提高,资源要素向大城市进一步汇集,人才、劳动力等人力资源要素加速流向条件优越的大城市、特大城市和新兴城市。

(3) 城市内部的人力资源流动

近年来,城市内部的人力资源的流动性也越来越显著和激烈。随着许多城市在经济产业方面的升级换代,人力资源中产业工人所占的比例逐渐缩小,知识型人才的社会需求量越来越大,并且越来越向传统优势部门集中流动。

由于国有企事业单位在人事制度、工资待遇、企业福利、社会地位等方面占有优势,并且在户口、档案、职称、社会保障等方面要比民营企业民企拥有更多的优势,从而导致近年来城市中的高级人才更加倾向流动到国营企业、高等院校和科研院所等单位。

(4) 国际人力资源的流入

随着中国对外开放的程度不断提高,日益增多的外资企业进驻中国市场,越来越多的外国专家、外国经济技术人员伴随着外资项目进入中国。同时随着中国城市环境的提升以及旅游市场的深度开发,越来越多的国外公民倾向于工作、居住、生活在中国城市,相应逐步成为了一些城市发展的重要人力资源。

2.城市劳动力资源发展状况

自1970年代以来,中国劳动力的适龄人口数量一直处于上升期,为中国经济发展提供了大量相对便宜的劳动力。在过去很长一段时间,中国劳动力资源充足,一直享有作为世界第一人口大国所带来的"人口红利",形成了主要依赖廉价劳动力资源的经济增长模式。

据中国人力资源市场信息监测中心统计，从行业需求看，81.1%的劳动力用人需求集中在制造业、批发和零售业、住宿和餐饮业、居民服务和其他服务业、租赁和商务服务业、建筑业。

从各年度情况看，2001—2010年间，制造业劳动力需求旺盛，呈现不断上升的态势，制造业用人需求所占比重上升了15%；批发零售和住宿餐饮业、社会服务业的劳动力需求比重波动中趋于下降，平均下降幅度在3%以内；建筑业的劳动力需求比重基本稳定。

随着中国城市经济的深入发展，由城市化所吸纳的农村劳动力也在发生着深刻的变化，同时也带来了一些新的问题与挑战，这主要表现为：

（1）由于东部城市的制造业发展趋于饱和，并且工资水平长期偏低，对农民工进城的吸引力逐渐减弱，农村劳动力更多趋向于流向建筑业、仓储与交通运输等服务性行业之中。同时，东、中、西部各级农民工之间收入差距在缩小，而东部地区的高额生活成本促使他们倾向就近、就地进行就业，因此，西部、中部地区的就业形势逐渐提高。

（2）劳动力成本在逐年快速上升，这既与依法提高最低工资有关，也与物价上涨、消费水平提高和通货膨胀有关，也与劳动力市场的竞争机制有关。在劳动力供求关系发生变化的情况下，劳动力成本的提高已成为一个不可逆转的趋势。

（3）劳动力资源的供需关系存在一种是"结构性"失衡的状况（即人找事、事找人，两者并存），一方面劳动者的技术水平达不到岗位的要求，另一方面，急需人力的岗位上又找不到合适的人，从而导致结构性的失业。

（4）新生代农民工成为流动迁移主体，"80后"的农民工逐渐占据主导，2010年，"80后"流动农民工占整个农民工群体的45.6%。这也相应意味着人口流动迁移由生存型向发展型转变，多数"80后"流动农民工并不愿意如同父辈一样四处奔波，一定程度上导致了近年来"民工荒"的出现。

（5）在城镇社会保障制度逐渐与农村社会保障制度接轨的过程中，在土地价值越来越趋于上升的大背景下，目前的农村富余劳动力已经不太倾向彻底进入城市，转变为非农户口。

另外，随着中国西部大开发战略、新农村建设以及沿海地区向中、西部地区的产业转移和中、西部的产业承接，中、西部地区经济发展水平进一步提高，这使得中、西部地区的工业化水平逐步提高，中、西部制造业的劳动力需求也进一步提高。因此在未来的一段时期中，虽然农村劳动力仍然需要向第二、第三产业转移，但东部地区却要和中西部地区竞争劳动力资源。与跨地区转移相比，在相同条件下，劳动力就地转移对劳动者而言更具有吸引力。

由于近年来中国产业结构的不断升级调整，城市化进程的质量不仅将取决于劳动力供给的数量，而且更加取决于劳动力供给的质量。这对于中国的教育系统提出了更多的压力，在普及义务教育之后，中国需要发展义务教育阶段后期的教育，尤其是高中和职业教育，以有助于提高中国劳动力的整体素质。

3. 城市人才资源发展状况

中国人口众多，但是原先城市的人才基础较为薄弱。随着城市化水平的不断提高，城市的人才资源也得到了快速发展。到"九五"期末，中国各类人才达到 6 360 万，其中党政人才 585.7 万，占 9.2%；企业经营管理人才 780.1 万，占 12.3%；专业技术人才 4 100 万，占 64.5%；其他人才 894.2 万，占 14.1%。与 1978 年相比，专业技术人员队伍大专以上文化程度的人员由 18% 上升到 50%，45 岁以下人才的比重由 68% 上升到 77%[①]。尽管如此，中国的城市发展仍然不得不面对着大量人才紧缺的局面，其中主要包括：

(1) 高级人才持续紧缺

随着国家实力的提升和教育水平的提升，尽管中国城市人力资源的总体在不断增长，但高层次人才仍然十分短缺。中国具有本科及以上学历的专业技术人员仅占全部专业技术人员的 17.5%，高端技术专家和复合型人才更加急缺。另外，高级技工人才总量严重不足。目前，中国技术工人文化程度低的多，高的少；技术等级低的多，高的少；高等级技术工人年龄大的多，年轻的少。

---

① 资料来源：《2002—2005 年全国人才队伍建设规划纲要》。

(2) 复合型人才供不应求

所谓复合型人才,就是指掌握两个专业以上的知识、技能、技术等的人才,比如技术与管理复合、双专业复合,以及技术、外语、法律等与计算机复合的人才等。目前,中国复合型人才严重短缺。许多高新技术领域,如信息产业、微电子、生物技术等,人才结构性矛盾突出,普通劳动力过剩,管理人才、技术带头人以及高层次、复合型人才严重短缺。同样,中国各大城市复合型人才供求情况也是形势严峻,北京市人事局的有关信息表明,2002年底,"高层次复合型"人才是北京普遍短缺的三种人才之一,而"跨领域、跨行业、跨学科的复合型人才"则被列入到北京非常缺乏的四种人才名单之列。

(3) 专业结构矛盾突出

目前,中国城市尚未形成以需要为导向的人才开发的市场应变机制,人才结构特别是人才的知识能力结构滞后于社会的需要,人才的优化再塑机制薄弱,缺乏人才自主优化和可持续发展的制度保障,致使人才供需结构性矛盾突出。

许多城市的人才市场普遍存在着供大于求的现象,一些专业(如计算机、财会、文秘等)市场供给远大于需求。以2003年第四季度为例,计算机专业招聘人数为25万,而求职人数却高达62.5万,这就意味着由一半以上的人将面临暂时性的闲置状态,人才资源利用率很低,浪费严重。另一方面,伴随着经济的发展,一些新型行业、组织形式开始涌现,相应的就要求与之相配套的专业人才,而往往这些专业面临着人才供给无法满足人才需求的局面。

(4) 高学历人才无法满足经济发展的需求

整体上看,中国人才市场高级职称的拥有者数量偏低,低学历的和初级职称的比例过大,高学历的和高级职称的比例少,从而无法适应经济快速发展所带来的对高层次人才的需求。上海是中国的金融中心,经济发展水平代表了中国的最高水平,但是上海的从业人员的文化素质仍然偏低。2000年,上海商业人员以具有初中及以下文化程度为主,比例高达58%。

(5) 人才流动制度不完善

由于中国产业结构调整的幅度和速度不断加大,区域经济不断呈现跨越式发展态势,在人才市场上具体反映为,不同时间、不同专业、不同层次、不同类型的人才供求状况不断发生变化,甚至会出现某种人才"突发性"供大于求或供不应求的现象。

(6) 地区分布不平衡

由于中国经济发展不均衡,地区与地区之间在职工工资、就业机会、工作环境等方面都存在一定的差距,市场机制所推动的人才流动就呈现出向东部沿海开放地区流动的态势,造成人才地区性的结构矛盾。

尽管随着中国社会发展与公共服务整体水平的提高,中小城市将会成为农民城市化和部分大学毕业生就业的新去向。但是,发达的大城市与欠发达的中小城市之间的差距也将更加明显,从而导致在接下来的一轮城市化进程中,人力资源由中小城市向大城市进行汇集的流动更加占据主导。这也给中、小城市的人才战略带来了更大的压力,如何广揽人才、留住人才、培养人才,是中小城市增强城市的可持续发展能力的根本任务。

总体而言,目前中国城市的人才培养机制相对薄弱,人才市场建设还不完善,人才流动中的城乡、区域、部门、行业、身份、所有制等限制依然存在,尤其是有些专业人才、复合型高级人才出现供不应求的状况,人才的专业分布、地区分布存在着结构性的不平衡。

窗口4-5 新沂市人才引进的困境

苏北地区县级区域经济欠发达,由于本身人才匮乏,经济实力不强,发展环境与经济发达地区差异大,不但难以引进人才,而且现有人才流失严重,从而影响了本地区的综合发展,造成了恶性循环。因此,如何改变这种被动局面,促进苏北地区县域经济健康、持续、高速发展,提高自身综合实力,成了一个急需解决的难题。

而地处东陇海铁路与新长铁路交叉口的新沂市,虽然交通便利,区位条件优越,但由于历史原因经济不发达,近些年来在人才引进的问题上虽然也下了很大工夫,但收效甚微。一、人才现状分析截至2007年末新沂市共有人口99.12万,全市各类人才共有25 049人,人才占有率为2.53%,远低与同期中国平均水平的3.7%。其中人才大部分集中于教学、卫生、政工等非经济领域，大约占人才总量的61%，而工程、农业、会计、经济类专业技术人才仅占39%左右，科研人员更是匮乏。因此造成了事业单位人才过于集中，而企业和农村人才严重不足的局面。近些年，市人事局协同各企业每年都几次外出招揽各种人才，但效果不佳，有时虽然也招了不少人，但留下来的并不多，仅以2003年为例，市人事局在西安高校一次就招了69人，但3年过去后仅留下3人。与此同时，新沂籍大中专学生每年毕业的大约有1200余人，但回来的不过百余人，且大多属于已经饱和或接近饱和的专业，一些急需的专业人才回归的寥寥无几。更为严重的是，人才队伍难稳定。人才外流现象日趋严重，一些具有高级职称或本科以上学历的人才，通过正常调动、辞职、自动离职等方式到外地谋职，这种现象还呈上升趋势。

4.6.2 城市政府的人力资源政策

在当前的发展形势下，中国因城市化进程而导致的人口迁移与流动还将保持较大的规模，但是城乡之间的社会流动大量增加，所谓的城市人力资源的分布情况、专业结构、人才素质将发生更加复杂的变化，对国家战略规划、地方政府管理将提出越来越艰难的挑战。

1. 城市政府在发展人力资源方面的作用

随着知识经济时代的到来，人才短缺已经成为一种普遍性现象。在人才严重短缺的情况下，发达地区的城市可以凭借自己的经济优势和科研优势，采取重金收买、高薪聘用、就地利用、制定优惠政策等一系列手段，从其他城市和地区争夺人才，而欠发达地区的城市则成为发达地区人才争夺的目标。在发达地区城市享受人才流入收益时，欠发达地区城市面临的则是人才大量流失以及巨大的经济损失。空前激烈的人力资源竞争，对城市政府构成了严峻的挑战。

为了适应新形势下经济和社会发展的需要，中国许多城市政府提出要构建人才资源的创新机制,其目的在于调整和优化人才队伍结构,促进人才在产业、地区、城乡间的分布趋于合理,改善人才的专业、年龄结构和高、中、初级专业技术人才的比例,使人才结构与经济结构基本适应,促进人才队伍的整体素质明显提高。

相对于高速发展的社会经济和快速推进的城市化进程,中国城市在人才战略方面起步较晚,人才政策调节的对象比较集中在公务员管理领域,为企业经营管理者和专业技术人才开发的政策较少;同时,现行的人才政策的国际化水准不高,国际通用性不够,国际影响力不强,因而所吸引的国际人才和智力资源较少。

由于中国人才政策尚处于探索阶段,再加上人才工作的复杂性,这需要城市政府不仅从政策层面上对人才培养、吸引和使用等方面的政策进行梳理和创新,而且也要在人才开发管理方面从直接管理转向间接管理,从微观管理转向宏观管理,从事务管理转向政策法规管理,以适应发展市场经济的需要。

一般而言,城市政府在培育人力资源方面的工作主要在于以下几方面:

(1) 制定人力资源市场发展规划和人力资源流动政策,促进建立统一规范的人力资源市场,促进人力资源合理流动、有效配置;负责境外人员在城市就业的管理工作;负责城市人才引进的管理工作。

(2) 负责促进就业工作,制定统筹城乡的就业发展规划和政策,完善公共就业服务体系,制定就业援助制度,促进创业带动就业;完善职业资格制度,统筹建立面向城乡劳动者的职业培训制度;配合制定高校毕业生就业政策;会同有关部门负责人才服务全国的有关工作;会同有关部门拟订高技能人才、农村实用人才培养和激励政策。

(3) 指导事业单位人事制度改革,制定事业单位人员和机关工勤人员管理政策;参与人才管理工作,制定专业技术人员管理和继续教育政策,牵头推进深化专业技术人员评价和职称制度改革工作,负责高层次专业技术人才选拔和培养工作。

(4) 负责国(境)外智力、国(境)外专家、留学人员来华(回国)工作或定居的管理,制定吸引国(境)外智力的有关政策,负责非教育系统出国（境）留学人员的派出和回国安置的协调工作，负责出国（境）培训团组成人员的审核、管理工作。

2.城市政府在人力资源方面的政策变革

目前中国各类城市都十分重视人才资源的发展工作，因而在人才资源竞争中都表现出较强的组织性和计划性，这也相应要求城市政府充分发挥自身具有的规划、组织、协调功能，密切与企业合作，制定人才规划，出台相应的人才引进政策，组织协调用人单位，有计划、有组织地引进人才。因此，除了常规性的人才资源管理工作以外，城市政府还需要通过其他方式来积极推进有关吸引人才的各种措施：

（1）逐步建立统一、连续、标准的社会保障体系

在计划经济体制下，就业福利保障基本上由单位进行承担，这相应造成社会各种利益主体的保障待遇不公正，使得社会的部分人员无法正常流动，影响人才市场的形成和发育。所以在新的市场经济环境中，城市政府需要制定必要措施，把不同所有制的企业都纳入到政府统一的社会保障体系之中，逐步将人才的社保承办者由单位转向社会，真正满足各类人才的保障需求，切实保障人才的切身利益，使人才流动不受社会保障的影响。

（2）优化人才收入分配制度

计划经济时期的分配制度是在一种均等化的基础上建立的，这样一种分配机制严重制约了人才的引进和使用。只有当人才的劳动获得了一种价值报偿后，当他们的贡献、业绩与收入相联系后，人才的价值才能获得合理的肯定，因此分配差距的适当拉开是吸引人才的有效手段。

因此许多城市政府通过改革相应的工资制度，使各类人才的工资与各地经济发展状况、物价水平保持动态增长，并适当拉开工资差距，对于柔性引进的专业紧缺人才，则实行年薪制等特殊工资政策，逐步实现福利项目和待遇的规范化、制度化。

（3）深化完善人才流动制度

人才流动是有效解决人才供求矛盾、优化人才结构、整合人才质量、促

进人才使用社会化的根本途径。为了消除人才市场发展的体制性障碍，就需要城市政府使现有各类人才和劳动力市场实现联网贯通，加快建设统一的人才市场，进一步消除人才流动中的城乡、区域、部门、行业、身份、所有制等限制，疏通公有制与非公有制组织之间、不同地区之间的人才流动渠道[①]。

(4) 改善人才市场的软硬环境

强化人才市场和培育健全的人才市场是人才得以自由流动的基础，人才市场的培育及其环境的优化可以有效地促进人才合理流动。因此，城市政府需要不断深化组织人事劳动管理体制改革，改变部门分割、地区分界、相互封闭的格局，克服人才流动的体制障碍，打破按人员身份划分市场的弊端，建立统一开放、竞争有序的人才市场体系，形成管理部门统一、管理体制统一、市场体系统一、政策法规统一的人才市场体系。

此外，城市政府人事部门还需要应积极主动参与其他要素市场，特别是招商引资市场、科技、项目市场、名特新产品市场，因为这些市场往往是领导、企业家和各类人才比较集中的地方。人事部门可进入后，应随时掌握科技、项目、资金流动情况，分析它们对人才流动可能产生的影响，必要时可以附设人才市场，及时进行跟踪服务。

窗口 4-6　天津出台吸引人才十大优惠政策

天津市在中长期人才发展规划（2010—2020 年）中制定出台了十大人才政策措施，将人才发展纳入城市国民经济和社会发展总体规划，对于优秀人才给政策、给资金、给待遇，实现一流人才享受一流待遇、一流贡献得到一流报酬。

政策一：建立发展基金鼓励人才投入

优先保证对人才发展的投入，确保教育、科技支出增长幅度高于财政经常性收入增长幅度，卫生投入增长幅度高于财政经常性支出增长幅度。各区县、行业和重点领域都要建立人才发展基金或专项资金，直接用于人才开发，并纳入财政（或财务）预算，建立人才投入逐年增长机制。鼓励和支持企业、

---

① 引自《中共中央、国务院关于进一步加强人才工作的决定》。

社会组织建立人才发展基金。通过税收、贴息等优惠政策，鼓励和引导社会、用人单位、个人投资人才资源开发。

政策二：产学研合作培养创新人才

整合利用高等学校、科研院所和大企业集团的优势资源，以国家级和省部级重点学科、重点实验室、工程技术研究中心、企业技术中心等为依托，加快建设一批科研成果产业化示范基地和创新型人才培养基地。实行"人才＋项目"的培养模式，依托重大人才计划以及重大科研、工程、产业攻关、国际科技合作等项目，在实践中集聚和培养创新人才。

政策三：住房税收等优惠吸引"海归"

大力引进海外高层次人才，完善出入境和长期居留、税收、保险、住房、子女入学、配偶安置，担任领导职务、承担重大科技项目、参与国家标准制定、参加院士评选和政府奖励等方面的特殊政策措施，营造有利于海外高层次人才创新创业的发展环境。实行海外高层次人才特聘专家制度。

政策四：事业单位管理人员全面推行职员制度

建立符合企事业科技人员和管理人员不同特点的职业发展途径，鼓励和支持科技人员在创新实践中成就事业并享有相应的社会地位和经济待遇。对事业单位管理人员全面推行职员制度。扩大科研机构用人自主权和科研经费使用自主权。改进科技评价和奖励方式，健全科研院所分配激励机制，注重向科研关键岗位和优秀拔尖人才倾斜。通过培育创业载体、完善金融支撑体系、创业培训和服务体系，鼓励和支持各类人才自主创业，把本市初步建成人人竞相创业、社会充分就业的创业型示范城市。

政策五：工资职务职称向一线倾斜

研究制定工资、职务、职称等相关优惠倾斜政策，鼓励人才到重大项目、重点工程和企业、社区、农村工作，促使优秀人才向经济建设主战场和基层一线集聚。鼓励高校毕业生自主创业和到艰苦地区、农村基层创业就业。开发基层社会管理和公共服务岗位，用于吸引城市人才和高校毕业生。实施公职人员到基层服务和锻炼的派遣与轮调办法。

政策六：鼓励非公有制经济组织人才发展

将非公有制经济组织、新社会组织人才开发纳入各级政府人才发展规划。政府在人才培养、吸引、评价、使用等方面的各项政策,非公有制经济组织、新社会组织人才平等享受。政府支持人才创新创业的资金、项目、信息等公共资源,向非公有制经济组织、新社会组织人才平等开放。

政策七：发展人才"租赁"鼓励人才流动

建立人才业绩档案,发展人才智力租赁业,鼓励人才自主流动。探索建立居住证与户籍对接制度,实行海外高层次人才"绿卡"制度。完善人才交流和挂职锻炼制度,打破身份、单位、部门和所有制,营造开放的用人环境。扩大党政机关和国有企业事业单位领导人员跨地区跨部门交流任职范围。拓宽党政人才来源渠道,完善从企事业单位和社会组织选拔人才制度。

政策八：稳步提高各类人才福利待遇

稳步提高各类人才的福利待遇。逐步建立符合党政机关工作性质和特点的公务员津贴补贴制度,建立与经济发展相适应的公务员收入增长机制。引导企业完善市场化薪酬体系。建立人才资本和科研成果有偿转移制度。

政策九：建立全市人才服务网络

完善政府人才公共服务体系,建立全市统一开放、高效便捷的服务网络。创新政府提供人才公共服务方式,建立政府购买公共服务制度。

政策十：实施知识产权保护完善利益分享机制

制定职务技术成果条例,完善科技成果知识产权归属和利益分享机制,提高主要发明人受益比例。

4.6.3 人力资源市场与培训

1. 人力资源市场

中国人力资源市场建设始于1970年代末到1980年代初。改革开放初期,随着经济特区的设立和非公有经济的迅速发展,大量人才流向经济特区、乡镇企业和三资企业,出现了人力资源流动的第一次高峰。

伴随着人们对市场机制认识上的重大突破,商品经济在中国开始了较快地发展，相应的，人力资源开始了合理的流动。人力资源市场运行机制开始由完全计划型向计划调配和市场调节相结合的方向转变，单位和个人在一定程度上拥有了自主权，开始了一定条件下的双向选择。政府逐渐减少了直接的行政干预，通过不断制定和完善有关人力资源流动的制度和法规来有效促进人力资源的合理流动。

1990年代，中国经济的发展步伐进一步加快，各种非公有制经济发展活跃，尤其是第三产业的发展。经济发展不仅创造了更多的就业岗位，更加速了人力资源的流动速度，从而出现了人力资源流动的第二个高峰期，促进人力资源市场建设的进一步完善。

1994年人事部和中组部联合下发了《加快培育和发展中国人才市场的意见》，1997年，人事部下发了《人事争议仲裁暂行规定》，及时指导了人事争议仲裁制度建设，为保护人力资源与单位的合法权益、促进人力资源的合理流动提供了制度保障。1998、1999年，人事部和中组部联合下发了两个关于加强流动人员人事档案管理的文件，这两个文件的出台极大地推动了人力资源流动服务机构和人力资源流动社会化服务工作的发展。2001年，人事部和国家工商总局联合下发了《人才市场管理规定》，适应了整顿人力资源市场秩序，规范人力资源市场行为的需要。此外，人事部还下发了事业单位人事制度改革、高校毕业生就业、军官转业安置、留学人员回国服务等方面的系列政策规定，促进了人力资源流动与人力资源市场建设的发展。

这一时期，中国人力资源市场体系得到逐步完善，工资价格水平作为人力资源配置信号的作用越来越明显，市场机制在人力资源配置中起着基础性的作用，中国举办的人才交流会的场次逐年增加，人力资源流动呈现旺盛发展势头。同时政府进一步加强了宏观管理，以减弱市场"失灵"所带来的效率损失，保证人力资源市场有序竞争。

进入21世纪以来，随着中国国际化程度的不断提高，人力资源市场的环境发生了重大的变化，人力资源流动和人力资源竞争更加激烈。尽管当前中国各级城市政府十分重视人力资源市场体系的建设，但是，与资金、技术、生产资料等生产要素的市场化水平相比，中国城市的人力资源资源的市场配置机制还不成熟，计划经济条件下形成的户口、档案、身份、住房、福利保障等体制性障碍，仍然是人力资源流动的羁绊。因此，进一步消除人力资源流动中的体制性障碍，疏通各类人力资源之间的流动渠道，推动人力资源市场与其他要素市场相贯通，加快建设统一人力资源市场，健全专业化、信息化、产业化、国际化的人力资源市场服务体系。

2. 人力资源培训

培训作为开发人力资源的重要途径，日益成为各个领域的关注对象。改革开放后，中国城市的人力资源培训经历了三个主要阶段：

第一阶段（1979—1993年）称"双补期"。即以"补文化、补技术"为主要内容的"双补"时期，随着改革开放的推进，人们开始摒弃"大锅饭、铁饭碗"的思想意识，企业着重提高劳动生产率，主要对员工实施应急的一次性教育培训，如职前教育培训、迎新培训、技术操作培训，也进行国有企业厂长经理的统考培训。

第二阶段（1993—1999年）为培训体系逐步完善建立阶段。伴随企业改制而产生的对企业领导者驾驭企业走向市场进行的基础性培训，多为政府下达的指令性培训行为，这时多以岗位的发展性培训为主，如在职进修、技术等级资格认证培训、多技能的轮岗培训等。在国家的方针、政策引导下，对不同类型的人员进行分级别、层次的分工归口管理培训，形成了相对稳定的培训市场规模和管理体制。

第三阶段（2000年—现在）是以适应"经济转型、中国入世、知识经济"等为特点的全球经济一体化格局的新经济形态要求而形成的综合培训模式，常见的培训内容大概有管理能力发展、专业技能发展和一些基础性培训等。

经过三阶段的发展，中国的人力资源培训市场已经初具规模，各类培训机构层出不穷，培训内容涉及一般技能、特殊技能、国内外认证以及其他一些根据特殊需求制定的培训项目，培训模式已经从完全由政府的指令性计划转变为指导性的管理模式。

进入21世纪后，中国的专业化、高智能化培训逐渐兴起，并且培训日益成为一种的自主性行为,员工培训开始关注素质竞争能力问题,如有关市场、竞争、服务、创新意识的专题培训,计算机、英语应用能力的培训,员工与客户关系管理的培训等。

1994年中国颁布《劳动法》,首次以法律的形式确定劳动者在职业技能培训方面应享受的权利和用人单位在此方面应承担的义务。此后又相继颁发《职业教育法》、《企业职工培训规定》,对培训对象、培训经费的来源、使用和培训方式作了规定说明。

中国城市的人力资源培训市场中的培训机构大体可以区分为正规高等院校及下属培训机构、政府或有行业背景的培训机构、社会群团组织及下属培训机构、科研机构、民办培训机构、社会媒体、境外培训机构等7个类型。由于它们的所有制及资源背景等各不相同,从而形成了它们之间各有分工、各有侧重的培训内容及方向。

在各类培训机构中,民办培训机构占培训市场份额的比例最高,达到30.3%;高校占培训市场份额的比例较高,为22.6%;再次是有政府行业背景的培训机构,所占比例为19.5%;科研机构和境外培训机构占培训市场份额的比例最低,分别为4.4%和4.8%。

从培训机构的地区分布来看,不同地区的培训机构所占市场比例也存在着较大的差别。其中,沿海及经济发达地区城市的民办培训机构占培训市场份额的比例最高,如北京的民办培训机构占其培训市场份额的比例为38.7%,深圳位于第二,比例达到32.0%。而西部城市以及东北的沈阳等城市政府行业背景的培训机构占培训市场份额的比例最高,西安为29.2%,成都为28.9%,沈阳则占到25.1%。境外培训机构主要分布在沿海经济较发达的城市,如广州、深圳上海等,相比之下,西部地区的境外培训机构则较少。

经过几十年的发展,中国培训市场日臻成熟,培训内容、培训项目基本涉及社会职业需求的各个领域。从统计结果看,中国培训市场的各类培训项目中,一般技能的培训占培训市场份额的比例最高,为21.12%,专业技能的培训占培训市场份额的比例位居第二,为18.22%,这说明社会人才市场对一般职业技能人员、特别是高级技工和专业技术人才需求量大。

在中国的许多城市中,随着培训的全员化以及培训成为人力资源投资的热点,培训需求迅速扩大,除了政府、企业及其他组织自设的培训机构外,市场化的各类培训机构也应运而生,以平等竞争提供优质培训服务,人力资源培训正朝着市场化、产业化方向发展。

4.7 城市的公共服务体系

4.7.1 城市公共服务体系的构成

中国城市政府在公共服务体系建设上所涉及的领域主要有公共教育、医疗卫生、社会保障、基础设施、公共交通、就业服务、住房保障、公共安全、环境保护和文体休闲等10个方面。另外,随着市场经济体制改革的进行,城市政府还需要努力为国有企业下岗职工和失业人口提供社会保障体系。

总体而言,中国城市的公共服务体系可以概括为"核心公共服务"、"基本公共服务"、"支持性公共服务"这三个领域,具体而言就是:1.公共教育、基本社会保障、基本医疗卫生这三个方面构成的核心公共服务体系;2.基础设施、住房保障、公共应急管理、环境卫生与市容管理、食品药品安全管理等方面构成的基本公共服务体系;3.文化体育、科技服务、公共信息、环境保护等方面构成的"支持性公共服务体系"。

1.城市核心公共服务体系

(1) 公共教育

公共教育是城市公共服务体系中的重要组成部分。根据公共教育服务内部各构成要素"公共性"程度的差异,可以划分为三个基本的构成部分,核心教育公共服务、基本教育公共服务和全面教育公共服务。 在中国,凡居住在城市行政区域内、具有城市常住户口的适龄儿童、少年,都必须按照规定接受义务教育,城市各级教育行政主管部门则具体负责实施义务教育的组织、管理工作。市和区、县人民政府设立教育督导机构,对下级人民政府、教育行政主管部门和学校的义务教育组织实施工作以及有关行政部门配合实施义务教育职责的履行情况进行监督、检查、评估和指导,以保证国家和城市有关义务教育的法律、政策的贯彻执行和义务教育目标的实现。

(2) 医疗与公共卫生

城市政府在医疗与公共卫生方面主要负责城市基本医疗保险的监督和管理工作,负责基本医疗保险监督检查工作,同时还需要建立和完善定点医疗机构执业医师信息系统以及基本医疗保险费用结算系统,对定点医疗机构及其执业医师在提供医疗服务过程中发生的基本医疗保险费用进行实时监管,规范定点医疗机构执业医师的医疗服务行为。城市政府需要负责拟订基本医疗保险、工伤保险、生育保险支付标准、诊疗项目、用药及服务设施范围、定点医疗机构与定点药店费用结算审核等管理办法,负责基本医疗保险就医管理和监督工作,负责医疗保险基金支付方式改革工作。

(3) 社会保障

中国城市的社会保障体系由四个部分构成,即社会保险、社会救助、社会福利和社会优抚安置,这四个部分相互衔接、相互补充,构成一个相对完整的社会安全网络体系。在其中,社会保险是整个社会保障体系的主体和发展重点,其覆盖对象是创造社会财富、决定经济成长的人口群体—劳动者。社会保险的具体形式包括养老保险、医疗保险、失业保险、工伤保险及生育保险。

随着城市建设的不断发展,中国城市的社会保障体系的建设也在不断得到加强,逐步形成了扩大就业与改善劳动关系、完善社会保障体系有机联系和相互促进的新机制,管理服务社会化的城镇社会保险体系基本形成。随着《社会保险法》的颁布实施,中国统一的城镇企业职工基本养老保险关系转移接续制度已经在全国范围内统一实施,极大提高包括农民工在内的城镇就业者的参保积极性,也促进了城市化人口的流动性。

2. 城市基本公共服务体系

(1) 城市基础设施

中国城市的公共基础设施通常涉及能源、城乡水利、公共交通、生态环境、安全防灾和邮电通信等六个方面。

从目前看，由城市政府主持的城市建设项目主要包括供水、集中供热、供气、市政道路、污水和垃圾处理等城市基础设施项目，其中既有能直接取得经营收入的经营性项目，如供水、供热、供气等，也有不能直接取得经营收入的非经营性项目，主要是市政道路、城市污水处理和垃圾处理等项目。由于城市建设项目多属于公益性或准公益性基础设施，一般没有直接的经营收入或收入不足以抵补开支，因此，城市政府往往组建统管城建项目投资与建设的市政开发投资公司，以利于拓宽地方城建项目的融资渠道，加快城市建设发展步伐。

(2) 住房保障

目前在中国的各类城市中存有多种住房保障形式：城市居民按照不同类别解决住房问题：高收入者面向市场购买商品住房，中低收入者购买经济适用住房或者购买"二限房"（即限制价格、限定面积的普通商品房），最低收入者租住政府提供的廉租住房等。在政府提供的各类住房保障措施方面，有公积金、货币补贴、经济适用房、廉租住房、"二限房"、公共租赁房等多种方式，城市政府通过公积金制度、半市场化方式、非市场化、救济等方式为城市居民提供住房保障。（详见 4.6）

(3) 公共应急管理

中国城市政府的公共应急管理系统主要表现为保障公共安全系统和处置突发公共事件机制，以便最大限度地预防和减少突发公共事件及其造成的损害，保障公众的生命财产安全。其过程可大致区分为突发事件的事前预防、事发应对、事中处置和善后恢复等环节，城市政府通过建立应对机制，采取必要措施，应用规划与管理等手段，以保障公众生命、健康和财产安全。在公共应急管理方面，政府措施一般针对于特重大事故灾害，主要针对来自于人的危险、物的危险和责任危险这三大类。人的危险可分为生命危险和健康危险；物的危险指威胁财产安全的火灾、雷电、台风、洪水等事故灾难；责任危险是产生于法律上的损害赔偿责任。

(4) 就业保障与就业服务

中国城市政府在就业保障与就业服务等方面所提供的公共服务主要包括职业介绍、就业培训、就业援助、创业支持、就业补贴、公益性就业岗位提供等，同时也负责制定并实施相应的就业政策，建立公共部门的三级就业服务平台，形成了比较完善的"政府主导、社会参与"的多元化职业介绍与就业培训网络。2007年，《就业促进法》、《劳动合同法》制定出台，提出了"扩大就业，市场就业，平等就业，统筹就业"四项原则，明确要求各级城市政府建立健全就业援助制度，进一步建立公平竞争的就业环境、缩小劳动力市场的不平等。

(5) 环境卫生与市容管理

中国城市政府在环境卫生与市容管理的主要工作就是针对市容的各个环节，包括灯光、户外广告、违章建筑等方面进行管理，同时保障城市主要公共场所的环境卫生，负责城市道路、广场等公共空间的清扫保洁、生活垃圾、粪便收集、运输和处理。城市政府的市容与环境卫生行政主管部门负责建立和完善市容环境卫生责任区的监督检查制度，对责任区的市容环境卫生进行经常性的监督检查。（详见4.2.5）

3. 支撑性服务体系

(1) 环境保护

在城市生态环境保护方面，城市政府承担从源头上预防、控制环境污染和环境破坏的责任，对重大经济和技术政策、发展规划以及重大经济开发计划进行环境影响评价，对涉及环境保护的法律、法规草案提出有关环境影响方面的意见，按国家和城市规定审批重大开发建设区域、项目环境影响评价文件。

城市政府承担城市减排目标的责任，落实国家主要污染物排放总量控制目标，组织制定城市污染物排放总量控制计划和削减计划，负责组织实施排污申报登记、排污许可证、排污收费、环境影响评价等各项环境管理制度，组织实施环境影响评价资质的审核，负责对各类污染物排放实施监督管理。同时需要督查、督办、核查城市污染物减排任务完成情况，实施环境保护目标责任制。城市政府负责城市环境保护领域固定资产投资规模和方向以及环保项目财政性资金安排，组织实施管理和监督工作，做好排污费使用的管理工作。

(2) 文化体育

城市政府在文化体育等方面的作用主要在于拟订城市文化体育的发展战略和发展规划，实施城市的文化艺术和体育健身事业的行业管理，制定文化体育事业和产业发展规划，并指导、协调它们的良性发展。

同时城市政府负责管理城市的重大文化体育活动，负责建设艺术馆、文化馆、公共图书馆、体育场馆等城市文化体育主要设施，管理城市市民文化体育活动以及社会文化社团等，指导、推动开展各类市民文化活动。

(3) 科技服务

在科技服务方面，城市政府主要负责编制基础性、应用性和开发性科研项目计划并组织实施，制定研发公共服务平台建设规划并组织实施，负责科技重大专项的组织实施和综合协调平衡，负责推进科技成果转化和高新技术产业化工作，制定高新技术产业、科技企业发展的相关政策。

同时城市政府负责制定科学技术普及工作规划并组织实施，实行政策引导，推动科普工作发展，负责科技外事和国际科技合作工作，负责与外国政府、地区和科技机构、科技人员间科技合作的组织实施工作。

(4) 公共信息

在公共信息服务方面，城市政府针对公共信息资源进行管理，负责建立公共信息平台，针对公共信息进行统计、罗列和发布，并为公众提供搜集、查找公共信息的共享通道。同时城市政府在公共信息服务方面还涉及为更多的企业和公众发挥资源利用及商业贸易等资源共享起指导作用，为其引进资金、开展国际贸易、更好地参与全球竞争提供机会。

4.7.2 城市公共服务体系的发展

城市公共服务体系是城市生存和发展的必备条件,其内容可以区分为基础设施、住房保障、公共应急管理、环境卫生与市容管理、食品药品安全管理等各个方面,以促进城市中各种经济活动和其他社会活动的顺利进行。总体而言,城市公共服务体系主要由工程性的城市基础设施和社会性的公共服务系统所构成,改革开放三十多年来,中国城市在这两方面都取得了令人瞩目的成就。

1. 城市基础设施建设

在改革开放初期,中国城市的基础设施建设历史欠债多,与城市化水平的高速增长相比,城市基础设施建设投资比例严重偏低,投资总量明显不足,这导致中国城市基础设施建设投资与城市经济发展极不协调。

尽管城市化进程加快了城市基础设施建设的步伐,但是由于当时城市基础设施的融资渠道狭窄、融资效率低下,投融资成为制约中国城市基础设施建设的瓶颈,而这些问题本质上是源于现有的政府与市场角色界定不清以及市场化程度低下的城市基础设施建设体制。

城市基础设施状况是城市发展水平和文明程度的重要支撑,是城市经济和社会协调发展的物质条件。2000年以来,随着城市化进程的不断加快,中国城市基础设施的建设也得到了较快的发展。

2005年中国城镇人口5.6亿,城市化率达43.0%,随着城市人口不断增加,对城市基础设施需求也不断增加。2005年城市市政公用设施固定资产投资完成5602亿元,占同期全社会固定资产投资总额的6.32%,城市基础设施建设的发展,为城市化进程提供了物质保障。

窗口4-7 中国城市基础设施发展水平概况

根据中国建设部城市统计公报,中国城市供水日生产能力从1999年的562万 m^3 增长到2005年的872万 m^3;煤气日生产能力从202万 m^3 增长到414万 m^3；天然气储气能力从22万 m^3 增长到1 023万 m^3；城市道路长度从3 032km增长到10 170km；城市污水日处理能力从224万 m^3 增长到1 309万 m^3。

2005年底，中国城市蒸汽集中供热能力和热水集中供热能力分别为8 160t/小时和1.9万MW，集中供热面积25.2亿 m^3；城市轨道交通运营线路长度114km，排水管道长度1.3万 km，城市生活垃圾日处理能力3.7万 t。

2005年中国城市自来水供水总量达到501亿 m^3，居民家庭用水量达到172.5亿 m^3，用水人口32 682万人，人均日生活用水量204.1L。城市燃气工程建设使居民用上了洁净方便的煤气、天然气或者液化石油气。2005年中国人工煤气供应总量255.8亿 m^3，天然气供应总量210.5亿 m^3，液化气供应总量1 222.0万 t，城市用气人口达到29 488万人，燃气普及率82.2%。中国城市拥有公共交通车辆30.96万标台，每万人拥有公共交通车辆8.63标台，城市公共交通全年运送乘客483.7亿人次，城市出租车辆93.7万辆，为方便市民工作、购物、娱乐、交流提供了物质条件。

近年来，快速城市化的进程在很大程度上拉动了基础设施的发展，许多东部沿海城市的基础设施建设水平已经达到了相当先进的水准，到2015年，全国轨道交通新增里程1 000km；铁路、公路以及自来水、燃气、供热等基础设施建设的投入将继续向中西部和更广的范围扩大，这也相应带动了冶金、化工、建材、建筑等相关产业发展，从而也激励了经济的持续增长。

与此同时，中国经济的快速增长能否持续下去，也取决于城市基础设施发展的完备程度。由于许多城市在道路、交通、水利、铁路、房地产等众多基础设施的建设水平还没有达到完备的程度，未来中国的城市建设以及经济发展的水平也将取决于城市基础设施的建设水平，各级城市政府在这方面将承担重大责任。

2013年9月，中国政府网发布《国务院关于加强城市基础设施建设的意见》，提出加强城市供水、污水、雨水、燃气、供热、通信等各类地下管网建设和改造，

表4-8 2011年中国各地区城市基础设施建设水平

地区	城市用水普及率(%)	城市燃气普及率(%)	每万人拥有公共交通车辆(标台)	人均城市道路面(m^2)	人均公园绿地面积(m^2)	每万人拥有公共厕所(座)
全国	97.04	92.41	11.81	13.75	11.80	2.95
北京	100.00	100.00	22.38	5.26	11.33	3.36
天津	100.00	100.00	15.19	17.05	10.30	2.00
河北	100.00	99.86	10.44	17.84	14.26	4.23
山西	97.48	94.63	7.87	11.21	10.17	3.14
内蒙古	91.39	82.23	7.20	15.77	14.47	5.11
辽宁	98.36	95.46	11.03	11.27	10.56	2.67
吉林	92.71	88.28	9.31	11.90	10.53	3.91
黑龙江	90.78	81.41	11.14	11.20	11.47	5.33
上海	100.00	99.87	11.79	4.04	7.01	2.46
江苏	99.58	99.03	13.21	21.86	13.34	3.79
浙江	99.84	99.34	13.55	17.53	11.77	4.20
安徽	96.55	93.35	9.74	18.00	11.88	2.45
福建	99.11	98.67	11.86	13.46	11.72	2.83
江西	97.94	94.31	9.78	14.40	13.49	2.35
山东	99.74	99.48	12.41	23.62	16.00	2.03
河南	92.64	76.19	8.68	10.83	8.90	3.33
湖北	98.25	93.89	11.17	14.78	10.11	2.85
湖南	95.68	88.45	10.36	13.62	8.81	2.19
广东	98.39	91.30	12.90	12.51	14.35	2.02
广西	93.91	91.08	8.90	14.34	11.02	2.32
海南	96.09	93.59	10.76	18.42	12.51	1.73
重庆	93.41	93.03	8.80	10.43	17.87	1.76
四川	91.83	87.09	12.60	12.14	10.73	2.82
贵州	91.55	71.56	8.70	6.63	7.26	2.05
云南	95.09	74.21	10.06	11.97	10.26	2.19
西藏	91.93	83.44	9.02	13.48	10.73	3.38
陕西	95.72	92.09	15.59	13.72	11.41	3.52
甘肃	92.50	75.62	9.76	12.58	8.32	2.34
青海	99.86	92.10	16.94	11.22	9.65	4.65
宁夏	95.45	88.38	11.24	17.90	16.03	3.23
新疆	99.17	96.19	13.46	13.74	9.48	3.26

资料来源:《中国统计年鉴2012》

这是改革开放以来,中国首次以国务院的名义就城市基础设施建设提出正式文件。其主要内容有针对各大城市积水内涝的问题,加强城市排水防涝防洪设施建设;加强城市污水和生活垃圾处理设施建设;加强城市道路交通基础设施建设,加强城市电网及生态园林建设等要求。

因此,为了拉动国民经济持续增长、确保社会经济稳定发展,进一步深化发展城市基础设施建设仍然将是中国城市政府采取的一项重要宏观政策和举措。

2. 公共服务系统建设

2003年以来，中国政府明确提出推进服务型政府建设，也就是在国家现代化建设的进程中，形成以公共服务为主要职责的政府。这就需要各级城市政府通过公共财政的运作，以形成针对公共服务的财力支持，力图构建能够基本覆盖社会生活主要方面和全体居民的公共服务体系。

在社会救助方面，随着各级财政投入的持续增加，中国的城乡低保事业取得了非常明显的进展，城乡低保标准和覆盖水平稳步提高，现代社会救助体系建设进一步深化。保障水平不断提高，目前各地已经初步建立起与经济发展、物价波动相协调的低保标准动态协调机制，整体救助水平显著提高，并总体上进入了平稳运行时期。

在社会福利方面，许多城市在继续加大社会福利机构基础设施建设力度的同时，加强了对养老服务发展的规划，在兴建老年社区，鼓励社会力量兴办养老机构以及推进社区养老服务体系等重要问题上取得了明显的进展。养老服务社会化取得了很大进展，以居家养老为主，社区养老为依托，机构养老为补充的社会福利服务体系基本形成。

另外，城市政府在促进就业工作，拟订统筹城乡的就业发展规划和政策，完善公共就业服务体系，拟订就业援助制度，促进创业带动就业等方面也在发挥着巨大作用，城市政府负责就业、失业、社会保险基金预测预警和信息引导，拟订应对预案，实施预防、调节和控制，保持就业形势稳定和各类社会保险基金总体收支平衡。

2010年，中国财政用于教育、医疗卫生、社会保障和就业、保障性住房、文化体育、环境保护、交通运输、城乡社区事务、粮油物资储备、地震灾后恢复重建等方面保障和改善民生的支出合计达到59 601.82亿元，占中国公共财政支出的2/3。其中，用于教育、医疗卫生、社会保障和就业、保障性住房、文化体育方面的支出合计29 256.19亿元，比2009年增长21.1%，占中国财政支出的32.6%。

2011年，老百姓比较关注的民生项目，如社会保障和就业、农林水事务、城乡社区事务等支出增长均超过30%，医疗卫生、住房保障支出增幅更是分别达到 58.3% 和 68%，远远超过同期财政收入的增速。

"十二五"期间，中国城市将进一步提升城市公共服务体系的建设，在建设中将更加关注改善外来劳动力的生活条件，将更加关注绿色城市环境的营造。并且在宏观的区域层面上，统筹大中小城市协调发展，形成东部地区和中西部地区城市群并立的格局，以推动城乡和区域结构优化调整、协调经济长期平稳较快发展。

城市政府在公共服务领域的建设中将扮演越来越多重要的角色，运作的方式也更加的多元化，政府不仅需要直接介入公共物品的提供，也需要通过不同形式的市场运作，针对可利用的城市资源进行集聚、重组和运营，以最大限度地发挥城市资源的潜力，从而高效地为居民提供优质公共产品或服务。

窗口 4-8　中国城市公共服务发展水平概况

2010 年中国公共财政支出 89 874.16 亿元，其中用于民生方面的支出占 2/3。目前，中国公共财政支出科目共分为 23 类，用于民生方面的支出可以分为：

教育支出 12 550.02 亿元，比 2009 年增长 20.2%，占中国公共财政支出的 14%，主要用于支付各类公办学校教师工资、正常运转经费、建设经费、义务教育经费保障，支持高等教育事业发展，对经济困难学生的资助等。

医疗卫生支出 4 804.18 亿元，比 2009 年增长 20.3%，占中国公共财政支出的 5.3%，主要用于支持实施新型农村合作医疗和城镇居民基本医疗保险等制度改革，支持基本公共卫生服务建设，提高城乡医疗救助水平等。

社会保障和就业支出 9 130.62 亿元，比 2009 年增长 20%，占中国公共财政支出的 10.2%，主要用于支持落实更加积极的就业政策，逐步扩大新型农村社会养老保险试点覆盖面，继续提高企业退休人员基本养老金补助水平和城乡低保补助标准，切实保障受灾地区群众的基本生产生活等。

住房保障支出 2 376.88 亿元，比 2009 年增长 31.8%，占中国公共财政支出的 2.6%，主要用于推进保障性住房建设和棚户区改造，加快推进农村危房改造和游牧民定居工程等。

交通运输支出5 488.47亿元，比2009年增长18.1%，占中国公共财政支出的6.1%，主要用于支持公共交通基础设施建设，新建、改造农村公路，对城市公交等部分公益性行业给予油价补贴等。

城乡社区事务支出5 987.38亿元，比2009年增长21.4%，占中国公共财政支出的6.7%，主要用于加强城乡社区规划与管理、城乡社区公共设施建设、维护与管理，包括城乡社区道路、桥涵、燃气、供暖、公共交通、道路照明、城乡社区环境卫生等。

环境保护支出2 441.98亿元，比2009年增长26.3%，占中国公共财政支出的2.7%，主要用于推动节能减排，扶持重点节能项目，促进企业开展节能技术改造，改善农村生活环境，扩大节能产品惠民工程实施范围等。

3.公共服务领域的发展与变革

(1) 政策发展过程

在计划经济时代，中国建立起了一个平均主义、国家包办的公共服务体系，在资源匮乏的情况下实现了公共服务的普遍可及，但是也存在着公共服务供给总体短缺、效率低下以及城乡、单位间供给不均的问题。

1980—1990年代，中国政府推动了以二元化、社会化、市场化和地方化为特征的公共服务体系改革，实现了从单一供给主体到多元供给主体的转变、从国家免费供给到居民付费享受的转变，供给效率与服务质量大大提高。但在这一时期，地方政府的公共服务职能不断弱化，公共服务投入严重不足，从而大大降低了公共服务供给的普遍可及性和均等化程度。

1984年10月，十二届三中全会通过《中共中央关于经济体制改革的决定》，其中除了明确城市政府需要负责城市的规划、建设和管理，负责城市环境的综合整治等方面之外，第一次把加强各种公用设施与服务体系的建设作为地方政府的主要职责之一，这对于城市政府在建设城市基础设施、改善公共服务水平、提升经济投资环境等职能领域发挥了重要的推动作用。

2002年以来，中国政府通过社会政策体系建设、公共财政体制改革和公共服务供给机制创新，基本建立起了一个相对完备的公共服务项目体系，公共服务投入稳步增长，多元供给机制不断成熟和扩展，初步实现了公共服务供给的普遍可及性目标。但是，公共服务投入占总财政支出的比例依然偏低，供给水平与人民群众的实际需求相差较大。

"十一五"期间，中国城市建设的目标从重点服务于经济建设转向提高城市生活水平，城市市政设施和公共设施更加强调服务于城市居民，这也相应改变了在以往的城市建设中，为了促进城市经济增长所普遍采用"善城市基础设施，吸引外来投资"的思路。

这种思路上的转变相应要求中国城市政府在社会政策体系建设和体制机制创新方面不断取得突破，需要重新设计地方政府工作考核评价和干部考核评价体制，加快构建城乡一体的社会公共服务体系，重构政府间财政体制和职责分工，全面调整公共财政支出结构，积极推进复合式公共服务供给方式的创新。

(2) 城市基础设施建设的体制改革

在社会主义市场经济体框架下，中国城市基础设施建设体制发生了巨大变化。从 1980 年代开始，中央政府颁布了一系列有关城市基础设施建设的法规和政策。包括强调公用设施建设是城市政府的主要职能，从工商业利润中提取城市建设维护税，新建项目必须配套建设市政公用设施，土地使用权出让收入的部分用于城市建设等等。

1990 年代开始，城市基础设施建设投融资体制市场化改革步伐加快，成立了国家开发银行，放宽了基础设施使用的收费限制，基础设施建设投资必须依据《公司法》成立项目法人，投资收益和风险市场化，对城市基础设施的经营权、使用权、收益权做出了明确的界定，对外资进入城市基础设施领域进行了规定。

2001 年中国开始允许民间资本进入城市基础设施建设领域。按照中国政府加入世界贸易组织所做出的承诺，电信、燃气、热力、给排水等领域对外资开放，特许经营制度成为城市基础设施经营和管理的主要形式，其中所实行的特许经营的范围包括城市供水、供气、供热、污水处理、垃圾处理及公共交通等行业。

城市政府负责本行政区域内特许经营权的授予工作,市政公用行业主管部门负责特许经营的具体管理,承担授权方相关权力和责任。

城市政府除了直接参与城市基础设施的建设之外,还需要负责基础设施建设的市场管理,其中主要职责包括:

① 审定和监管市政公用产品和服务价格。在充分考虑资源的合理配置和保证社会公共利益的前提下,遵循市场经济规律,根据行业平均成本并兼顾企业合理利润确定市政公用产品或服务价格(收费)标准。

② 保障市政公用企业通过合法经营获得合理回报。若为满足社会公众利益需要,企业的产品和服务定价低于成本,或企业为完成政府公益性目标而承担政府指令性任务,政府应给予相应的补贴。

③ 以法律的形式明确投资者、经营者和管理者的权力、义务和责任,明确政府及其主管部门与投资者、经营者之间的法律关系。

④ 通过规定的程序公开向社会招标选择投资者和经营者。首先向社会发布特许经营项目的内容、时限、市场准入条件、招标程序及办法,在规定的时间内接受申请;组织专家根据市场准入条件对申请者进行资格审查和严格评议,择优选择特许经营权授予对象;在新闻媒体上对被选择的特许经营权授予对象进行公示,接受社会监督;公示期满后,由城市市政公用行业主管部门代表城市政府与被授予特许经营权的企业签订特许经营合同。政府直接委托经营权的,由主管部门与受委托企业签订经营合同。

⑤ 通过开展城市经营,改善城市投资和居住环境,创造城市品牌,增强城市对要素的吸引力,并通过对资源的优化配置,提升城市的综合竞争力。(见4.2.6)

4.7.3 城市公共服务体系建设的未来与挑战

伴随着中国经济的高速增长,社会针对公共服务的需求也日益呈现出增长迅速、主体多元化、结构复杂化、需求多样化的特点。但是总体而言,由于多方面的原因,中国城市的公共服务水平还尚未能够与经济发展同步推进,其典型特征在于,随着城市规模的扩大和人口的增多,看病难、上学难、交通难、买房难等问题仍然困扰着社会大众,另外,社会保障体系的建设、社会稳定与公共安全、人口管理与城市就业等等也成为当前城市发展所需要解决的重点问题。

在这种形势下,公共服务需求旺盛与供给不足的矛盾使得城市公共服务体系长期以来就成为困扰中国城市发展的一个核心问题,多数的中国城市政府已经意识到,只有全面提高城市公共服务水平,建设完备的公共服务体系,才能实现社会公平、稳定、快速、健康、持续性的发展。

1. 城市基础设施建设的现状

(1) 财政资源供给有限

与许多发达国家的城市相比,中国城市的基础设施发展水平仍然不高,差距仍然很大。在人均电力产量方面,中国是美国的 31.94%;在公路密度方面,中国是日本的 4.68%;在铁路密度方面,中国是日本的 11.25%。虽然近年来中国增发国债用于基础设施投资,取得了一些效果。但随着赤字的增加,国债可持续融资的能力受到威胁,财政力量仍然相当有限。

(2) 国有资产比重过高

中国城市基础设施行业国有资产占 85% 左右,远远高于 75% 的国际平均水平。多年来中国城市基础设施行业一直延续条块分割的行政管理模式,邮电、通信、电力等行业实行高度集中的条条管理,地方政府没有管理权,"水、暖、气、路"设施的管理权分别集中在各专业管理部门,经营权隶属各事业单位或企业,政企合一、政事合一。

(3) 发展步伐难以加快

改革开放以后,中国的城市化进程也在不断加快,人口和产业向城市的迅速集中,使得城市基础设施成为制约城市发展的"瓶颈"。面对城市建设的历史"欠账"和对城市基础设施的高涨的需求,在财政资金短缺的情况下,如何缓解城市建设资金的短缺成为每个城市政府必须面对的棘手问题。

(4) 发展水平难以均衡

在总体层面上，由于中国地区发展不平衡以及城市发展的差异性，公共服务供给仍然存在着巨大且持续加重的地区间不均衡。贫困地区的重要公共服务严重供应不足，这直接归因于过去15年间不断演变的分权化财政管理体系。这些现象需要政府采取适当的对策，以缩小由于收入支出不匹配和均等化补助不足导致的财政缺口。

(5) 城市竞争日益加剧

在社会主义市场经济体制不断完善的过程中，中央政府给予了城市政府更多的事权和财权。分权制的实施极大调动了城市政府组织本地社会经济发展的积极性和创造性，城市作为一个利益主体和竞争主体的地位不断得到强化。同时，经济全球化的发展使中国城市经济与世界经济更加密切地融合在一起。作为世界城市网络中的一个节点，中国城市面临着日趋激烈的竞争，这种竞争既包括国内城市之间的竞争，也包括与国外城市的竞争。为了城市经济的发展和提高城市的竞争优势，对城市竞争力的提高起巨大推动作用的城市政府需要进行自身职能的转变。

另外，即便在一些城市的内部，城市公共服务体系建设也存在着严重不均衡的现象。由于过度强调经济发展因素，城市在不同类型的基础设施建设的速度存有明显差距。一般而言，与经济发展相关的公共基础设施发展较快，与民生相关的公共基础设施则较为不足，投入比例不均衡。

2. 城市基础设施建设的发展趋势

近年来，中国城市基础设施的现代化程度显著提高，新技术、新手段得到大量应用，基础设施功能日益增加，承载能力、系统性和效率都有了显著的进步，推动了城市经济发展和居民生活条件改善。中国城市基础设施除了交通、能源、饮水、通讯等的供给外，已经扩展到环境保护、生命支持、信息网络等新的领域。

在未来的发展阶段中，中国城市政府在城市公共服务体系方面的目标主要在于：从制度建设上完全实现公共服务的平等性和可及性，强化政府的公共服务能力，扩大国家福利的供给规模。因此，中国城市的公共服务体系建设的未来趋势将主要表现为以下几方面：

(1) 深化行政管理的体制改革

在当代中国许多城市中，城市政府的行为取向和职能定位仍然以经济建设为主导，公共服务仍居于经济建设之下。这意味着以建立"服务型政府"为目标的行政管理体制改革，不仅需要根据转变政府职能的要求进行的政府机构重组，更需要重新设计地方政府工作考核评价和干部考核评价体制，也就是建立公共服务的考核指标体系，提高其相对于经济指标的权重。

(2) 推进公共财政的体制改革

2000年以来，中国各级城市政府公共服务投入的增长资源较多地来自于财政收入的增量，公共服务支出占政府财政支出的比例仍然偏低，经济建设和行政管理两项支出比重依然偏高。建设民生导向的公共财政体制，需要城市政府全面调整公共财政的支出结构，提高公共服务支出的比例，从财政支出方面建立制度化、弹性化的公共服务投入增长机制，建立与基本公共服务均等化目标相适应的公共财政体制。

(3) 构建城乡一体化的公共服务体系

由于历史原因，中国的公共服务体系在地域之间、城乡之间、社会群体之间实施着不同政策，而且不同政策间、制度间的政府补贴和待遇水平差距较大。由于背离了制度统一原则，近年来的公共服务体系建设不仅在一定程度上人为地再次扩大了社会不平等，而且进一步固化了城乡二元分治结构。因此，中国公共服务体系建设的首要目标就是突破现行城乡二元和碎片化的制度设计，构建起一个普遍主义、城乡一体的社会政策体系，实施全国统一规范的社会政策，并允许地方政府根据当地经济社会发展水平自主调整或提高公共服务水平。

(4) 健全公共服务的反馈机制

城市公共服务体系的质量取决于需求与供给之间的平衡关系，而中国城市公共服务体系的一个明显问题就在于供给与需求之间的相对失衡，这部分源自于社会政策体系和公共财政体制建设的滞后。近年来，由于公众需求的表达渠道少且作用有限,再加上中国政府"自上而下"的公共决策模式,这导致了公共服务供给与公众真实的偏好和需求发生偏差的重要原因。因此,未来中国城市的公共服务体系建设除了需要注重解决投入不足和投入不均等问题之外,还需要关注基于投入—产出效率的公共服务绩效评估,以及时而动态地解决需求与供给之间的平衡问题。

(5) 完善公共服务的供给结构

中国的公共服务体系改革需要继续坚持市场化与社会化改革的思路,并不断完善公共服务供给的治理结构,即在确立政府主导地位的同时充分发挥市场机制与社会机制的作用,不断深化和细化公共服务供给中各种参与方尤其是政府的角色定位与职能分工,强化政府对市场机制与伙伴关系的规制,大力培育社会组织,形成"社会协同、公众参与"的供给格局,积极推动复合式公共服务供给方式创新。

在未来的发展过程中,中国的城市政府为了实现人人平等享有基本公共服务的目标,就需要在公共服务的社会政策和体制机制构建上取得突破性进展,重新设计地方政府工作考核评价和干部考核评价体制,以确立公共服务在地方政府职能履行中的核心地位;加快构建普遍主义、城乡一体的社会政策体系,以制度统一实现公民平等享有公共服务的社会权利;重构政府间财政体制和职责分工、全面调整公共财政支出结构,以提高基本公共服务的供给水平和均等化程度;建立健全公共服务的需求表达机制和绩效评估体系,以有效回应公众需求、提高公共服务的绩效。

5
城市住房建设

　　城市住房建设是城镇化发展的具体承载，也是其重要表征之一。中国政府应对城市居住条件起点低、人口增长快速的现实，不断变革住房供应的方式方法，由计划经济体制下的政府"大包大揽"逐步向房地产市场方向发展，极大地提高了城市居住水平，从改革开放初期的人均不足 4 ㎡ 发展到当今的人均超过 30 ㎡。

　　由于住房制度改革后，住房供应主要依赖于房地产市场，在政府最低限度公共服务体系的共同作用下，城市住房出现结构性的短缺，进入 21 世纪后，住房建设的宏观调控以及以廉租房、经济适用房为主的公共住房制度开始逐步建立和完善，从而保证城市各类不同人群以及不同收入阶层的住房需求能够得到满足和有序发展。

5.1 城市住房建设概况

改革开放 30 年来，城市住房建设取得了巨大的成就，城市居民住房问题得到了缓解，居民居住水平有了根本性的改善。

改革开放前，与国家整体的经济制度相配合，住房建设由国家(通过单位)统一进行建设，对职工实行福利分房和公共住房低租金政策。在改革开放进程中，通过多渠道筹措资金，改善职工居住条件，并逐步推进住房制度改革，扩大市场投资建设的总量，现已初步形成了针对中高收入的市场住房体系和针对中低收入的公共住房体系。

图 5-1 城市居民人均居住面积（1952—1992 年）

(单位：m²)

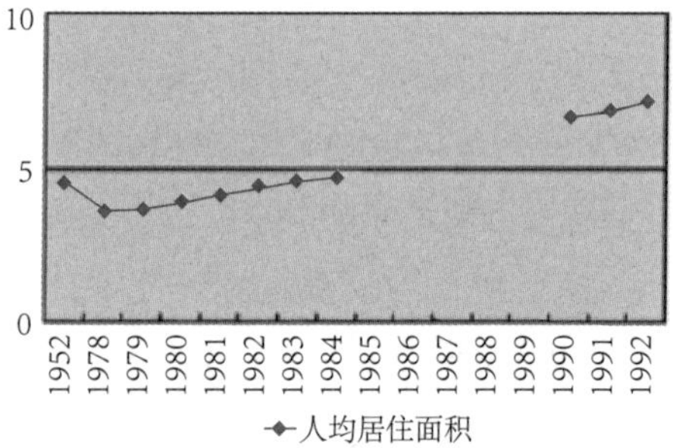

图 5-2 全国城镇住宅投资建设总额

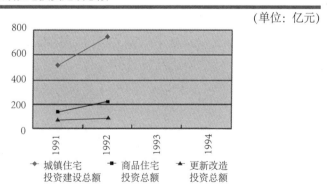

(单位：亿元)

图 5-3 全国城镇住宅施工与竣工面积（1978—2002 年）

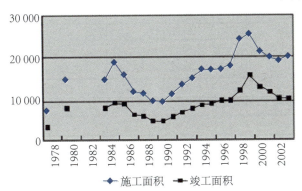

资料来源： 根据《中国统计年鉴》1996—2004 年，"固定资产投资"一章中"基本建设房屋建筑面积"相关数据

图 5-4 全国城镇商品住宅（包括别墅、高档公寓和经济适用房）销售面积（1991—2009 年）

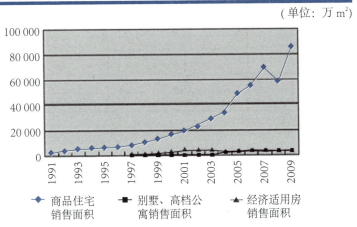

表 5-1 全国城镇住宅施工与竣工面积[①]

(单位：万 m^2)

年份	施工面积	竣工面积
1978	7314.33	3752.47
1980	14817.40	8230.30
1985	18893.90	9565.10
1986	15940.40	8915.50
1987	11990.10	6452.80
1988	11334.02	6008.99
1989	9749.94	5064.20
1990	9259.90	4824.78
1991	11309.23	5687.92
1992	13399.25	6919.15
1993	15016.40	7993.44
1994	16981.97	8955.12
1995	16739.06	9249.25
1996	(17269.40)16974.08	(9824.79)9589.36
1997	18065.42	10091.49
1998	24529.90	12552.44
1999	25642.02	16033.23
2000	21559.64	13145.97
2001	19824.75	11653.52
2002	18650.80	10417.13
2003	20458.60	10155.82

[①] 自 1997 年起，除房地产开发投资、农村集体投资、个人投资及城镇和工矿区私人建房投资外，基本建设、更新改造和其他固定资产投资的统计起点由 5 万元提高到 50 万元。为便于比较，对 1996 年的相应数据作了全面调整，括号内的数为原口径数。

表 5-2 商品住宅（含别墅、高档公寓和经济适用房）销售面积

(单位：万 m^2)

年份	商品住宅销售面积（万 m^2）	其中	
		别墅、高档公寓（万 m^2）	经济适用房（万 m^2）
1991	2745.17		
1992	3812.21		
1993	6035.19		
1994	6118.03		
1995	6787.03		
1996	6898.46		
1997	7864.30	254.25	1211.85
1998	10827.10	345.30	1666.50
1999	12997.87	435.74	2701.31
2000	16570.28	640.72	3760.07
2001	19938.75	878.19	4021.47
2002	23702.31	1241.26	4003.61
2003	29778.85	1449.87	4018.87
2004	33819.89	2323.05	3261.80
2005	49587.83	2818.44	3205.01
2006	55422.95	3672.44	3336.97
2007	70135.88	4581.31	3507.52
2008	59280.35	2865.25	3627.25
2009	86184.89	4626.05	3058.85

资料来源：《中国统计年鉴》2005—2010 年，"固定资产投资"一章，按用途分商品房屋实际销售面积

5.2 城市公共住房

5.2.1 公共住房的政策体制与发展沿革

中国改革开放 30 年来的公共住房，从其政策体制与发展沿革来讲，概括起来大致经历了 3 个大的阶段：旧的公共住房制度退出阶段（1978—1997 年）、新的公共住房体系确立阶段（1998—2009 年）、公共住房体系完善阶段（2010 年以后）。当然在每个大的阶段中，公共住房受到国家政策与住房实际状况的影响，存在着一些更为具体的阶段变化。

1. 旧的公共住房制度退出阶段（1978—1997年）

这是福利住房制度向商品住房制度的过渡阶段（1978—1986年），也是商品房为主、公共住房为辅的住房制度确立阶段（1987—1994年）和新旧保障房体系更替的阶段（1995—1997年）。

1980年国家的土地使用制度与住房制度均发生了重大改革，房屋被作为商品提出来。从1987年开始，商品房的生产计划正式列入国民经济计划，这是住房产品作为商品第一次确立了在国民经济中的位置。1987年7月起，烟台、蚌埠、唐山、沈阳等城市的住房制度改革方案分别出台。

1990年建设部和全国总工会联合发出《解决城镇居住特困户住房问题的若干意见》，各级政府都制定了住房解困规划和实施计划。1990年代推出住房公积金制度，属于地方实验性质的创新。

1993年12月中央政府决定实行一项安居工程计划，国家提供一笔专款和相应的材料投入建房，给予优惠政策，实行滚动开发，以更好更快地解决低收入者的住房问题。

1995年1月国务院住房改革领导小组推出了《国家安居工程实施方案》，安居工程[①]计划在原有住房建设规模基础上，新增安居工程建筑面积1.5亿m^2，用五年左右时间完成。

这一时期城市住房的建房方针是国家、单位、个人共同投资，由房地产开发企业提供商品住宅，政府注重抓安居工程和微利房[②]的建设，公共住房的主要模式为集资合作建房和安居工程解困房两种方式，同时单位实物分房还没有完全取消。经济适用房开始进入公共住房体系。

2. 新的公共住房制度确立阶段（1998—2006年）

这是新的公共住房制度初步建立、尚不稳定的阶段。1998年底，全国停止住房的实物分配，1999年各地制定住房分配货币化的方案。1998年7月国

---

① 安居工程住房直接以成本价向中低收入家庭出售，并优先出售给无房户、危房户和住房困难户，在同等条件下优先出售给离退休职工、教师中的住房困难户，不售给高收入家庭。
② 这类住房享受国家优惠政策，部分税费减免，其余部分由个人和单位承担，住房价格大大低于商品住宅。这类住房旨在解决占人口绝大多数的广大的中低收入家庭的住房困难。

务院出台《关于进一步深化城镇住房制度改革加快住房建设的通知》，标志着以经济适用住房为主的多层次城镇住房供应体系已经全面建立起来。相对于面向中高收入阶层的完全市场化的商品房，新的公共住房体系主要分两个层次：一是面对最低收入家庭的廉租住房。这是救济性的，基本不需要贫困家庭出钱，完全依靠政府救济。二是为中低收入家庭提供的经济适用住房。这是援助性的，即政府补贴一部分，个人自掏一部分。至2001年底的这一阶段，公共住房建设出现了"小阳春"。

但是在2002—2006年间，公共住房处于全面萎缩时期。自2001年底开始，城市开始通过出让土地获取政府收入，导致了城市建设经济适用住房的积极性逐步减弱。从2002年开始，经济适用住房投资占房地产投资比例大幅下降。2003年房地产业成为拉动国家和地方政府经济增长的支柱性产业，普通商品住房取代经济适用房成为市场的供应主体，这在一定程度上导致了公共住房的建设和供应不足。

3. 公共住房制度的完善阶段（2007—2011年）

2007年中央政府一系列政策措施相继出台，为公共住房建设提供了政策支持，公共住房重新确立其地位。8月国务院发布《关于解决城市低收入家庭住房困难的若干意见》，对解决城市低收入家庭住房困难做出全面部署，要求进一步建立健全城市廉租住房制度，改进和规范经济适用住房制度，加大棚户区、旧住宅区改造力度，力争使低收入家庭住房条件得到明显改善，农民工等其他城市住房困难群体的居住条件得到逐步改善。此后全国所有城市建立了廉租住房制度，地级以上城市对申请租赁住房补贴的低保家庭基本做到了应保尽保。

自2007年起，廉租房建设经历了跨越式发展。国务院九部委[①]制定发布《廉租住房保障办法》，出台较为具体的政策扶持措施，明确将城市低收入住房困难家庭纳入廉租住房保障体系。财政部公布《廉租住房保障资金管理办法》，提出从八方面确保廉租住房保障资金。同年全国开始大规模建设保障性住房。

---

① 此处的九部委包括中华人民共和国建设部、中华人民共和国国家发展和改革委员会、中华人民共和国监察部、中华人民共和国民政部、中华人民共和国财政部、中华人民共和国国土资源部、中国人民银行、国家税务总局和国家统计局。

2008年底，为应对国际金融危机冲击，加快保障性安居工程建设也就是公共住房建设成为国务院确定的进一步扩大内需、促进经济平稳较快增长的十项措施中的第一项。2008年以来的住房政策，规定了住房供应体系中公共住房的建设目标与覆盖比例。为了统筹协调及时调整土地供应结构，扩大民用地的比例，2009年5月，国土资源部发布《关于切实落实保障性安居工程用地的通知》，要求各级国土资源管理部门编制和修编公共住房用地供应计划，确保公共住房用地的需求。随后，《2009—2011年廉租住房保障规划》出台，提出争取用三年时间，基本解决747万户现有城市低收入住房困难家庭的住房问题。"十一五"（2006—2010年）期间，全国公共住房制度框架逐步搭建起来，"低端有保障，中端有支持"的公共住房保障体系初步形成。

由于住房领域的市场失灵，2010年国务院出台《国务院关于坚决遏制部分城市房价过快上涨的通知》，要求加快保障性安居工程建设，确保完成2010年建设保障性住房300万套、各类棚户区改造住房280万套的工作任务。6月由住房城乡建设部等七部门联合制定《关于加快发展公共租赁住房的指导意见》，要求城市大力发展可供租赁的公益性质住房，尤其是面向广泛社会公众的公益性租赁住房。9月国土资源部、住房城乡建设部在《关于进一步加强房地产用地和建设管理调控的通知》中提出"加大公共租赁住房供地建房、逐步与廉租住房并轨、简化并实施租赁住房分类保障的途径"。2010年公租房建设相关政策出台，成为保障性住房保障范围进一步扩大的重要标志，即从低收入群体逐步扩大至中低收入群体。至此保障性住房体系逐步完善。

改革开放以来的30年，是中国城镇化进程持续快速推进的时期，对于新增城镇人口、因城镇建设的需要而被动拆迁的人口、新就业等着成家的人口中的中低收入者以及城市住房困难人口，国家通过增加公共住房供应规模满足他们的迫切需求。同时，国民经济长期保持平稳较快发展，财力物力明显增强，也使得政府大规模实施保障性安居工程、进行公共住房建设成为可能。国家的住房政策经历了从全面公共福利住房政策到以商品住房满足中高收入人口住房需求、公共住房解决中低收入人口住房困难的发展历程。

5.2.2 城市公共住房的供给类别与形式

1. 城市公共住房的供给类别

城市公共住房在经济和社会发展的不同阶段，呈现出多样化的供给政策。

在1978—1997年旧的公共住房制度退出阶段，单位福利住房（亦称公房）仍是城市公共住房的主导类型。在1998年以后新的公共住房制度时期，公共住房政策主要适应经济的不断发展，按照居民收入水平分组制定，具体分为：① 对20%以下的低收入困难居民和家庭实行廉租房制度，套内面积在30m^2~50m^2左右；② 对60%左右的中等和低收入居民家庭实行经济适用房制度和公共租赁房制度，其中在不同时间和不同地方出现的经济适用房、经济租用房和限价商品房都属于这种类型，套内面积在60m^2~90m^2左右。

对其余约20%的高收入居民家庭实行商品房制度，基本涵盖现行住房类别中的普通商品房和高档商品房。

此外，在公共住房的具体供给过程中，又分为实物配租配售与货币补贴两种形式。对生活确有困难家庭主要采取实物配房形式，确保其最基本的生存和居住条件。对中等和低收入群体的住房实施以货币补贴为主、实物配租配售为辅的政策，以解决廉租房和经济适用房、公租房需求者的货币不足问题。对不居住在政府房源中的中等和低收入居民实行货币补贴，补贴标准按居民住房目标的人均面积、房价和家庭收入为基数计算。

2. 城市公共住房的供给形式

在城市公共住房体系中，公共住房的供给形式包括五类住房，分别是经济适用住房、限价商品住房、廉租住房、公共租赁住房以及棚户区改造安置住房。按照它们出现的时间先后顺序，大致如下：

（1）经济适用住房

狭义地讲，经济适用住房是具有公共住房性质的政策性商品住房，建设用地实行行政划拨方式供应，免收土地出让金，减免行政事业性收费，政府承担小区外基础设施建设，并控制开发贷款利率、落实税收优惠政策等，同时政府在住房标准及销售价格等方面相应给予必要调控。经济适用住房是政策性产权房，购房人拥有有限产权。政府对经济适用住房严格实行指导价，控制其套型面积和销售对象，要求建设单位利润控制在3%以内。

经济适用住房的供应对象为城市低收入住房困难家庭，也就是收入增长潜力小、长期存在住房困难的群体。经济适用住房的供应对象与廉租住房保障对象是相衔接的。

经济适用住房供应对象的家庭收入标准和住房困难标准，由城市人民政府确定，实行动态管理，每年向社会公布一次。经济适用住房实行申请、审查和公示制度，具体办法由市(县)人民政府制定。低收入住房困难家庭要求购买经济适用住房的，由该家庭提出申请，有关单位按规定的程序进行审查，对符合标准的，纳入经济适用住房供应对象范围。过去享受过福利分房或购买过经济适用住房的家庭不得再购买经济适用住房。已经购买了经济适用住房的家庭又购买其他住房的，原经济适用住房由政府按规定回购。

根据2004年建设部《经济适用住房管理办法》，经济适用住房严格控制在中小套型，严格审定销售价格，依法实行建设项目招投标。集资、合作建房是经济适用住房建设的组成部分，其建设标准、参加对象和优惠政策，按照经济适用住房的有关规定执行。

(2) 限价商品住房

所谓限价商品住房，就是"双定双限"的特殊商品住房，即定区域、定对象、限交易、限房价。地方的住房与城乡建设主管部门提出限价商品住房的控制性销售价位，主要依据建设成本来定价。限价商品房的土地出让可以通过"竞地价"方式，房价高的城市政府需要增加限价商品住房用地计划供应量。北京、上海、广州等地都实行限价商品住房政策。

限价商品住房的供应对象可以是中低收入人口和家庭，也可以是特定人才。一些城市在新建小区配建一定比例（通常5%以内）的限价商品住房，配建部分以折扣价配售给特定对象，并限制转让期，限制转让期内将由政府以特定价格回购。例如2011年下半年上海正式启动在浦东临港新城地区试点建设的限价商品住房，定向销售给特定"人才"。

(3) 廉租住房

廉租住房最初是针对城市最低收入住房困难家庭，解决他们的基本住房需要。中国东部地区和其他有条件的地区也将保障范围逐步扩大到低收入住房困难家庭，此外，保障范围还从城市低收入群体扩大到林区、垦区、煤矿等棚户区居民。

作为解决低收入家庭住房困难的主要手段，廉租住房建设由各地政府的住房管理部门直接管理。廉租住房的保障资金以政府财政预算安排为主，并通过多渠道筹措。中央政府还加大对全国财政困难地区廉租住房保障补助力度，2009年对西部地区每平方米补贴400元，对中部地区每平方米补贴300元，对辽宁、山东、福建省的财政困难地区则每平方米补贴200元。新建廉租住房的建设用地实行行政划拨方式供应。对于棚户区改造中的廉租住房用地实行划拨供应、免收土地出让金等优惠措施。

廉租住房保障对象的"双困核定标准"是家庭收入和住房的困难标准，由城市政府按照当地统计部门公布的家庭人均可支配收入和人均住房水平的一定比例，结合城市经济发展水平和住房价格水平确定。廉租住房的保障面积标准，由城市政府根据当地家庭平均住房水平及财政承受能力等因素统筹研究确定。廉租住房保障对象的家庭收入标准、住房困难标准和保障面积标准实行动态管理，由城市政府每年向社会公布一次。

随着廉租房的大规模建设，部分地方也出现了一些问题，例如房源闲置、出借，日常管理和维修养护资金不落实，准入退出管理机制不完善，日常监管和服务不到位，等等。针对这些问题，可以从两方面着手解决，一方面是制定新的措施进一步完善廉租房制度，另一方面是逐步与公共租赁住房并轨。由此，2010年9月国土资源部、住房与城乡建设部在《关于进一步加强房地产用地和建设管理调控的通知》中提出"加大公共租赁住房供地建房、逐步与廉租住房并轨、简化并实施租赁住房分类保障的途径"。

向最低收入家庭提供廉租住房保障，原则上以发放租赁补贴为主，实物配租和租金核减为辅。因此总体来说，各地的廉租住房数量很小。

（4）公共租赁住房

公共租赁住房面向城镇中等偏下收入住房困难家庭、新就业无房职工和在城镇稳定就业的外来务工人员以及新毕业大学生、引进人才等各类"夹心层"群体，主要解决"夹心层"住房问题以及各收入群体临时性、周转性、过渡性、阶段性的住房困难，通过梯度消费逐步实现住有所居。部分"夹心层"群体随着收入增长，几年后将具备通过市场解决住房的支付能力。新建的公共租赁房，除了30%的高标准公共租赁房和10%的永久性质的永租房（类似廉租房性质）"只租不售"外，中间水平60%保障性住房可考虑"先租后售"。

公共租赁住房的供地方式是土地划拨和土地出让方式相结合。公共租赁住房的开发建造者、经营者在相关各项税收政策上享有支持，具体来说，对公共租赁住房建设用地及公租房建成后占地免征城镇土地使用税，对公共租赁住房经营管理单位建造公共租赁住房涉及的印花税予以免征，对经营公共租赁住房所取得的租金收入，免征营业税、房产税等。

公共租赁住房的设计标准是单套建筑面积严格控制在 $60m^2$ 以下。公共租赁住房重点提供符合"夹心层"特征需求的交通便利的中小户型房源，靠租赁住房的适度标准来自动筛选，避免对公共租赁住房的过度需求。

2010年6月12日正式发布的由住房与城乡建设部等七部门联合制定的《关于加快发展公共租赁住房的指导意见》，对公共租赁住房的租赁期限和面积标准都作了规定。公共租赁住房在出租时，出租人与承租人应当签订书面租赁合同。公共租赁住房租赁合同期限一般为3至5年。租赁合同期满后承租人仍符合规定条件的，可以申请续租。公共租赁住房提供的长期稳定租赁合约，有助于引导和规范私人租赁住房市场的健康发展。

公共租赁住房在厦门、深圳、青岛、天津、福州、北京、杭州、常州等沿海城市和重庆、成都等少数内地大中城市发展迅速。2010年，在各地保障性住房建设规划中，公共租赁住房在公共住房体系的发展战略中占据中心地位。在一些公共租赁住房发展较快的城市，公共租赁住房已经超越户籍的限制，覆盖到外来务工人员。

(5) 棚户区改造安置住房

在城市和国有工矿棚户区改造中的安置住房项目,包括经济适用住房和廉租住房的建设,棚户区改造安置住房的用地实行划拨供应,免收土地出让金,免收行政事业性收费,免收城市基础设施配套费、城市教育附加、地方教育附加等政府性基金。

5.2.3 城市公共住房的建设与供给

1. 中央政府与城市政府的职责分工

对于城市公共住房的建设与供给,中央政府的职责是制定目标,并通过住房政策以及财政、土地、金融和税收等方面相应的配套政策措施,形成政策合力,以加大对公共住房建设的支持力度。中央政府规定,城市要具体落实解决低收入家庭住房困难的经济政策和建房用地。一是廉租住房和经济适用住房建设、棚户区改造、旧住宅区整治一律免收城市基础设施配套费等各种行政事业性收费和政府性基金。二是廉租住房和经济适用住房建设用地实行行政划拨方式供应。三是对廉租住房和经济适用住房建设用地,各地要切实保证供应。要根据住房建设规划,在土地供应计划中予以优先安排,并在申报年度用地指标时单独列出。另外,地方城市的中低价位、中小套型普通商品住房(含经济适用住房)、廉租住房和棚户区改造的土地年度供应量不得低于住房建设用地供应总量的70%;土地的供应应在限套型、限房价的基础上,采取竞地价、竞房价的办法,以招标方式确定开发建设单位。

城市政府的职责是具体负责公共住房的融资、建设与运营、监管、规划等。城市政府在公共住房方面更多地发挥组织协调和法律规制作用,努力增加公共住房供应,完善体制机制,落实土地供应、资金投入(投资补助、财政贴息或注入资本金)和税费优惠等政策措施,引导房地产开发企业积极参与公共住房建设和棚户区改造,鼓励金融机构发放公共住房建设和运营中长期贷款,确保完成计划任务。一些有条件的地区,还把建制镇纳入住房保障工作范围。

以租赁市场为例,实行严格的租户权益保障措施,要求各地政府按照不同区位、不同结构和质量的房屋,分别提出相应的指导租金水平,作为住房出租人和承租人确定住房租金的参考标准。同时也有完整的维护房主合法权益的条款。此外,政府也着力保障低收入人群的基本住房福利,但主要是有针对性地向低收入人群发放租赁补贴,提高他们在私人租赁市场上的支付能力。

2. 公共住房的筹集

公共住房的筹集,一方面从现有住房存量中筹措,另一方面通过新建。城市政府通过收购和改造旧住宅、建设适用的新住宅等措施,向市场提供廉租住房、经济适用住房和公共租赁住房等,有效解决公共住房的供应。在中心城区的公共住房以存量房挖潜为主。新建公共住房主要选择在城郊接合部和新兴卫星城区。前者比如通过"公租房中介公司"把居民和各个单位零散的闲置房源组织起来提供给"夹心层"和中低收入家庭,或者也可以对废弃厂房、工业园、科技园闲置用房进行改造,贵州和杭州等地包括上海的张江高科技园区已经开展这方面探索实践。针对各类公共住房,采取不同的房源筹集方式。

(1) 多渠道增加廉租住房房源

城市政府采取新建、收购、改建以及鼓励社会捐赠等方式增加廉租住房供应。小户型租赁住房短缺和住房租金较高的地方,城市政府则加大廉租住房建设规模。新建廉租住房套型建筑面积控制在 $50m^2$ 以内,主要在经济适用住房以及普通商品住房小区中配建,并在用地规划和土地出让条件中明确规定建成后由政府收回或回购;也有少量相对集中建设。

(2) 多渠道增加公共租赁住房房源

城市通过新建、改建、购买、长期租赁等方式,多渠道筹集公共租赁住房房源。一些城市规定房地产开发企业在普通商品住房建设项目中配建一定比例的公共租赁住房,并持有、经营,或由政府回购。

(3) 加快集中成片棚户区的改造

对集中成片的棚户区,城市人民政府制定改造计划,因地制宜进行改造。

困难住户的住房得到妥善解决；住房质量、小区环境、配套设施明显改善；困难家庭的负担控制在合理水平。

（4）积极推进旧住宅区综合整治

对可整治的旧住宅区力戒大拆大建。以改善低收入家庭居住环境和保护历史文化街区为宗旨，遵循政府组织、居民参与的原则，积极进行房屋维修养护、配套设施完善、环境整治和建筑节能改造。

（5）多渠道改善农民工居住条件

用工单位要向农民工提供符合基本卫生和安全条件的居住场所。农民工集中的开发区和工业园区，应按照集约用地的原则，集中建设向农民工出租的集体宿舍，但不得按商品住房出售。城中村改造时，要考虑农民工的居住需要，在符合城市规划和土地利用总体规划的前提下，集中建设向农民工出租的集体宿舍。有条件的地方，可比照经济适用住房建设的相关优惠政策，政府引导，市场运作，建设符合农民工特点的住房，以农民工可承受的合理租金向农民工出租。

（6）单位集资合作建房

单位合作建房只能由距离城区较远的独立工矿企业和住房困难户较多的企业，在符合城市规划前提下，经城市人民政府批准，并利用自用土地组织实施。单位集资合作建房纳入当地经济适用住房供应计划，其建设标准、供应对象、产权关系等均按照经济适用住房的有关规定执行。在优先满足本单位住房困难职工购买基础上房源仍有多余的，由城市人民政府统一向符合经济适用住房购买条件的家庭出售，或以成本价收购后用作廉租住房。各级国家机关一律不得搞单位集资合作建房；任何单位不得新征用或新购买土地搞集资合作建房；单位集资合作建房不得向非经济适用住房供应对象出售。

3. 公共住房的供给

地方城市主要以实物方式，结合发放租赁补贴，解决城市低收入住房困难家庭的住房问题。公共住房政策目标的长期目标是，以面向全社会的公共租赁住房和针对中低收入家庭的货币化租金补贴相结合的方式来推进公共住房体系的建立。这样，廉租住房也可以兼并到公共租赁住房体系之中。在条件具备的地方，将廉租住房与公共租赁住房统筹建设、并轨运行，实行同一保障房源，对不同的保障对象实行不同的租金标准。廉租住房低租金，适应最低收入群体的支付能力；公租房的租金则相对较高。

货币化住房补贴的来源遵照群策群力、共同分担的原则。政府主要对低收入、低保户提供住房补贴，中间收入的专业技术人才，主要由用人机构负责提供住房补贴。住房补贴提供的标准以公共租赁住房的租金与需补助家庭的最高可承受租金（一般为家庭收入的25%~30%）之间的差额为合理标准，随补助家庭的收入变动而线性增减。

到2010年底，全国城镇公共住房覆盖率已达7%~8%，城镇居民人均住房面积超过30m^2。农村居民人均住房面积超过33m^2。

4. 公共住房的投资与建设

公共住房投资应该是社会性投资的最为重要的一个环节。需要负责汇集财政专项资金（房产税的全部、土地增值税和土地出让金等的一定比例、中央财政专项补助资金）、住房公积金、房地产产业基金、保险基金等多渠道的公共住房发展资金。

《关于加快发展公共租赁住房的指导意见》中，明确投资者可转让公租房。"对于公租房的建设，鼓励金融机构发放公共租赁住房中长期贷款，支持符合条件的企业通过发行中长期债券等方式筹集资金，探索运用保险资金、信托资金和房地产信托投资基金拓展公共租赁住房融资渠道。政府投资建设的公共租赁住房，纳入住房公积金贷款支持保障性住房建设试点范围。公共租赁住房建设实行'谁投资、谁所有'，投资者权益可依法转让。"

市、县住房城乡建设（房地产、住房保障）主管部门提出限价商品住房的控制性销售价位，商品住房建设项目中公共住房的配建比例、配建套数、套型面积、设施条件和项目开竣工时间及建设周期等建设条件，作为土地出让的依据，并纳入出让合同。在各种形式的公共住房建设中，相对于经济适用住房和限价商品房，公共租赁住房对开发商或是民间资本的吸引力最小，这是因为公共租赁住房投资回收周期长。也因此，公共租赁住房的建设资金问题突出。但是在各地住房限购令和税收信贷等多方作用下，在部分城市，公共住房由于需求集中、政府主导销售，对开发商的吸引力甚至超过普通商品住房，为民间资本参与公共租赁住房建设打下了一定的基础。

初期阶段，公共租赁住房的推广在一些城市工业园区受到广泛欢迎，苏州、青岛等地的社会资金开始逐步进入该领域。然而，非工业园区建设的公共租赁住房，目前还没有找到更好的方法或途径吸引社会资金的加入。

参与公共住房建设的有地方企业、私人企业和央企（中央各部委直属企业）。像中海、中建、中铁、中冶等央企介入公共住房工程建筑市场的规模已经很庞大，央企建设保障性安居工程预计占到整体规模的10%~15%。而中国建筑（中建地产）在2011年的目标是将市场份额扩大到全国市场的3%，成为中国最大的公共住房投资建造商。由于民营企业可操作的空间更大，很多地方政府更喜欢与民营房地产企业合作。虽然公共住房建设的毛利润仅有1%~1.5%，只能保证不亏损，但是意图与地方政府维持良好的合作关系，并考虑到现阶段公共住房的大量建设以及由政府负责销售，也成为私营企业参与公共住房建设的内在动力。

图 5-5 房地产开发企业（单位）建设成套经济适用房竣工与销售情况

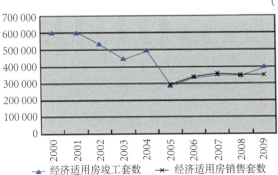

图 5-6　1999—2010 年中国的住宅及经济适用房销售面积与投资总额

总体来看,全国公共住房的建设表现出下列两个特征:

(1) 公共住房发展缓慢,其销售量占住宅总销售量的比重逐年下降

2000 年,全国住宅销售总面积为 16 570 万 m²,其中经济适用房销售面积 3 760 万 m²,占住宅销售总面积的 22.69%。此后逐年下降,2004 年开始跌至 10% 以下。2010 年全国住宅销售总面积为 93 051 万 m²,其中经济适用房销售

面积 2 738 万 m², 仅占住宅销售总面积的 2.94%。需要补充说明的是，由于国家统计局只公布公共住房中经济适用房的销售面积，而经济适用房在公共住房体系中呈下降趋势，也对上述比例下降产生一定影响。（见图 5-6）

(2) 公共住房资金投入规模不断加大，但其占住宅投资比重明显下降

2007—2009 年经济适用房投资额同比增速都超过 15%，2010 年出现了小幅下跌，但同期商品住宅投资额增速显著高于经济适用房，经济适用房投资额占全部住宅投资的比重整体上呈下滑的趋势，1999 年占比 16.57%，2003 年以来降至 10% 以下，2010 年仅为 3.13%。（见图 5-6）

5.2.4 小结

公共住房体系的建立和长期运转，有赖于城市政府建立健全财税、投融资、土地供应和租金水平、户型面积、市政配套、准入退出等机制和标准，把公共租赁住房、廉租住房建设和棚户区改造落到实处。因此还需建立《公共住房条例》，从法规上规定公共住房的保障对象、保障标准、保障水平、保障资金的来源、专门管理机构的建立，以及对违法违规行为的惩处措施等内容。

窗口 5-1　青岛市公共住房建设的实践[①]

青岛市公共住房建设投资中心正式挂牌成立，致力于搭建保障性住房筹资融资平台。政府投资建设的公共租赁住房和廉租住房建成后将转入"房投中心"进行资产管理，通过创新管理手段和经营方式，确保国有资产保值增值。投融资平台成立后，公租房建设政府主导、市场参与的模式将磨合得更好。将充分发挥保障性住房融资作用和专业运作的优势，使保障性住房建设逐步实现政府主导下的，从计划立项、土地供应、组织建设、配租配售到资产管理等全过程统一管理和运作。通过这一平台，将部分分散的保障性住房建设资金进行整合，统筹用于保障性住房项目的征地、拆迁、建设。通过抵押贷款等方式，筹措保障性住房建设资金，用于支持保障性住房项目建设。青岛市 1.2 万余套政府拥

---

① 《中国建设报》2011.04.01，记者：童亦弟.

有产权的保障性住房进行价值评估,将进行资产抵押以获取贷款。中心将参与保障性住房项目建设,发挥"房投中心"的示范和储备作用,参与部分保障性住房项目,尤其是集中建设项目的建设,探索新型建设和管理方式,为其他市场化配建的保障性住房提供示范作用。同时,"房投中心"将根据青岛市保障性住房建设计划、土地资源情况,提前规划项目布局,提前储备建设用地,按计划、分时序地建设和供应,以起到满足需求和调控市场的双重作用。

5.3 商品住房的发展

5.3.1 城市住房建设的阶段

1. 逐步推行住宅商品化阶段(1978—1985年)

1980年国家的土地使用制度与住房制度均发生了重大改革,这一年邓小平发表了关于建筑业是支柱产业的重要讲话,并把房屋这个建筑业的产品作为商品提出来,这就为房地产业成为一个经营商品的现代产业奠定了基础。

城市住宅建设开始推行商品化试点,开展房地产经营业务,并通过多种途径,增加资金来源,逐步缓和了城市住房的紧张状况。

1983年城镇住宅标准按规定要求平均每套住宅建筑面积应控制在 $50m^2$ 以内,把解决无房户、严重拥挤户的住房问题放在首位,以缓和城市住房紧张状况。

1984年城市公有住宅补贴出售给个人扩大试点,并作为逐步推行住宅商品化、全面改革国家住房制度的重要步骤。个人购买的住宅免征房产税和契税。此后各单位建造住宅向个人出售,不计算在固定资产投资规模内。截至1984年底,旧住宅出售工作已发展到23个省、市、自治区,当年出售面积达到137.9万 m^2。职工买房后大多投资改造,既改善了居住条件,又减轻了国家负担。

国家还鼓励华侨、侨眷用侨汇购买和建设住宅。1980年3月国务院专门发文,对此问题作了规定,受到侨胞、侨眷欢迎。

这是一个由福利住房向商品住房过渡的时期。

2.商品住房建设兴起阶段(1985—1998年)

从1987年开始,商品房的生产计划正式列入国民经济计划,这是住房产品作为商品第一次在国民经济中找到了自己应有的位置。经国务院批准,1987年7月起,烟台、蚌埠、唐山、沈阳的住房制度改革方案分别出台;1998年底,全国停止住房的实物分配;1999年各地制定住房分配货币化的方案。

1991年城镇住宅建设开始出现回升趋势,1992年出现房地产热,批地热、炒地热和建造高档、高消费项目(如花园别墅、高级公寓、高尔夫球场等)热,而广大群众迫切需要的住宅建设并没有热起来。国家对房地产进行宏观调控并取得初效,投资结构开始向住宅建设倾斜。

1990年代初各地纷纷出台蓝印户口、购房入户、投资入户等一系列户籍管理政策和规定,有力地刺激了外来人口对城市商品房的需求。

3.商品住房市场快速发展阶段(1998—2007年)

随着土地使用制度改革的深化,土地资源的资产价值得到体现,房地产市场蓬勃发展,除了新建包括经济适用房在内的商品住宅外,继续推进现有公房出售。

这一时期城镇化的进程持续快速推进,新增城镇人口、需对原有住房条件进行改善的人口、因城镇建设的需要而被动拆迁的人口、新就业等着成家的人口、投资性购房的人口等几方面的需求,导致商品住房市场供不应求状况进一步加剧。2004年国民经济继续保持良好势头,房地产业出现了开发投资增幅过高、投资规模过大、开发资金过多依赖银行贷款、商品住房价格上涨过快、供应结构不合理、市场秩序比较混乱等问题。

2004年以后中央对房地产市场进行了多轮调控,包括将房地产开发项目(不含经济适用房项目)资本金比例由20%及以上提高到35%及以上,以及重点发展普通商品住房的"7090"规定[①],以便有效控制房价涨幅、缓解结构性矛盾突出。

---

① 2006年6月1日起,凡新审批、新开工的商品住房建设,套型建筑面积90m²以下住房(含经济适用住房)面积所占比重,必须达到开发建设总面积的70%以上。

4.商品住房市场的再调整阶段（2008年以来）

2008年，中共中央提出"推进户籍制度改革，放宽中小城市落户条件，使在城镇稳定就业和居住的农民有序转变为城镇居民"。2008年底，为应对国际金融危机冲击，党中央、国务院确定了进一步扩大内需、促进经济平稳较快增长的十项措施。经济刺激计划和宽松的货币政策支持了房地产市场回暖。各级政府出台的房地产相关政策也起到了积极的作用。2009年的中国房地产市场经历了一个急转向上的行情，住房投资和消费大幅增加，新建商品住房成交面积大幅度增加，保障性安居工程建设进度进一步加快，但是，部分城市出现了房价上涨过快等问题。促进房地产市场平稳健康发展是这一时期中央政策措施的根本出发点，遏制部分城市房价、地价过快上涨，抑制投机性购房过度活跃，地方政府被要求切实负起责任。特别是2010年至今，国家先后出台了多次调控措施。"保障性住房、棚户区改造和中小套型普通商品住房用地不低于住房建设用地供应总量的70%，并优先保证供应"，严格的差别化住房信贷政策，在部分城市执行的住房限购政策，以及在上海和重庆正式开始试点房产税，有效地调控了房地产用地和建设管理。

5.3.2 市场化的房产开发

自1980年提出成立房产开发公司，1981年第一家房屋建设开发公司成立，房产开发公司经历了迅速发展时期，也为城市的住房建设和财政收入做出了巨大贡献。

1.私营房产开发公司的发展

1980年房屋建筑开始向商品化发展，与之相适应，"一般民用建筑，首先是住宅，要积极推行由建筑企业包建，按套定价出售，采取"交钥匙"的办法。大城市和工业集中的地区可以试办开发公司，从规划设计开始，成套地建房卖房"。1981年初，中国房屋建设开发公司成立。此后许多城市也相继成立以建设住宅为主要任务的开发公司。到1984年底，中国房屋建设开发公司已发展到 84 个公司。这一年，国家计委和建设部联合颁发《城市建设综合开发公司暂行办法》。1989 年 9 月建设部对城市综合开发公司资质等级标准进行了规定，规范管理专营城市综合开发、建设、经营商品房屋的公司，并对各级开发公司可承担的任务分别作了规定。

表 5-3 各级开发公司承担的任务规定

开发公司等级	土地开发规模	建筑面积	住宅区性质规模	技术难度
一级开发公司	20hm² 以上	30 万 m² 以上	居住区	建设技术复杂程度不受限制
二级开发公司	20hm² 以下	20 万 m² 以下	住宅小区	不得承担技术特别复杂的建设项目
三级开发公司		12 万 m² 以下	住宅小区	土地、房屋综合开发，不得承担含有 12 层以上、跨度超过 24m 的建筑物的建设
四级开发公司		4 万 m² 以下	住宅组团	土地、房屋综合开发，6 层及 6 层以下民用建筑的建设

据统计，截至 1994 年 6 月，中国房地产综合效益百强企业所完成商品房投资额占全国商品房总投资额的 24%，销售额占全国总销售额的 35%，商品房施工面积占全国商品房总施工面积的 21%，销售面积占全国总销售面积的 23%。

表 5-4 房地产开发企业

（单位：个）

年份	企业个数	内资企业	国有	集体	港、澳、台投资企业	外商投资企业
1998	24378	19960	7958	4538	3214	1204
1999	25762	21422	7370	4127	3167	1173
2000	27303	23277	6641	3492	2899	1127
2001	29552	25509	5862	2991	2959	1084
2002	32618	28657	5015	2488	2884	1077
2003	37123	33107	4558	2205	2840	1176
2004	59242	53495	4775	2390	3639	2108
2005	56290	50957	4145	1796	3443	1890
2006	58710	53268	3797	1586	3519	1923
2007	62518	56965	3617	1430	3524	2029
2008	87562	81282	3941	1520	3916	2364
2009	80407	74674	3835	1361	3633	2100

自 1998—2009 年 12 年间，除 2005、2009 两年较前一年数量下降之外，其余年份房地产开发企业（单位）总数处于增加趋势。其中集体企业总数持续下降，而港、澳、台投资企业和外商投资企业总数均有增长。

2. 房产开发公司的贡献

表 5-5 房地产开发企业（单位）建设成套住宅竣工与销售情况

（单位：套）

年份	住宅竣工套数合计	其中		住宅销售套数合计	其中	
		别墅、高档公寓	经济适用房		别墅、高档公寓	经济适用房
2000	2139702	59880	603573			
2001	2414392	72207	604788			
2002	2629616	97751	538486			
2003	3021134	108525	447678			
2004	4042219	144949	497501			
2005	3682523	135276	287311	4235372	152339	295302
2006	4005305	139632	338040	5049094	219982	338314
2007	4401203	159423	356580	6251263	257776	356021
2008	4939189	144618	353782	5565827	157455	396111
2009	5548897	143621	398441	8040470	240129	347840
总计	36824180	1205882	4426180	29142026	1027681	1733588

图 5-7 房地产开发企业（单位）建设成套住宅竣工与销售情况

（单位：套）

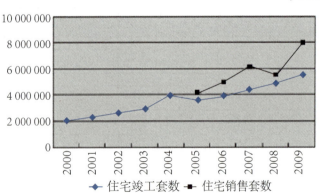

私营房地产开发企业（单位）为城市建造了大量的住宅，缓解了城市住房问题，极大地改善了居住水平。据统计，自2000—2009年十年间，房地产开发企业（单位）建设成套住宅竣工套数总计36 824 180套，其中竣工经济适用房4 426 180套，占住宅竣工总套数的12.02%。自2005—2009年五年间，住宅销售套数总计29 142 026套，其中经济适用房销售套数总计1 733 588套，占住宅销售总套数的5.95%。

房地产开发企业（单位）还为城市贡献了经营税金及附加费。自1996年起，经营税金及附加费处于持续上升趋势。尤其是经过2004年的小幅下降后，后续呈大幅上涨态势。

表 5-6 房地产开发企业（单位）经营税金及附加

年份	经营税金及附加（万元）
1992	414435
1993	965917
1994	951029
1995	903047
1996	927779
1997	1042143
1998	1388134
1999	1453611
2000	2145704
2001	2734549
2002	3701458
2003	4937227
2004	4130409
2005	8452536
2006	11271214
2007	16602966
2008	18291968
2009	25854899

图 5-8 房地产开发企业（单位）经营税金及附加

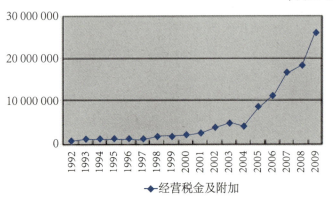

5.4 居住社区及社区服务

5.4.1 居住社区组织

随着福利住房制度向商品房制度的转变，城市单位社会的组织也逐渐向城市社区的组织转变。行政管理意义上的城市社区以街道为基本单元，这与学术研究中的城市社区概念有所不同，这里主要依据后者根据居民住房的性质区分社区组织，即以地域居民为基础的居民组织，在直接提供服务和争取政策制定以及执行的改善时，都是以地区层面的利益为重点。

按照住房性质，城市社区可划分为售后公房社区、商品房社区以及公共住房社区三种类型，这些社区的组织各具特征。

1. 售后公房社区的组织特征

在大多数售后公房社区中，人口老龄化趋势明显，居民经济收入水平低。特别是在工人社区中，居民受教育程度较低，失业、下岗率高，重新谋到职业的机会较少；另外，由于售后公房社区的住房面积较少，住房条件较差，一些高收入的人口（主要是年轻人）逐渐搬离，相应有一些收入较低以及外来流动人口搬入，从而形成了一个经济水平相对来说较低、人员构成较为多样的住宅区。

在售后公房社区中，居委会这一自治组织在社区文化活动以及社区服务中有着相当重要的地位，是政府与居民之间沟通和联系的桥梁和纽带。居委会在居民心目中的地位还是比较重要的，居委会在一定程度上得到了居民的认可，居民与居委会干部、居民与居民之间的关系上，相对来说比较密切。

2. 新建商品房社区的组织特征

新建商品房社区又可细分为高收入商品房社区和中等收入商品房社区。这两类社区中，居民受教育程度相对较高，但是居民之间的联系相对薄弱。

在商品房社区中，居委会与业主委员会并存，业主委员会负责社区的日常维护事务，作用较大，居委会在履行社会职能时，更多地对上级机构（街道）负责。在商品房社区中，随着居民整体收入程度的提高，居民参与社区活动的积极性却呈现下降趋势。

3. 公共住房社区的组织特征

严格意义上的公共住房社区目前存在数量极少，一些城市中有少量集中建造的廉租住房社区，而经济适用住房社区和限价住房社区在很大程度上接近于普通商品房社区。在廉租住房社区中，业主大多来自低收入家庭，许多住户仅能维持基本的生活消费开支，有的还需政府救助补贴。居民的社会网络基础薄弱，且存在共同的住房问题、老年人医疗问题和中青年失业问题等。

5.4.2 居住社区服务

中国城市的社区服务经历了计划经济时期和由计划经济向社会主义市场经济过渡时期这两个阶段。在不同的经济体制下，社区服务表现出不同的体制特征。自 1993 年以来，社区服务行业在中国的城市化建设方面的作用越来越突出，社区服务由政府包办的服务模式逐渐向着社会化、市场化的方向转型发展。在"小政府、大社会"的改革趋向下，社区服务的社会化，强调政府、社团、企事业单位、居民等各种主体力量共同参与，而不是政府包办；强调多渠道筹集社区服务资金，多方面开发社区资源等。社区服务的产业化意味着社区服务成为第三产业的重要组成部分和一个特殊领域，社区服务可以借助市场机制的力量向前发展。社区服务市场化则是将社区服务依据市场经济的规律和要求，按照企业运营方式，充分配置内外部资源，实现"服务的付出方"与"服务的需求方"的双向效益最大化。

1. 社区服务的类型与内容[①]

目前的城市社区服务按照服务性质的不同可分为民政福利性服务、公益性低偿服务和经营性服务，兼具福利性、行政事务性和商业性。社区服务的具体内容有：

(1) 社会福利服务，包括：① 为老年人服务，如老年公寓、老年婚姻介绍所、老年人活动中心等；② 为少年儿童服务，如托儿所、幼儿园、儿童医疗保健站等；③ 为民政对象服务，如残疾人服务站、精神病人康复中心、军烈属生活照顾、扶贫济困等；④ 为失业人员、下岗职工提供的服务，如最低生活保障服务、就业和再就业服务等。

(2) 便民利民服务，包括：① 家政服务，如家庭保姆介绍、病人护理、代换煤气等；② 居民生活服务，如便民小吃、便民副食、自行车存放等；③ 文化体育服务，如青少年校外教育、青少年特长班、健身中心、社区活动室等。

(3) 行政性服务，如水电气的供应、房屋维修、社区道路修筑与维护、计划生育、各种证件的办理、社区治安等。

(4) 社企之间的服务，如街道、社区为辖区内的企事业单位提供的后勤社会保障服务及辖区单位为街道、社区提供的文化教育、医疗保健等服务。

---

① 社区服务是指在政府的组织和参与下，借助政府、市场和社会的力量，利用政府的行政机制、社会的互助机制和市场的经营机制，开发各类资源，为社区提供各类产品和服务，满足居民的需求，增加社区福利，提高居民生活水平和生活质量的过程。

在上述社区服务中，服务主体多元，政府、市场和社会共同参与供给；服务手段多样，政府的行政性服务、社会的互助性服务、市场的经营性服务并存；服务对象多元，民政对象、普通居民和辖区单位都在服务之列。

2.社区服务的获得途径

所有的城市居民都是社区服务的对象，其中：民政服务只针对部分特定人群，例如社区中孤老病残、军烈属等弱势家庭，其经费由政府拨付解决；行政事务性服务满足社区全体成员，解决居民日常生活中遇到的难题，提供低偿服务，经费靠社区和政府共同筹集；市场化服务则对所有社会成员开放，完全按照市场经济原则进行，对居民实行有偿服务，经营者自主经营、自负盈亏。

对于新建商品住房社区来说，包括住宅售后服务和社区服务。住宅售后服务通常由物业公司进行专业化的管理，解除了购房居民的后顾之忧。至于社区服务，住房购买者在购买住房时，也同时购买了相应的使用社区服务设施以及获得公益和市场服务的资格。商品住房在开发过程中，住房建设项目经过规划、立项、征地、建设、销售及使用全过程的各种收费，城市政府财政、价格主管部门负责制定和执行行政事业性收费和政府性基金收费标准。例如行政事业性收费中的城市基础设施配套费，包含了水、电、气、热、道路以及其他专项配套费，因此购房者在购买住房后可以相应地获得公用事业服务。此外，行政事业性收费项目中还包括了享受教育基础设施、医疗卫生设施、公园绿地等公共服务内容。住房建设中行政事业性收费占住房价格的比重一般由城市政府控制在10%以内。

售后公房社区本质上也属于商品房社区，与新建商品房社区不同的是，相当部分居民经历了服务模式的转变，对于政府的行政性服务具有较多的依赖性。

至于公共住房社区，集中建造已在使用的为数极少。对于集中建造的公共住房来说，单个公共住房项目规模不宜太小，否则难以形成规模经济和聚集效应。公共住房项目可以规划建设配套商业服务设施，统一管理经营，以实现资金平衡，也就是实现"以商养租"。

3. 社区服务市场化的特征

(1) 售后公房社区服务的市场化特征

售后公房社区是受政府扶持比较多的社区,以政府为主导的社区服务发展成熟,主要是福利性和公益性服务,解决了居民日常生活基本问题。由于售后公房业主消费水平偏低,商业性的社区服务专业化水平相对较低。

此外,售后公房社区物业管理问题突出。很大部分售后公房的物业服务公司并非业主委员会从市场上招聘选拔,而是从房管所转型而来,具有复杂的历史遗留原因;虽然很多小区也进行了市场化物业服务公司招标,但物业管理市场化失灵,其核心问题是维修基金匮缺,物业费收缴率低,物业费标准过低,难以支持物业服务公司的正常运营。一般售后公房的管理费平均收缴率仅为80%。

(2) 新建商品房社区服务的市场化特征

新建商品房社区由于业主收入处于中高水平,对社区服务要求较高,所获得的市场化服务质量、专业性都较高,但是对社区福利性服务、公益性服务的依赖性不大。新建商品房社区物业管理也比较到位,社区通常聘请物业服务公司进行市场化管理,物业公司按照城市物业服务等级服务的相关规定,通过按照规章收费,提供相应的物业服务。

(3) 公共住房社区服务的市场化特征

公共住房社区对于社区福利性、公益性服务依赖性较强,获得的市场化服务水平不高。公共住房社区的物业服务模式与物业管理法律和政策规定方面尚不能完全适应。在经济适用房和廉租住房社区中,物业费收缴率比一般售后公房社区更低。一方面,部分业主物业消费意识淡薄,拖欠、拒缴物业服务费;另一方面,物业收费超出了部分低收入家庭的经济承受能力。公共住房社区中经常因为物业费导致物管企业与业主、业主委员会的矛盾冲突,甚至可能出现物业公司无法坚持下去而单方撤走的情况,严重影响了公共住房社区居民的居住和生活质量。

公共租赁住房社区目前尚未大量形成,由于居住对象的多元化,对于市场化服务的要求会逐步提高。

4. 社区服务市场化的机制

自 2000 年以来，社区服务逐渐成为第三产业的重要组成部分和吸纳就业的新兴领域，社区服务借助市场机制的力量不断发展。截至 2010 年底，全国共有各类社区服务设施 15.3 万个，其中社区服务中心 12 720 个，社区服务站 44 237 个，其他社区服务设施 9.6 万个。社区服务设施覆盖率 22.4%。城镇便民、利民服务网点 53.9 万个。社区志愿服务组织 10.6 万个。社区共吸纳从业人员 105.9 万人[①]。城市社区服务市场化的机制，主要可以概括为以下两方面：

(1) 社区服务投资主体、生产主体多元化

企事业单位、非营利组织、社区自治组织、团体和个人等社会资金和外资以独资、合资、股份合作以及承包、租赁等方式共同投资社区服务业，发展了公有民营、民办公助、股份合作制、个体经营等多种形式的社区服务组织，拓宽了社区服务资金渠道，形成多元化的投资主体和筹资机制，加快社区服务市场化运作步伐。

(2) 社区服务向专业化方向发展

企业化管理和市场机制引入社区服务业，针对居民消费需求情况和市场服务状况，商业性社区服务种类齐全，层次丰富，设施分布合理，满足了居民不断增长的需求，兼顾了经济效益与社会效益。

图 5-9 社区服务设施

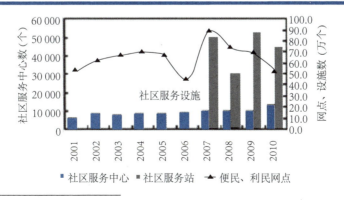

① 数据来源：http://www.mca.gov.cn/article/zwgk/mzyw/201106/20110600161364.shtml（六）社区服务体系建设统筹推进。

表 5-7 社区服务设施

指标	2001	2002	2003	2004	2005	2006	2007	2008	2009	2010
社区服务设施（万个）	19.6	19.9	19.6	19.8	19.5	16.0	17.2	16.2	17.5	15.3
社区服务中心（个）	6179	7898	7520	7804	8479	8565	9319	9873	10003	12720
社区服务站（个）							50116	30021	53170	44237
便民、利民网点（万个）	54.0	62.3	66.8	70.4	66.5	45.8	89.3	74.9	69.3	53.9

5.5 城中村

城中村是中国背景下独特的城市化现象。在城市空间快速扩展过程中避开或绕过近郊农村居民点，利用开发成本相对较低的农地、空地进行城市新区开发。这些新建地区成为城市的一部分，而原有的村庄则仍然维持乡村管理模式，从而形成城市包围农村、城乡混杂的二元城乡景观、空间与社会结构。

城中村存在于城市建成区范围内，但在管理上仍属于乡村集体所有制的村庄建设用地地域范围，保留农村集体所有制、农村经营体制。在缺乏有效管理的基础上，城中村成为其他地区的农村剩余劳动力向城市转移的吸纳地，同时成为了城市中人群最密集、存在着复杂社会问题的特殊城市功能区、低成本的"非正规"容器，填补了廉租房市场的巨大空缺，并提供了大量的"非正规"城市就业机会。城中村的农村居住形态及经济形式在城市发展过程中指向了我国快速城市化进程和社会经济转型过程中的三类群体：征地补偿较低的失地农民、受户籍制度限制不能享有住房保障的外来居民、难以承受高房价的本地中低收入居民。

5.5.1 城中村的形成

中国的城市化在国家政策与体制层面上表现为一种连续性的改革，在保持原有政治体制与管理架构稳定的基础上，试图通过市场的建立促进经济的发展。城中村是这一过程中制度改革与市场发育磨合缝隙中的产物。就其成因而言，城中村的形成受到自上而下的体制改革及政策渐进性的深刻影响，以及自下而上市场自我调节与个体趋利因素双方面的推动。

城中村自上而下的成因主要取决于两方面因素：1.城市优先发展下的快速城市化。自1978年以来，中国城中村形成的主要动力来自于改革开放后的快速城市化[1]发展。进入城市化加速通道后，除城镇人口增加、城镇数量规模增长以外，大中城市建成区面积不断扩张，由于村民搬迁成本远远高于征用农地、空地，城市迅速包围城市边缘的农村居民点，形成城中村；2.滞后于经济体制改革的城乡二元结构。城乡二元的人口户籍制度、土地管理制度等，使城市在快速扩张中将原有村庄纳入城市建成区的范围，但由于"农转非"的成本高，城市并未将农民及其宅基地等同步纳入到城市的系统中，从而形成了城、乡的相邻并置，农民需利用保留给他们少量"农地"谋取生存资金和保障。在此基础上，原村庄中的农民利用留置下的土地兴办企业、将住宅改建后出租给新进城的农民工，由此形成城中村的特殊景观。

城中村自下而上的因素主要表现在城市流动人口集聚的刚性需求上。一方面城市化和工业化发展需要大量的廉价劳动力支撑，另一方面，由于农村体制改革、乡镇企业转型、城乡观念变化、城乡收入差距，以及地区经济发展不平衡等因素，使农村剩余劳动力大量流入大中城市。但城市政府并未具备为这些劳动力提供居住生活空间及设施的能力。城中村因区位优势、低廉的房租填补了这一供应缺口，使得外来低收入人群在城市中租金低廉、管理薄弱的区域集聚。

5.5.2 城中村在城市化过程中的演进及作用

在中国快速城市化的进程中，城中村在一些大中城市的发展中发挥了重要作用，其社会经济构成及其与城市的关系也在不断变化。

---

[1] 中国在1950年至1978年28年间，城市化率增加了7%（由11%上升为18%）。改革开放后，1978年至2008年30年间，城市化率增加了27%（由18%上升为45%）。

1. 形成初期

这一时期与快速城市化启动时期的空间拓展相对应。城中村以旧村原住民为主,保留原农村村落的基本形态和社会结构,外来人口及"外生式"经济尚未形成规模。这一时期对应于中国东部大城市1990年代初、中西部大城市1990年代末的城中村形成阶段。被征用农业用地后的村民通过集体经济及征地补偿生活。对发展中的城市而言,这些城中村意味着用地不经济、市政设施盲区以及面貌落后的地区。

2. "外生式"经济发育时期

这一时期城市化已进入快速上升通道,城中村逐步成为城市发展、规模扩张的"缓冲地带",吸纳低收入人力资源并为之提供居住,甚至提供就业和创业机会。城中村建筑密度与人口密度大幅上升。这一时期对应于中国东部大城市1990年代末,中、西部大城市2005年之后的城中村阶段。随着城市的进一步拓展,初期的城中村逐渐从城市边缘地带被城市用地包围,周边市政交通等基础设施条件的改善使城中村的区位发生变化,同时城市经济的发展吸引了外来人口集聚到城市中就业。大多数的低收入外来人口在城市廉价地段居住,带动城中村住房租赁市场和非正规商业的发展。同时,一些城中村凭借区位或业缘优势还形成了某些轻型加工业的集聚。

3. "外生式"经济稳定时期

这一时期城中村的经济与人口增长趋势趋缓,建筑密度与人口密度进入相对平稳阶段,对应于中国东部大城市,尤其是珠三角地区大城市2005年之后的城中村状态。城中村在中国城市化过程中的作用具两面性,消极一面表现为:(1)土地使用结构不合理,造成土地资源浪费;(2)建成环境密集拥挤,影响城市居住环境品质及城市综合竞争力;(3)造成城市超负荷增长、不可持续的发展;(4)城市管理成本高企;(5)传统文化认同的分散化。

另一方面,城中村积极、不可或缺的作用表现为:(1)部分弥补了政府廉租房的缺口,持有土地使用权的农民与城镇低收入需房者之间以互惠互利的方式,形成低价房地产市场。(2) 降低城市企业用工成本,一定程度和范围的增加城市活力,缓解城市交通压力。(3) 缓解了外来人口对城市认同的落差,重塑了本土居民的稳定结构。

5.5.3 城中村的特征

城中村的形成最初在空间上都位于城市边缘的近郊或郊区,其中有部分城中村随着城市化推进及城区扩张而改变了区位条件,成为城市中心区的一部分,一些城中村因其所处城市的大环境及经济条件而形成"外生式"房屋租赁经济与非正规商业,甚至工业集聚。城中村随着经济的发展和城市的扩张的速度与时间差,在全国范围先后出现。从总体趋势来看,1990 年代以珠三角为代表的东部沿海地区城市的城中村大量形成,并于 1990 年代末逐步趋于稳定;随着中部崛起和中央政府"西部大开发"战略的实施,自 1990 年代后期开始,中西部地区城市经济发展加速,城市快速扩张,城中村大量出现。

东部沿海地区,以广东省为例,作为中国市场化改革先行地区,广东省经济相对发达,以加工业和制造业为主的各类企业吸纳了来自全国各省的外来中低端劳动力就业,巨大的出租房屋需求促进了城中村作为非正式房地产租赁市场的形成。相对高企的房租收益使广州、深圳等城市的城中村的利益更为显著,城中村建筑密度和容积率不断提升,违章建筑现象突出。

中、西部地区城市化进程相对滞后,经济增长速度、产业集聚与人口集聚程度较东部低,除部分大城市建成区的城中村形成了房屋租赁市场外,大部分城中村仍保持原村社区与经济形态。同时,由于中、西部地区城中村的形成高峰时期大多在国家加强土地宏观调控政策(2003 年)之后,集体土地征用及拆迁成本高涨使得中、西部地区的城中村分布普遍比东部地区更广、数量更多。

1. 空间特征

中国的城中村在每个城市以及同一城市的不同区位中的表现既有普遍性,也有特殊性。从城中村的区位及其与城市发展的关系来看,城中村的空间特征可归纳为:

(1) 主城建成区内：这类城中村形成时间较早，空间及社会经济条件相对成熟，由于区位相对良好，住房租赁需求旺盛，居住密度高，建筑密度及容积率都相对较高。(2) 主城建成区边缘、规划建成区范围内：由于处在城市扩张地带，此类城中村处于发展阶段，空间及社会经济条件变化较频繁，因交通条件、低廉的租金等因素集聚外来人口，居住密度较高，往往伴随衍生经济，如小型加工业的发展。(3) 规划建成区外，规划区范围内：因外来人口很少，这类城中村基本还保留原农业阶段的空间特征及社会经济条件。

2. 组织特征

村集体经济组织（村委会或以村委会名义成立的股份公司）在城中村的社会管理中起着重要作用，并承担了大量社会职能。珠三角部分大城市的城中村虽然纳入了城市街居组织管理体制，但其实质上的村组织因集体经济的紧密联系并未改变。

3. 社会特征

城中村的社会特征呈显著的二元结构社区特征，外部的二元结构表现在城中村与城市整体的关系；内部的二元结构表现为稳定的城中村原住民与流动的外来人口之间的关系。除商业外，社区中的各种社会组织、社会福利及文化活动基本只惠及原住民；村集体组织负责社区管理，外来人口没有参与社区事务及管理的途径。

4. 经济特征

对原住民而言，城中村的经济主要由房屋租赁市场构成，分为村民自主经营的住房出租，以及村集体组织经营的工业或商业用房出租。对外来人口而言，不同城市及不同区位的城中村情况不一。以住宅租赁为主的城中村中，外来人口的经济活动相对较弱，而工业及商业用房租赁较多的城中村里，则出现了较多的以外来人口主导的"外生式"经济，如北京的"浙江村"、武汉的"长丰村"[①]等。

---

① "浙江村"是1990年代以温州人为主的在北京丰台区南苑乡大红门一带城中村聚集的非正规服装加工坊社区。"长丰村"是2005年后武汉汉正街加工坊转移至城中村形成的非正规服装加工坊社区。

表 5-8 东、中、西部主要大城市城中村面积与吸纳外来人口状况

地区	城市	常住人口（万人）	流动人口（万人）	城中村面积（km²）	城中村吸纳外来人口（万人）
东部	上海	2301	829	—	—
	北京	1961	704	1092	80(2002)[①]
	天津	1294	299	37[②]	12(2006)[③]
	广州	1270	476	81[④]	70(2003)[⑤]
中部	郑州	866	223	70[⑥]	100(2009)[⑦]
	武汉	978	180	194[⑧]	60(2009)[⑨]
	合肥	570	121	52.8[⑩]	90(2008)[⑪]
	太原	420	43	—	50(2008)[⑫]
西部	西安	846	107	144[⑬]	—
	贵阳	432	125	6.7[⑭]	23.6(2005)[⑮]
	昆明	643	198	28	76(2008)[⑯]
	成都	1405	262		
	重庆	746	200	14.37[⑰]	7(2009)[⑱]

资料来源：上表常住人口和流动人口数据来源2010年第六次人口普查各城市数据

① 北京市城中村整治官方调研报告《北京市城区角落调查》2002年数据。
② 天津市中心城区农村居民点（城中村）分布图及用地情况统计。天津市国土分局（http://www.tjsqgt.gov.cn/Lists/List141/DispForm.aspx?ID=4）
③ 天津市城中村改造调研组2006年调研数据。
④ 城中村的改造，李俊夫．
⑤ 广州市规划局2003年数据。
⑥ 王文超调研城中村改造时要求：加大力度加快进度。郑州日报（http://www.zynews.com/special/200805/16/content_503266.htm）。
⑦ 郑州城中村改造网2009年数据。
⑧ WTO与湖北发展研究中心 http://www.wtoznufe.com.cn/articleshow.asp?ContentId=2350
⑨ 河北省政协十届二次会议2009年数据。
⑩ 合肥市政府政研室调研报告（http://bbs.hefei.cc/viewthread.php?tid=11707368）
⑪ 合肥市政府政研室调研报告，2008年数据。
⑫ 国土资源网2008年数据。
⑬ 西安市城改办、市统计局、市社科院联合调研组撰写的《城中村改造的成功范例——关于西安市城中村改造的调查》http://house.people.com.cn/GB/165471/211963/221456/14639010.html.
⑭ 直击昆明"城中村"。昆明日报（http://km.focus.cn/news/20080321/445632.html）。
⑮ 贵阳市规划管理局，关于城中村调研报告数据，2005.
⑯ 昆明市城中村调研报告2008.
⑰ 重庆市政府网（http://www.cq.gov.cn/zwgk/zfxx/143448.htm）。
⑱ 重庆国土房产2009年第二期公布数据。

图 5-10 东、中、西部主要大城市 1991—2009 年城市化率

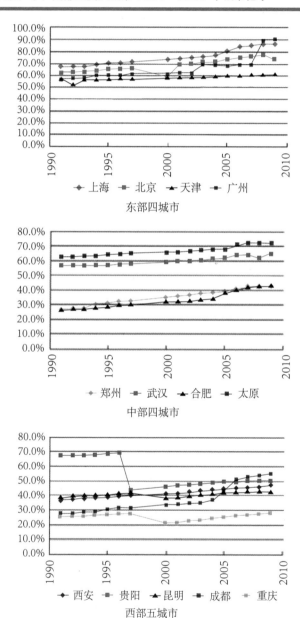

东部四城市

中部四城市

西部五城市

图 5-10 东、中、西部主要大城市 1991—2009 年城市化率（续）

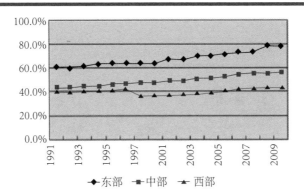

数据来源：1991—2009 中国城市统计年鉴

据广州市规划局 2003 年调研数据，广州市"城中村"常住户籍人口 30 多万，加上外来暂住人口，人口规模超过 70 万。

图 5-11 广州市旧城更新改造规划[①]

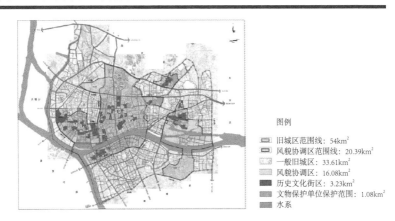

资料来源：《广州市旧城更新纲要》，2010，广州市城市规划勘测设计研究院

---

① 广州十区（荔湾区、越秀区、白云区、南沙区、番禺区、天河区、海珠区、黄埔区、萝岗区、花都区）城中村档案详见 http://www.gztopwork.cn/czcda.asp

据 2007 年深圳城中村人口调查数据，深圳共有城中村 320 个，总建筑面积 10 605 万 m^2，居住人口 637 万，其中户籍人口仅 42 万。

图 5-12 深圳特区城中村空间分布

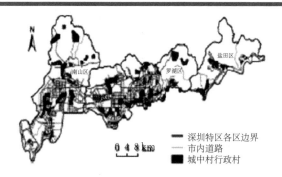

资料来源：《深圳市城中村（旧村）改造规划纲要（2005—2010）》，深圳市规划局

据 WTO 与湖北发展研究中心 2005 年数据，武汉市城中村土地面积共 194km^2，居住人口 60 万，其中农业人口 19 万。

图 5-13 武汉市城中村分布示意（1996 年）

资料来源：《武汉市城市总体规划（1996 至 2020 年）》(国函 [1997] 11 号)、《武汉市土地利用总体规划主城建设用地控制范围图（1997—2010）》

据郑州市城中村改造网 2009 年数据，郑州市城中村面积达 70km²，吸纳外来人口近 100 万。

图 5-14 郑州市城中村分布示意图（2008）

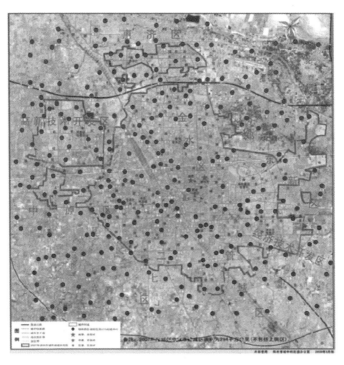

资料来源：郑州市城中村改造办公室 (http：// czc.zhengzhou.gov.cn/czc/html/4028809d1add7f60011add88ac2d0001/2008071109144969.html)

据昆明市 2008 年对全市建成区范围调研数据,昆明市是主城区共有 336 个城中村,常住外来人口 76 万,流动人口 40 万,总外来人口 116 万。

图 5-15 昆明市城中村分布示意(2008 年)

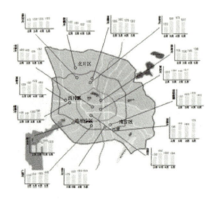

资料来源:昆明市城中村调研报告(2008)

图 5-16 宣威市城中村分布示意(2011 年)

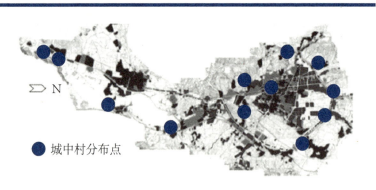

资料来源:宣威市总体规划(2011—2030)

6 非公经济部门发展及其作用

　　非公有制经济部门是改革开放后逐步建立并得以快速发展起来的，在城镇化的进程中发挥了重要作用。本章在回顾城市各类非公有制经济部门发展历程的基础上，着重分析了其在城市建设和发展中所发挥的作用。

　　中国城镇化的发展具有非常明显的投资导向的特征，各类投资集中的地区往往是农村劳动力转移的主要方向。从改革开放初期的乡镇企业和特区城市"三来一补"企业，到后来外商投资合资企业、改制后的国有企业以及新兴发展起来的民营企业，都成为吸引农村劳动力转移的主要方向。随着改革开放的不断深入，非公经济部门不仅在最初开放的制造业、建筑业、消费者服务业等领域持续发展，而且在房地产、公共设施与基础设施等领域也得到了迅猛发展。随着市场领域和各类设施规模的不断扩大，不仅为进入城市务工的农村劳动力提供了充分的就业岗位，而且也保证了城市吸纳能力的不断提高。

随着所有制经济观念理论和方针政策的变化,当前中国的国有经济、集体经济等公有制经济和个体、私营、外资等非公有制经济,与过去人们理解的公有制和私有制之分有很大区别。

6.1 城乡非公经济部门发展

6.1.1 私营经济发展

中国的私营经济主要包括个体经济、私营企业和以私营为主的公司。个体经济指城乡个体工商户经济。私营企业特点是主要投资者为自然人,但其中的大中型企业已经成为私营有限责任公司和股份有限公司,股权已经多元化,有的甚至有国有、集体参与,与传统私营企业有很大甚至根本的区别,还有一类私营公司,主要投资人或控制人是作为法人的私营企业、私营机构,股权也是多元化的,在很大程度上是一种混合所有制经济。

1. 私营经济得以发展的政策环境

1978年,中国共产党的十一届三中全会打破了单一僵化的所有制结构及其思维定式,允许发展个体经济和引进外资,个体经济和私营企业得到支持。适逢大批知识青年返城、城镇积压待业人员增长,城乡出现了"不准雇工"的个体劳动者。

1981年7月国务院发出《关于城镇非农业个体经济若干政策性规定》放宽了个体经济的经营范围,确立了个体经营者的政治权利和社会地位,给予了雇工权利。

1988年6月国务院颁发了私营企业暂行条例,规定了三种私有制结构,即独资、合伙和有限责任制。这是民营经济发展的第一个高潮时期。

2002年中国共产党的十六大提出了"两个毫不动摇"和完善保护私人财产的法律制度,解除了人们的后顾之忧。

2005年2月出台《国务院关于鼓励支持和引导个体私营等非公有制经济发展的若干意见》（国发［2005］3号文件），即"非公经济36条"，并陆续出台37个配套文件。确立了非公有制经济平等的市场主体地位，为非公有制经济发展创造了一视同仁的法制环境、政策环境和市场环境。

2009年9月21日，发布《国务院关于进一步促进中小企业发展的若干意见》，又称"中小企业29条"。提出了营造有利于中小企业发展的环境、缓解中小企业融资困难、加大对中小企业的财税扶持力度等8个方面共29条政策意见，并引导中小企业转变发展方式。

2010年5月7日，国务院出台了《关于鼓励和引导民间投资健康发展的若干意见》（即"民间投资36条"）。文件重申了民间资本可进入法律法规未明确禁止准入的行业和领域；鼓励和引导民间资本进入基础产业和基础设施、市政公用事业、社会事业、金融服务、商品批发和现代物流、国防科技工业、战略性新兴产业七大领域，涉及十五六个行业；鼓励民间资本参与经济适用房、公共租赁住房等政策性住房项目，并享受相应的优惠政策。

表6-1 2002年至2011年6月个体、私营企业户数及增长率

（单位：万户）

年份	私营企业户数	增长率（%）	个体工商户户数	增长率（%）
2002	263.83	20.0	2377.5	-2.3
2003	328.72	24.6	2353.2	-1.0
2004	402.41	22.4	2350.5	-0.1
2005	471.95	17.3	2463.9	4.8
2006	544.14	15.3	2595.6	5.3
2007	603.05	10.8	2741.5	5.6
2008	657.42	9.0	2917.3	6.4
2009	740.15	12.6	3197.37	9.6
2010	845.16	14.2	3452.89	8.0
2011.6	903.49	6.9	3601.13	4.29

注：表中历年私营企业户数均包含分支机构，资料来源为中国工商总局

截止到 2010 年底，中国民营企业已达 84 516 万户，个体工商户达 345 189 万户，成为我国最大的企业群体。其中，2010 年私营企业和个体工商户的数量分别较上年增长 14.27% 和 8.7%。（见表 6-1、图 6-1）私营企业户数的增长率一直较高，个体工商户的增长率虽然不高，但是近几年有所上升。

图 6-1 2002—2010 年个体、私营企业户数增长率变化图

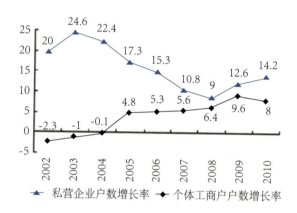

2. 私营经济在增加就业岗位方面发挥了重要作用

中国"十一五"期间，个体私营经济从业人员从 2005 年底的 10 724.6 万人增长到 2010 年底的 16 415.2 万人，累计增幅达 53.17%，年均增加近 1 200 万人，年均增速达 9.47%。城镇新增就业的 90% 以上都是私营经济解决的，私营经济以创业带动就业的形式已经成为一种新趋势。在私营经济类型中，制造业、建筑业吸纳就业人数超过 80%，是吸纳劳动力、解决就业压力的主要渠道。

统计数据显示，上规模私营企业户均吸纳就业的人数均超过 2000 人，且持续保持递增趋势。上规模企业前 500 家的员工人数在 2001 年时是 122 万人，到 2007 年为 345 万人，年均增长率约为 20%，大大高于中国这一时期的 GDP 平均增长率的 10.5%，更远远高于同期全国城镇平均就业增长率的 3.46%。也就是说，国民经济每增长 1 个百分点，大型私营企业的用工人数增长近 2 个百分点，对社会和谐与稳定发挥了巨大的作用。

表 6-2 2001—2005 年民营企业 500 家缴税和就业指标

年份	缴税总额（亿元）	增长率（%）	员工人数（万人）	增长率（%）
2001	199.1	—	122.2	—
2002	361.7	81.67	172.1	40.83
2003	438.0	21.09	213.4	24.0
2004	585.1	33.58	244.23	14.45
2005	726.89	24.23	304.32	24.60
年均增长率		40.15	—	25.97

资料来源：中华全国工商业联合会.1993—2006 中国私营企业大型调查.中华工商联合出版社，2007.8： 395

图 6-2 个体私营经济从业人数变化趋势

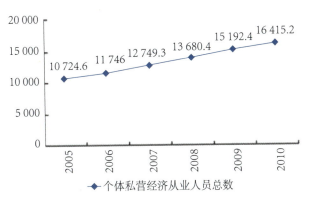

资料来源：历年中国统计年鉴

3. 私营企业的区域分布特征

图 6-3 2003—2007 年东、中、西部上规模区企业数量占比情况

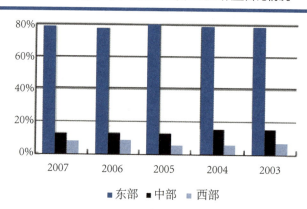

资料来源：中华全国工商业联合会，中国民营经济研究会中国私营经济年鉴（2006.6—2008.6）.中华工商联合出版社，2009.3：261

图 6-4 私营企业的地区分布发展情况

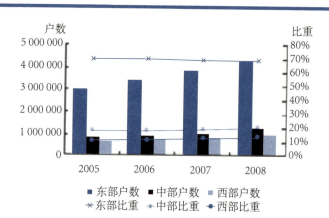

资料来源：成思危主编.中国非公有经济年鉴（2010）.民主与建设出版社，2010.3：662

一项对上规模私营企业的调研数据显示，无论样本的数量如何，由于中国区域经济发展的不平衡，东部地区良好的经济环境和优越的地理位置使私营经济非常发达，上规模私营企业发展速度快。私营企业分布在东部地区的占比约80%，这一比例从2003年至今未有较大变化，说明东部地区具备私营企业尤其是上规模私营企业发展的良好环境和条件。私营企业分布于中部地区大约维持在13%，而西部省份相对自身而言有一定的增长态势。

4. 私营企业有向大中城市转移的趋势

表6-3 私营企业总部所在地状况

（单位：%）

	开业时企业总部所在地	2005年企业总部所在地	最大生产或经营场地所在地
大城市	16.9	17.3	17.5
中小城市	34.6	35.0	34.1
镇	28.6	27.2	26.4
农村	12.6	10.2	11.3
开发区	7.3	10.3	10.7
合计	100.0	100.0	100.0

资料来源：中华全国工商业联合会.1993—2006中国私营企业大型调查.中华工商联合出版社，2007.8：218

私营企业有总部逐步向大中城市转移、生产基地向开发区集中的趋势。根据2006年的一项调查显示，2005年私营企业总部在大城市的比例为17.3%，在中小城市的为35%，在乡镇的为27.2%，在农村的为10.2%，在开发区的占10.3%，并有从农村、乡镇向城市迁移的趋势，尤其是向开发区迁移比较明显。而最大生产或经营场地又有向农村和开发区分散迁移的趋势。这表明，私营企业更愿意把使用廉价的劳动力和廉价的土地作为建设生产基地的重要条件。这一转移过程到今天为止仍在继续。

6.1.2 外资企业发展

1. 外资企业得以发展的政策环境

外资企业的兴起和发展，与中国改革开放和经济体制改革紧密相关。

1978年5月，国务院副总理谷牧带队赴西欧考察，随后即把设立"经济特区"作为突破口引进外资。1979年7月第五届人大二次会议通过并颁布了《中华人民共和国中外合资经营企业法》，允许外国投资者与国内企业组建合资企业。从1980到1983年，全国共设立了4个经济特区，主要任务是引进国外的资金、先进的技术、设备和管理经验，由市属或部属公有制企业同外商采取合资、合作方式联合经营，同时发展外商独资企业，发展各种形式的特区与内地的联营企业，以及民间科技企业和个体经济。合资企业作为"三资企业"之一，在经济特区发展的初期，起到了重要的作用。数据显示，"三资企业"出现之初，合资方式占80%，独资占12%，到了2011年，独资占78%，合资仅占19%。

1986年10月颁布了《外商投资企业法》，随后相继颁布了《独资企业法》、《合作企业法》等，改善了外商直接投资的环境。1988年4月13日，第七届全国人民代表大会第一次会议通过了关于设立海南省的决定。至此，以建立经济特区为空间载体的对外开放尝试性发展告一段落，中国进入全面开放搞活的发展阶段。外资企业与中国的私营企业、乡镇企业同步跨入了多种所有、混合所有的现代企业制度建立阶段。

1992年国务院提出了"四沿"（沿海、沿江、沿线、沿边）的开放范围。1995年推出了《指导外商投资方向暂行规定》和《外商投资产业指导目录》。1994年到1996年，逐步对外资企业和国内企业实行基本一致的管理政策，外资管理向国民待遇标准靠拢。

以1997年为分水岭，外商独资企业首次超过合资企业占据了多数（1997年中国设立的外商投资企业中，中外合资企业9 046家，外商独资企业9604家）[1]，此后，外商独资企业的比重逐步上升。

---

[1] 参见中国商务部编：《2005年中国外资统计》.

2000年至2001年陆续修订完善了《中华人民共和国中外合资经营企业法》、《中华人民共和国中外合作经营企业法》、《中华人民共和国外资企业法》以期与WTO的有关规则一致,允许外国投资者在中国从事服务业和部分经营性公共事业,同时,开放了中、西部地区对外商投资的引进。外商投资项目规模快速增长。

截至2010年底,中国累计吸引FDI超过1.12万亿美元,项目近72万家。从外商投资项目数看,2001年为2.6万个,2003—2006年保持在4万个以上,2008—2010年约为2.7万个。从实际使用外资金额看,2001为468亿美元,2008年为924亿美元,2009年为900亿美元,2010年为1057亿美元,呈现出10年持续增长的趋势。从单项外商投资规模来看,2001年平均项目金额为179万美元,2010年增加到385万美元,2011年1—3月达到511万美元。

表6-4 2001—2011年一季度外商对华直接投资情况

年份	2001	2002	2003	2004	2005	2006	2007	2008	2009	2010	2011.1-3
项目数(个)	26140	34171	41081	43664	44001	41473	37871	27514	23435	27406	5937
外资额(亿美元)	468.8	527.4	535.0	606.3	603.2	658.2	747.7	924.0	900.3	1057.4	303.4
项目规模(万美元)	179.3	154.3	130.2	138.9	137.1	158.7	197.4	335.8	384.2	385.8	511.0

资料来源:商务部外资统计

2. 外资企业独资化趋势明显,第三产业增势较大

1997年以来,外来资金更多地选择以独资方式进行投资。截止到2010年底,在中国投资的外资项目中,合资企业29.2万家,占外资总项目数的41.1%;独资企业35.8万家,占50.4%;合作企业5.98万家,占8.4%;其他方式企业572家,占0.08%。以实际使用外资金额计算,在中国累计利用的1.05万亿美元中,合资企业3 245亿美元,占30.9%;独资企业6 099.8亿美元,占58.0%;合作企业1005.2亿美元,占9.6%;其他方式157亿美元,占1.49%。

在中国，外商投资的项目数量和投资金额基本上集中于第二产业，近年服务业等第三产业增长较快。1997—2010年的统计数据显示，中国累计实际使用FDI为8 745亿美元，其中，第一产业为135亿美元，占1.5%；第三产业为2 904亿美元，占33.2%；第二产业为5 707亿美元，占65.3%。中国累计利用FDI项目42.7万个，其中，第一产业1.3万个，占3.1%；服务业13.8万个，占32.3%；制造业27.6万个，占64.6%。2005年以后，中国吸收外资的总体规模不断扩大，但产业结构发生了显著变化，服务业由24.7%上升到47%，制造业由74%下降到51%。

这些变化无疑有利于提高中国本土劳动力的技能，并有利于吸纳更多的本土就业人口。

3. 外资企业在中国大陆的空间分布特征

表6-5 2001—2011年一季度外资项目数地区的百分比变化

(单位：%)

年份	2001	2002	2003	2004	2005	2006	2007	2008	2009	2010	2011.1-3
东部地区	86.0	87.8	88.0	87.0	87.4	85.7	85.9	85.7	84.1	83.9	85.8
中部地区	8.2	8.0	7.7	8.6	8.5	9.9	9.7	9.3	11.2	11.2	9.3
西部地区	5.8	4.2	4.3	4.4	4.1	4.5	4.5	5.0	4.7	-5.0	4.9

资料来源：商务部外资统计

长期以来，中国吸引的FDI在地区分布上极不平衡。从外资项目的地区分布看：东部地区2001—2010年，保持在大约86%的比例；中部地区2001年占8.2%，2010年增加到11.2%；同期，西部地区从5.8%下降到5.0%。

从实际使用外资金额计算比例：东部地区2001年为87.2%，2010年稍下降到85%，中部地区从8.8%下降到6.5%，西部地区从4.1%上升到8.5%。这种情况表明：东部地区外资项目规模基本保持不变；中部地区项目数量增加，但实际外资金额减少，平均外资项目规模缩小；西部地区利用外资的单项规模增加。

窗口 6-1　昆山市吸收外商直接投资概况

截至 2010 年，昆山市利用外资项目 6 816 家，实际使用外资达到 181 亿美元。2010 年，利用外资项目 387 家，实际使用外资金额 17 亿美元，分别同比增长 19.1% 和 2.2%。

在来源地分布上，昆山外商直接投资主要来源于英属维尔京群岛、中国香港、中国台湾、萨摩亚、日本和美国。截至 2010 年，这 6 个国家和地区实际使用外资金额占昆山利用外资总额的 75.9%。其中，英属维尔京群岛和中国香港实际利用外资金额最大，分别占昆山市利用外资总量的 24.4% 和 23.1%。

在投资行业分布方面，外商在昆山市的投资主要集中在制造业，第一产业利用外资较少。截至 2010 年，第一产业实际使用外资 1.7 亿美元，占昆山利用外资总额的 0.99%；制造业实际使用外资 140.4 亿美元，占比 77.6%。服务业也是昆山外商投资较多的行业领域。截至 2010 年，服务业实际使用外资金额 38.9 亿美元，占比 21.5%。

外商在昆山的投资以外商独资为主要方式。截至 2010 年底，以实际使用外资金额计算，外商独资占昆山利用外资总量的 87.8%，中外合资为 11.4%，外商股份制为 0.7%，中外合作为 0.1%。2030 年，以实际使用外资金额计算，外商独资占昆山利用外资总量的 83.0%，中外合资占 15.8%，外商股份制占 0.6%，中外合作占 0.6%。

南开大学跨国公司研究中心课题组曾经对昆山进行了为期 7 个月的跟踪研究，总结昆山招商引资的成功经验，最为关键的四条是：地理区位、政府效能、投资后服务、产业聚集。在吸引外来昆山投资的 10 个因素中，政府主导，为企业服务位居第二。在评价昆山的投资环境方面，大部分外商投资企业认为，昆山市政府效率高，服务态度好，执法公正，透明度高，投资后服务好。这种情况表明，昆山市政府在发展外向型经济、吸引外商直接投资方面发挥着积极的重要作用，打造一个对企业具有"回应力"的效能政府是关键。

昆山在做好外部招商引资工作的同时，重点加强政府内部服务工作，强化服务职责。树立亲商理念，全力打造"服务型"政府，形成重信诺、守信用、综合效率高、支付费用低的政府环境；对外商直接投资形成 3 个系统的服务体系，包括项目前期的服务、项目审批建设中的服务和项目投产后的服务三部分。昆山市政府长期致力于营造良好的投资软环境，促进投资环境优化，赢得投资者的青睐。经过多年的探索与实践，昆山市政府形成了独特而又卓有成效的效能建设体系。市政府把效能建设放在突出位置，形成了亲商、安商、富商的高效运作机制，努力创建"服务型"、"阳光型"政府，为广大投资者营造良好的投资环境和生产经营环境。

4. 外资企业创造了大量就业岗位，并促使技术工人向沿海地区的聚集

一项就业密集度指数[①]研究显示，135家以出口为主的外商投资企业雇用了111.30万员工；261家以国内市场为主的企业，雇佣员工总数为89.24万人；高出口导向和高国内市场导向型的外商投资企业员工数量和平均年薪呈现上升趋势。也就是说，外资企业在吸纳大量的劳动力就业的同时，相较于其他形式的企业，有较高的劳动生产率。偏技术型的劳动力在一定时期内分布于外资企业的情况较多，因此，外资企业的区域空间分布在一定程度上决定了技术型劳动力在全国范围内的流动。资本有机构成提高过程中，投资、产出增加对就业的影响是复杂的，外资企业对中国就业的影响在不同的阶段是不同的。在对外开放初期，尤其是在合资和合作企业占比较大的时期，加之中国市场到处是短缺，企业之间的竞争并未充分展开，外资企业对就业的影响主要表现在创造就业和转移就业上，很少发生基础就业。随着中国市场短缺局面得以缓解，卖方市场转变为买方市场，内资企业与外资企业之间的竞争加剧，FDI创造就业、基础就业和转移就业效应并存。由于企业竞争使技术水平呈上升趋势，大批跨国公司进入中国，外资企业的资本有机构成提高，内资企业的资本有机构成也提高，外资企业在创造直接就业数量的同时，其对直接就业的贡献相对下降。外资企业由于引致国民收入和国内投资加倍增长，其对中国就业存在间接影响也不可忽视。以百事公司为例，1981年以来累计在华投资10亿美元，成立了40多家合资、合作和独资企业和项目，为中国创造了1万人以上的直接就业机会，而创造的间接就业机会达到15万人以上。

---

① 就业密集度指数等于单位工业总产值中的就业人数。

6.1.3 国有企业的市场化改革

1. 国有企业的改造历程和政策背景

在1956年,中国大大小小的工业企业都失去了法人地位,归中国中央政府控制,尽管少量企业正式地保留了公私合营企业的地位。国有企业只是无权、无利、无责的政府的"附属物"。仅仅开展的两次方向不明的变革,以企业下放为内容进行的中央政府与地方政府关系调整无果而终——"一统就死,一放就乱"。

1978年7月,国务院下达了《关于扩大国营工业企业经营管理自主权的若干规定》等5个文件,开始了对国有企业进行"扩权让利"的改革。

1981年10月,国务院批转中国中央政府经委、国务院体制改革办公室制定的《关于实行工业生产经济责任制若干问题的意见》,规定了经济责任制的原则和具体内容,开启了国企改革的"经济责任制"建立阶段。

1983年2月28日,国务院转批财政部《关于国营企业"利改税"试行办法(草案)的报告》。1984年9月19日,国务院转批了财政部《关于在国营企业推行"利改税"第二步改革的报告》,决定从1984年9月开始实施第二步"利改税"方案。两步"利改税"其目的是调整企业与中国中央政府之间的分配关系。

1983年4月1日,国务院颁发《国营工业企业暂行条例》,首次对国有企业的法人地位做出了规定。1986年12月5日,国务院发布《关于深化企业改革增强企业活力的若干规定》提出的经营责任制,促进了经营权与所有权的分离,承包热潮席卷全国。

1998年,中国政府推进建立了国有企业下岗职工基本生活保障及再就业制度。同时,改革了职工养老保险制度、医疗保障制度、住房制度。特别是企业用工制度的变化,终身雇用、企业养老、单位分房等"铁饭碗"制度得到改变。减员增效促使大量企业冗员下岗再就业,数据显示,单就国有制造业来讲,享有完全福利的职工数量1991年为33.5(百万),而1996年下降为7.7(百万)。

2003年10月,中国共产党的十六届三中全会通过《中共中央关于完善社会主义市场经济体制若干问题的决议》,提出大力发展国有资本、集体资本和非国有资本等参股的混合所有制经济,使股份制成为公有制经济的主要实现形式。2003年3月,第十届全国人大一次会议决定成立新的国有资产管理机构——国有资产监督管理委员会,取消了部委直接管理企业的权利。

2. 中国国企在解决了大量就业人口的同时,减员增效改革促使企业冗员下岗再就业

1979年7月13日,国务院就发布了《关于扩大国营工业企业经营管理自主权的若干规定》等五个文件。这些文件明确了企业在劳动用工管理方面的自主权。1984年5月10日,国务院发布了《关于进一步扩大国营工业企业自主权的暂行规定》,对扩大企业在生产经营计划、产品价格、从事劳动、工资资金等十个方面的自主权做出规定。1986年7月12日,国务院在《国营企业实行劳动合同制暂行规定》中指出,国有企业必须实行劳动合同制。1992年7月23日,国务院又颁发了《全民所有制工业企业法》的实施法规——《全民所有制工业企业转换经营机制条例》,其中包括了劳动用工权、从事管理权和工资奖金分配权的企业自主。这些企业用工权力的下放,使得国企改革释放了大量的冗员。

表 6-6 中国中小国有企业重组的模式

地区	国有企业数量(个)	转型(%)	重组方法 (%)							
			重组	兼并	租赁	合同承包	联合股份公司	出售	破产	其他
东部	17629	83	17	13	11	9	22	8	8	12
中部	20713	83	14	11	14	9	22	9	11	10
西部	21068	80	20	12	9	8	19	9	11	12

表 6-7 2002 年以来城镇就业人员在不同企业的分布[①]

(单位：万人)

年份	就业总人数	国有单位	集体单位	私营企业	有限责任公司	个体	其他
2002	24780	7163	1122	1999	1083	2269	12227
2003	25639	6876	1000	2545	1261	2377	12841
2004	26476	6710	897	2994	1463	2521	13354
2005	27331	6488	810	3458	1750	2778	13797
2006	29630	6430	764	3954	1920	3012	15150
2007	30953	6424	718	4581	2075	3310	
2008	32103	6447	662	5124	2194	3609	
2009	33322	6420	618	5544	2433	4245	
2010	34687	6516	597	6071	2613	4467	

资料来源：《中国统计年鉴》2011，中国统计出版社

据统计资料显示，在这些政策文件得到实施的1993年，年底全国城镇国企职工总计1.09亿人，冗员总计3000万人左右，其中下岗职工约500万人，隐性待业职工约2000万人，停工停产企业职工和长期在职无业者超过500万人。全国下岗职工1998年第一季度激增至1 010.3万人，到1999年年底已突破1500万人。下岗职工几乎遍及全国每一个地市，一些中、西部老工业基地和资源开发型大中城市尤为突出。尽管国有单位城镇就业人员的绝对数呈下降趋势，但相对数仍然是最高的，国有单位的城镇就业贡献率仍然最高。

下岗促使就业方式的变化。中国各地政府曾进行过多方面的探索以解决下岗职工再就业问题，第一，是让一部分职工待岗或轮换学习；第二，允许职工从事第二职业，使其能逐步实现人员分流；第三，提倡职工留职停薪，使其逐步脱钩；第四，把一部分职工分离出去从事第三产业。这些做法促进了地方经济结构的深层次变化，比如，劳动密集型产业得到发展，中小企业得到鼓励，第三产业吸纳大量劳动力得到发展，通过基础产业和基础设施建设吸纳大量的就业人口，各地劳动力市场应运而生，社会力量组织再就业培训的活动日益增加。

---

① 本表就业人数不包括乡村地区的乡镇企业、私营企业、个体企业所吸纳的劳动力。

3.国企减员与农民工进城

国企改革使城镇面临着就业的压力,而多多少少,这种压力的形成和扩大与乡镇企业和民营经济的发展处于同一历史时期,农民工的草根性流动与国有企业的下岗失业者在选择城市就业岗位和推动城市产业多元化发展上产生了合力。

1989年后,受经济紧缩政策的影响,城市经济增长速度有所放缓。政府颁布了限制农村劳动力外出的文件《关于严格限制民工盲目外出的紧急通知》。这些政府指导性文件,都在于严格限制农村进城务工人员的流动。即使在邓小平南方谈话之后,劳动部于1994年11月颁布的《农村劳动力跨省流动就业管理暂行规定》的第5条就对用人单位跨省招用农村劳动力限定说:只有当本地劳动力无法满足需求,并符合下列条件之一的,用人单位可跨省招用农村劳动力。这些条件是:"第一,经劳动服务机构核准,确属因本地劳动力普遍短缺,需跨省招收入员;第二,用人单位需招收入员的行业、工种,属于劳动服务机构核准的,在本地无法招足所需人员的行业、工种;第三,不属于上述情况,但用人单位在一定的范围和期限内,无法招到或招足的。"

在这种情况下,各地方城市政府出台了相关的限制农村外来劳动力流动的规章制度。比如,1995年,上海市劳动局发布《上海市单位使用和聘用外地劳动力分类管理办法》,就将外地劳动力可以进入的行业和工种分为A、B、C三类。C类为不准使用外地劳动力的行业和工种。

然而,随着市场经济的逐步建立,尤其是中国加入WTO之后带来的国际本的大量涌入,为解决国企减员和农民工进城带来的就业压力提供了良好机遇。中国政府运用市场经济的力量解决这些问题的能力在逐步增强,一些制度性的变革在中国各地悄然进行。

6.2 城市建设和发展中的非公经济

6.2.1 城市市政公用设施建设与运营中的非公经济

1. 城市基础设施建设与运营市场化的政策背景

(1) 地方政府是基础设施建设的投资主体

长期以来,中国城市基础设施建设的资金靠城市政府各种费、税、土地、贷款等方式筹措,地方政府是基础设施建设的主体。

1978 年,第三次全国城市工作会议《关于加强城市建设工作的意见》中规定,在全国 47 个城市试行从上年工商利润中提取 5% 的城市维护费作为城市维护和建设资金,首次为城市基础设施建设开辟了稳定的资金来源渠道。

1985 年,全国 113 个城市试行收取"市政公用设施配套费"和"城市公用设施增容费"。同年,国务院颁布《中华人民共和国城市维护建设暂行条例》,取消 1979 年开征的城市维护费,改征城市维护建设税。

1987 年,国务院发出《关于加强城市建设工作的通知》,提出改革城市建设体制,首次提出了城市建设综合开发的原则,开辟了城市桥梁和隧道"贷款建设、收费还款"的路子。1988 年,土地使用权的出让写入了宪法修正案和其他法规,从此全国城市可以依法向个人、中外合资企业和国内企业出让土地使用权。

1993 年,十四届三中全会通过《中共中央关于建立社会主义市场经济体制若干问题的决定》,其中对建设项目划分为竞争性项目、基础性项目和公益性项目三种,对于不同的项目按照不同的投资主体和不同的投资管理办法进行。1994 年,成立中国开发银行,专门负责发放政策性贷款。同时,国务院印发《90 年代国家产业政策纲要》,其中针对城市市政公用事业的发展提出了"统一规划、合理布局、综合开发、配套建设"的方针。对基础设施建设划分了各级政府的职责,要求尽可能扩大资金渠道,同时改革基础设施的价格收费机制。

(2) 基础设施投资向外资和民间投资的逐步开放

民间资金和外资逐渐进入城市设施建设中，城市政府作为筹资主体，业主单位为管理主体，实行四自一体：自贷、自建、自管、自偿的经济实体。例如温州市通过政府筹资引资，使城市交通得到了根本性的改善；由温州市财政负责筹资1亿元，自费建设了总投资为1.2亿元的温州机场；以温州市为主要筹资单位，并由温州市引入外资，总长152km，总投资为18.6亿元的中国第一条中外合资铁路金温铁路1998年6月已经开通。

1999年，国务院办公厅发布《关于加强基础设施工程质量的通知》，强调试行招投标制和工程监理制。同年，原中国计委发布《关于加强国有基础设施权益转让管理的通知》，对向外商和国内经济组织转让国有公路、桥梁、隧道、港口码头、城市市政公用设施的经营权、使用权和收益权以及股权等做出了明确的规定，基础设施对外招商引资有了可操作性的依据。

2000年5月，建设部发布施行《城市市政公用事业利用外资暂行规定》，对公用事业积极利用外资进行了明确规定。

2001年，原中国计委发布《关于印发促进和引导民间投资的若干意见的通知》，规定除国家有特殊要求的、凡是对外资开放的领域，均鼓励和允许民间资本进入。要求通过价格机制改革，积极引导民间资本进入城市基础设施建设领域。

中国正式加入世界贸易组织后，按照中国政府的承诺，将逐步开放包括城市基础设施领域在内的各个行业，允许外资以适当的方式进行投资。2002年，原国家计委发布新的《外商投资产业指导目录》，原来禁止外商投资的电信、燃气、热力、供排水等城市管网首次被列为对外开放领域。原国家建设部印发《关于加快市政公用行业市场化进程的意见》，提出加快推进市政公用事业市场化进程，引入市场竞争机制，建立政府特许经营制度，尽快形成与社会主义市场经济体制相适应的公用事业市场体系。市政公用行业全方位开放，并明确特许经营制度为公用事业对外和对内开放的主要形式。

2004年国务院批准的《关于投资体制改革的决定》明确指出，要逐步理顺公共产品价格，通过注入资本金、贷款贴息、税收优惠等措施，鼓励和引导社会资本以独资、合资、合作、联营、项目融资等方式参与基础设施项目建设。

2004年5月1日起实行的原中国建设部第126号令《市政公共基础设施特许经营管理办法》，开启了中国特许经营制度的建设。明确指出"城市供水、供气、供热、公共交通、污水处理、垃圾处理等行业"，可以实施特许经营制度，即"政府按照有关法律、法规规定，通过市场竞争机制选择市政公用事业投资者或者经营者，明确其在一定期限和范围内经营某项市政公用事业产品或者提供某项服务的制度"。

到目前为止，中国城市基础设施投融资已经呈现出投资主体多元化、融资渠道多样化、收费机制市场化的基本特征。

2.经营性基础设施建设运营的市场化的模式

城市基础设施投融资体制改革的试点最早是在北京、上海、深圳等大中城市。比如，2003年8月，北京市以政府令的形式颁布了《北京市城市基础设施特许经营办法》，就实施城市基础设施特许经营的范围、方式、项目确定、实施程序、职责分工等进行了专门规定，初步建立起了开放基础设施建设和经营市场的制度框架。据不完全统计，自2003年至今，北京市约有10余个新建基础设施项目成功进行了市场化融资，共引进各类社会资金近50亿元，占到总投资额的80%以上，大大减轻了市政府的出资负担。

窗口6-2　BOT在临海城市基础设施建设中的成功尝试

1.临海城市污水处理厂建设概况

临海市污水处理工程采用BOT招商引资方式建设，在当时属于浙江省首例工程。临海城市污水处理厂，位于临海城东小两山西北侧，设计规划总规模12万t/日，项目分期实施，一期规模为4万t/日，总占地135亩（约0.09km^2），一期占地面积为64亩（约0.04km^2）。

2.污水处理工程的具体做法

该项目从1996年开始启动，临海市政府采用BOT招商方式公开招投标，2002年由浙江紫光环保有限公司以方案最优、污水处理价格最低（0.68元/

t）而中标。同年11月10日，市政府与紫光公司正式签订了特许权协议书，授权紫光公司以BOT方式投资兴建和运营临海市污水处理项目，运营期限为20年，总投资5 000万元。污水处理厂建设期为2年，要求2004年11月底前建设完成污水处理厂，并完成调试正式投入运行。

临海市政府采用了BOT招商引资模式，在较短的时间内建成污水处理厂，大大减轻了政府部门的投资压力，政府将有限的建设资金用到其他的市政基础设施建设项目上，从而大大加快了临海城市基础设施建设步伐。由于项目是由民营公司投资和运营的，在客观上促进其加强管理，提高效率，降低成本。

紫光公司作为民营投资企业，为了省投入、早产出，在严格按建设规划设计的前提下，加强建设资金的成本核算，加强施工质量管理，使投资资金控制在计划预算内，没有超出总投资的5 000万元。而政府投资同样规模的建设项目，一般建设资金都要超出预算，总投资可能要达8 000万~10 000万元。同时，紫光公司根据施工进度，污水处理厂从2003年5月正式动工以来，仅仅用14个月就将污水处理厂建成，比原计划提前3个月完成。污水厂主体工程于2004年6月完工，10月经环保部门多次对进水水质和出水水质抽样检测，BOD、COD、SS、氨氮、磷等主要指标基本符合中国标准。11月3日，临海市人民政府牵头组织对污水处理厂进行竣工验收，一次性原则通过验收，开始试运行。

再以深圳市为例，2004年2月，深圳市政府授权交通局与深圳高速公路有限公司就深圳市南坪快速路一期工程项目，正式签订工程建设委托管理合同：深高速将作为该项目建设期间的法人，代司投资主体职责，全权负责工程建设的组织和管理。这是深圳市首个采用代建制模式的政府投资项目。深圳市公共基础设施市场化改革直接使地方政府、大中型国有企业、投资者和群众多方受益。

按《国务院关于投资体制改革的决定》要求，中国各地方政府都在对非经营性政府投资项目加快实行代建制，即通过招标等方式，选择专业化的项目管理单位负责项目的建设实施，严格控制项目投资、质量和工期，建成后移交给使用单位。政府资金和国有资本通过与招标选择的社会出资人组建合资公司或联营企业,并以 BOT、TOT、PPP、PFI 等投融资模式建设,成为民间企业和外资企业获得新建项目特许经营权的重要途径。

窗口 6-3　深圳市龙岗区污水处理厂 TOT 方式的首次尝试

安徽国祯环保节能科技股份有限公司与深圳市碧云天科技开发有限公司成为国内城市污水处理厂首家公开招标市场化运作的管理单位,共同承包深圳市龙岗区龙田污水处理厂(于 2001 年 11 月 7 日正式启动,发包方为深圳市龙岗区坑梓镇人民政府)和沙田污水处理厂,综合承包服务费为 0.386 元/t,两厂均由市、区、镇三级政府联合投资兴建,龙岗区环保局为项目法人单位。两厂共投资 3730 万元,污水处理规模为 3.5 万 t/日。建成后两厂产权已移交给了坑梓镇人民政府。

由于龙田厂和沙田厂是国内首家公开招标采取了 TOT 方式进行市场化运营的城市污水处理厂,加之两厂工艺有特色等原因,自 2001 年 11 月 7 日隆重揭牌后,对政府来说,委托运营可解脱组建运营企业承担的无限责任的烦恼,对运营单位只需实施监察、考核和按时支付运营费用即可。公开招标还可降低政府对运行管理费用的开支。

运营单位为了降低运行成本,确保出水达标,会不断地进行技术改进和创新,这样不仅有利于完善和提高现有的污水处理工艺水平,还能在必要时,在少增投资或不增投资的情况下扩容,达到多处理污水的目的。城市污水处理厂的建设、运营以及城市污水处理管网的运营按照产业化要求,区分不同情况分别采取 BOT、TOT 和委托运营 3 种典型的产业化模式。

城市污水处理采取 TOT 方式的优越性主要表现在:一是建立起适应市场经济发展要求的投融资体制,充分发挥市场的资源配置作用,引导各种经济成分投入城市污水处理行业,可有效地解决建设资金不足的问题;二是把城市污水处理厂全面推向市场,引入竞争机制,改进管理,广泛采用先进的新技术、新工艺,优化工程设计,降低工程造价和运营成本,不断提高污水处理行业的技术水平、经济效益和社会效益;三是通过开征污水处理费,利用价格杠杆，增强群众的节水意识，减少污水排放，减少污水处理压力；四是通过产业化后的大规模建设，促进与污水处理相关的设计、施工、机电制造等行业的发展，扩大市场需求；五是减轻财政负担，把政府的有限资金从污水处理产业中可以进入市场的部分退出，用在不宜进入市场的方面；六是TOT方式有利于盘活政府存量资产，缓和财政困难；七是通过产业化有效地治理城市污水，可进一步推进城镇化建设，改善生产、生活和投资环境。

6.2.2 城市公共服务设施建设与运营中的非公经济

1.城市公共服务设施市场化建设政策支持

中国政府构建城乡公共服务体系是按照"核心公共服务——基本公共服务——支持性公共服务"这一逻辑顺序，依次、渐进展开的。义务教育、基本社会保障、基本医疗卫生三个内容构成"核心公共服务体系"。以保障生存权和发展权为基础，积极推进包括基本教育服务、社会保障、医疗卫生、就业保障、基础设施、住房保障、公共应急管理、环境卫生与市容管理、食品药品安全管理等内容构成"基本公共服务体系"。在此基础上，不断扩展公共服务的范围和领域，推进文化体育、科技服务、公共信息、环境保护等"支持性公共服务"，最终形成一个惠及全民的、高水平的社会公共服务体系。

随着中国国力的增强、财政收入的增加，各地方政府对城乡公共服务体系的投入越来越多。在政府投入的同时，中国政府也同样鼓励大量的社会和外资参与公共服务设施的建设和运营。国务院于2007年3月19日发布《国务院关于加快发展服务业的若干意见》以促进中国公共服务体系的建设，提出加快发展服务业，提高服务业在三次产业结构中的比重，尽快使服务业成为国民经济的主导产业，是推进经济结构调整、加快转变经济增长方式的必由之路。其中强调了服务业投融资和建设的多元化，拓宽投融资渠道。

越来越多的非国有企业进入到了自然垄断行业中，并获得收益。据一项2005年的统计资料显示，上规模民营企业在公共服务领域取得了突破性的发展，有15家上规模民营企业进入该领域，数量较以前翻了一倍，实现营业收入、税后净利润分别是 126.1 亿元、10.84 亿元；税后净利润增长 119.89%，大大高于营业收入 74.11% 的增长率，行业经济效益较好。

2. 城市公共服务体系的发展

以城市民办教育为例，中国民办教育在改革开放后的 1992 年才开始起步，到 1997 年发展到全国有 5 万多所，从业人员 52 万人，在校生 1 600 多万人。但是教育经费投入不足，仍是制约城市教育事业发展的瓶颈，因此，各地方政府都积极完善配套政策，鼓励和支持社会力量以各种方式投资教育事业。有关研究揭示，政府为民办教育机构投入少量的经费资助，就可以带来大量的私人投入。为此，地方政府精心设计"政策工具"为民办教育机构提供适当的激励。目前最有效和最灵活的政策工具可能是"凭单制"，它将选择学校的权力交给学生和家长，在公立学校与民办学校之间形成一种基于市场选择的"竞争—激励机制"。这样既有利于公办学校改进其内部管理，也有利于民办学校在竞争中成长，从而形成多元化的办学体制（即多元化的公共服务体系）。

与基础教育建设相类似，中国各级地方政府在养老、社会保险、卫生医疗等社会公共服务设施的建设投入上，除了依赖财政收入的增长和财政转移支付解决问题，近年来更多是采用引入社会和民间力量乃至外资提供城乡公共服务的方式解决投资不足的问题。

统计资料显示，2009 年中国预计中国中央政府和国有企业投资规模可能达 10 万亿元左右，民间投资 8 万亿元左右。中央政府和地方政府新增投资所导致的新增用地需求 90% 为公用设施、公共建筑、交通运输、水利设施等项目用地，导致划拨类公共与基础设施用地比例大幅扩张。这些配套设施的建设单靠国有开发企业和具有政府背景的开发投资企业很难完成，而基本上要靠各种类型的非公房地产开发企业去完成。

6.2.3 土地与房产开发中的非公经济

1. 房地产业状况和市场发展

统计资料显示，2010年全国房地产开发投资48 267亿元，同比增长33.2%，投资增速是1994年以来最高的。东部地区房地产开发投资增长32.7%，中部地区增长32.4%，西部地区增长35.3%，西部地区增速比全国平均水平高出2.1个百分点。2010年非住宅类商品房投资14 229亿元，增长33.9%。其中，办公楼投资1807亿元，增长31.2%，商业营业用房投资5 599亿元，增长33.9%，其他商品房投资6824亿元，增长34.6%。

中国适宜人居住的土地和农业用地人均拥有量严重不足。但是中国正处于建设现代化的历史时期，工业化、城市化、基础设施建设需要占用大量的土地，特别是极为稀缺的农用土地较大量的转变为建设用地不可避免，其中房地产开发用地约占城市化用地的50%，且多处于地价较高的城镇近郊。

房地产发展不仅增加了市场供给改善居住条件，同时也提供了大量就业机会。据统计，2009年城镇房地产业就业人数为191万人，比2005年增加了44万人，和房地产业关系密切的建筑业2009年就业人数为1 178万人，比2005年增加了251万人。房地产业的快速发展也为城市发展提供了载体。房地产业不仅为城市居民提供了居住条件、购物场所等，而且拓展了城市空间，提升了城市档次，改善了城市功能、城市面貌和投资环境。

保护耕地的存量与房地产开发用地增量之间确实存在此消彼长的关系，但从优化用地结构、提高土地利用集约化水平角度看问题，两者又是相辅相成、后者为前者提供前提条件的关系。目前中国农村居民点人均用地是城镇居民人均居住用地的5倍以上，可见，合理的房地产开发用地是更集约的用地。而且农村居民点用地因农民进城可置换为耕地的数量远远大于房地产开发用地的增量，即农村居民点每减少一人用地可满足5人以上城镇居民居住用地。

房地产开发土地升值空间大，地产商、地方政府和被占地居民等各利益相关方对此均有较高的利益期许，合理分配土地升值收益是土地开发的关键环节。由于城乡二元体制，农村土地的集体所有制以及被占地居民的分散性等原因,被占地居民往往处于弱势地位,中国政府正在建立和完善房地产土地开发收益合理分配制度,特别是建立与因土地开发利益受损相对称的被占地居民合法权益保障和利益补偿机制。

中国推行的70年土地出让金一次性征收强化了土地财政,从资金的时间效益和代际积累效应来看,70年土地出让金一次性征收又强化了目前稀缺的建设资金积累,于加快城市现代化建设有利。而城市现代化建设的加快又为日后城市土地升值、开征不动产持有税和遗产税、广开城市公共财源奠定基础。从总体上看,中国作为一个发展中的大国,一些地方公共财力较弱,公共服务能力严重不足。在城市化推进阶段,发挥土地在国民收入再分配中的介质作用,通过土地开发,一方面满足人民日益增长的住房需求,促进人民安居乐业;另一方面聚集较强的公共财力,加快城市各项公用设施建设,也是地方政府抢抓机遇,实现又好又快发展的正确选择。

2. 工业和商业地产开发受到关注

在经历了多年的土地使用制度探索之后,面对土地市场的供需变化,以及中国宏观经济状况和公民生活状况的改善要求,2009年中国开始用地结构调整,以适应投资需求与产业结构的调整。由此带来中国土地财政收入形势不再乐观。房地产开发用地、商服用地、普通商品住宅用地、工矿仓储用地的招拍挂出让平均单价均呈现了回落的趋势。在总土地供应结构中,用于招拍挂出让土地比例大幅减少,而用于划拨的公共与基础设施用地比例大幅增加。

三个重点地区中,珠江三角洲地区各用途地价增长率均为最低,且三种用途增长率均为负值,商业、居住、工业分别为-12.54%、-4.61%、-5.84%;环渤海地区三种用途地价涨幅均相对较高,且地价增长率相当,均在6%左右;长江三角洲地区商业地价增长率高于居住、工业地价增长率,为正值,居住、工业地价增长率均为负值。

上述情况使得房地产开发企业面临压力,从获得稳定利润的角度,商业地产和工业地产由于在税费、物业持有和物业购买等环节的优势,逐步成为各大房地产开发企业的关注对象。在推进城镇化的早期,各类工业园区工业地产粗放式开发,城市新区商业配套地产无人问津的现象逐步得到改善,其原因并非是这两种地产开发的市场化水平低,而是其增值空间远低于住宅类地产。多数开发企业涉足商业地产主要是为了土地获取和提升住宅产品溢价水平,以及在开发期间所能够获得的各种政策性倾斜,商业地产开发本身所带来的持续稳定利润和实现利用持有型物业平衡收入波动、稳定资金流目标还只是一个预期,更难以成为真正的商业地产的运营商。工业地产的开发状况也是如此。

3. 城市商业地产[①]发展中的非公经济

(1) 状况

商业地产与住宅地产、工业地产同为房地产市场的重要组成部分,关系房地产市场及整个国民经济健康发展。统计显示,"十五"期间房地产开发商商品房总投资额年均增长率、住宅投资额年均增长率及商业地产投资额年均增长率分别为 25.8%、26.7% 和 28.2%,商业地产投资增长率高于前两者,从总体看来,2001—2010 年十年间,商业地产投资增速快,反映了商业地产投资需求旺盛。

(2) 商业地产分布特点

中国商业地产投资的一个显著特点是相对集中在大中城市,特别是一线城市(北京、上海、广州、深圳)。2002 年以来,35 个大中城市占全国商业地产总投资比重一直维持在 50% 左右,而一线城市占 35 个大中城市商业地产投资比重维持在 25% 到 40% 之间。中国"十五"时期,新开工商业地产面积年均增长率高于同期新开工房屋面积增长率,说明商业地产市场供应量呈现上升趋势。

从商业地产投资额来看,中国"十五"时期东部年均投资额(818 亿元)高于中西部总和(分别为 251 亿与 281 亿元)53.6%,"十一五"前四年东部平均投资额(1 970 亿元)高于中西部总和(分别为 648 亿与 551 亿元)64.3%,这说明开发商对东部地区商业地产投资热情在不断上涨的同时,中西部之间的投资状况也发生了转折性变化。

---

① 地产商业营业用房为商业地产最重要形式,文中商业地产数据部分主要针对商业营业用房。

图 6-5 35 个大中城市与一线城市商业地产投资额比重

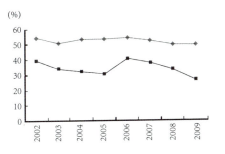

资料来源：杨慧.中国商业地产发展回顾及未来形势分析.中国房地产发展报告 No8 [M].北京：社会科学文献出版社，2011：145.

(3) 商业地产发展原因

各地方城市商业地产的发展，反映出中国社会经济发展平稳，宏观经济运行良好。其根本的支撑是，城镇居民人均可支配收入和农村居民人均纯收入年均实际增长超过 7%，实现与经济的同步增长。在此条件下，社会商品购买力增强，2001—2010 年社会消费品零售总额从 37 595 亿元快速增长至 156 998 亿元，年均增长率达 17.2%，2010 年增长率更是高达 25.2%。社会消费品零售总额的上涨趋势必然要求零售市场规模的扩大，商业地产需求旺盛。

同时，随着保障性住房大量进入住宅市场，住宅市场领域利润下滑、市场受严厉调控的冲击，商业地产市场并不在限购范围之内，不受地区、户籍的影响，可以多套、跨地区购买商业地产。同时，随着税费制度逐步完善，房产税逐步推广实施，住宅市场大量投资、投机性资金将向商业地产转移。

(4) 商业地产市场的作用

商业地产的投资热，为各地方政府运用市场经济力量建设城市公共服务设施和城市文化娱乐购物休闲等设施，做好社区配套商业网点建设，提供了积极的手段，也与中国城市化率的不断提高息息相关。城市化率的提高及城镇人口的增加会加大对商业地产开发建设的需求，促进商业地产投资的增加。商业地产的发展同时也为城市提供更好的服务创造了条件，吸引更多的居住人口向城镇聚集。

(5) 商业地产的非公经济发展趋势

随着中国商业地产的成熟特别是近期开始部分商业地产以出租为主运营模式的积极实践，部分地区商业地产有望实现向运营模式的转型。随着中国居民可支配收入继续提高，社会闲散资金有望成为银行贷款之外商业地产筹资的重要来源；外资也将加大注入中国商业地产力度；险资和金融资本在商业地产领域会更加活跃；房地产开发企业特别是实力较强的大型房地产企业在相当长的一段时间内会选择从住宅地产转向商业地产。

根据2000—2008年房地产开发投资资金来源统计显示，平均仅有30.5%的投资资金来源于企业自筹资金，平均有20.9%的资金来源于中国中央政府贷款。由于过于依赖于金融机构贷款，房地产开发除了需要承受项目本身的资本风险和运营风险外，还会受到资本市场波动以及中国宏观政策的影响。目前中国正在积极推进发展房地产投资信托基金（REITs）——一种集合不特定的投资者，将资金集中起来，专门进行房地产的投资和经营管理，并共同分享房地产投资收益的产业基金。

窗口6-4 中国城市综合体发展模式

"城市综合体"是将城市中的商业、办公、居住、旅店、展览、餐饮、会议、文娱和交通等城市生活空间的三项以上进行组合，并在各部分间建立一种相互依存、相互助益的能动关系，从而形成一个多功能、高效率的城市综合建设项目。从广义角度分析，城市综合体是伴随着城市发展而产生的历史性城市中心，具备现代城市的全部功能；从狭义角度考虑，城市综合体是商业地产的复合型产品，包含商务办公、商业零售、酒店餐饮和公寓住宅四大核心功能。

中国的城市综合体是随着商业地产的兴起而发展起来的，可以划分为三种主要类型：一是以CBD为特征的城市综合体，例如北京华贸中心、万达广场等；二是交通枢纽型城市综合体，如北京国瑞城；三是城市副中心城市综合体，如上海五角场以及重庆南坪商圈等。

以CBD为特征的城市综合体，是由于城市一般都在CBD区域会出现高档次的复合建筑楼群,其功能是复合性的,具备城市综合体集多项城市生活功能于一体。例如,一个国际性CBD写字楼要占到CBD总建筑面积的50%,商业、餐饮业及商住公寓约占40%,文化、娱乐等其他必要的配套服务设施约占10%。CBD区域内城市综合体的典型代表是北京万达广场,北京万达广场整体项目分为南北两区,南区是集五星级酒店和5A级写字楼以及诸多大型商业项目于一身的城市综合体商业物业;北区是以国际商务港为主的商务区。

交通枢纽型城市综合体处于快速便捷的交通枢纽区域,一方面保证在综合体内的人员出行的便利性;另一方面交通的便利将为城市综合体项目带来大量的人流和物流,特别是为零售提供持续不断的人流。交通枢纽型城市综合体的典型案例是北京国瑞城。

城市副中心城市综合体为满足新建城区人群消费、娱乐等功能的商业地产项目,其典型代表是上海的五角场城市副中心。在上海市的城市规划中,五角场副中心主要服务于东北地区,规划功能定位为以知识创新为特色的城市公共活动中心。

4. 城市工业地产开发中的非公经济

(1) 工业地产的依托平台

除了中国层面有经济技术开发区和高新技术开发区两种类型外,中国各地建立了大大小小各种类型的工业开发园区,这些工业园区的建设为地方城镇化、工业化提供了最直接的平台,在接纳大量劳动力的同时,也为地方经济发展和居民收入提高发挥了重要作用。

中国的工业地产特指工业房地产,包括标准厂房(Ready Built Facility)、定制厂房(Build to Suit Factory),工业园区(Industrial Park),科学园区(Science Park),研发中心(R&D),企业总部(HQ),科技园区(Business Park),郊区办公楼(Suburban Office)等物业,不包括一级土地开发及基础设施建设。指国际房地产咨询机构一般定义的工业房地产。由于中国工业房地产的特色,基础设施大多为政府承担,不完全为商业行为[1]。它们往往是吸引外商投资、发展高新技术制造业、出口创汇企业、"三来一补"企业为主的产业基地。

---

[1] 指国际房地产咨询机构一般定义的工业房地产的特色,基础设施太多为政府承担,不完全为商业行为。

(2) 中国工业地产发展的政策背景

中国的工业房地产历史不长，1990年新加坡政府与中国政府合作开发苏州新加坡工业园，率先在中国从事大批量标准厂房建设与出租。

2004年前国内的工业地产处于粗放经营阶段。表现为各地以开发区名义进行"圈地"。2003年2月18日，国土资源部下发《关于清理各类园区用地加强土地供应调控的紧急通知》，清理违规设立的各类园区、严禁违法下放土地审批权、严禁任何单位和个人使用农民集体土地进行商品房开发。国土资源部又于2003年2月21日发出《进一步治理整顿土地市场秩序工作方案》的通知，针对各类园区内，工业用地违反土地利用总体规划和城市规划设立各种名目的园区(城、村)及园区用地中存在的非法占地、越权批地、违法供地等问题。全国各地落实国务院规定的加快推进土地向规模经营集中、工业向园区集中的政策，纷纷出台具体办法与规定。如2004年7月上海市经济委员会提出的《工业开发区建设规范》，要求开发区内土地利用规模应符合上海市土地利用总体规划要求，工业开发区内工业厂房建筑容积率不宜低于0.7。

2006年国务院发布《国务院关于加强土地调控有关问题的通知》明确工业用地必须采用招标拍卖挂牌方式出让，其出让价格不得低于公布的最低价标准；为保证政策得到切实执行，国土资源部于2006年年底公布了《全国工业用地出让最低价标准》。工业用地的市场化进程使得工业地产开启了规范经营的历程。2008年国务院和国土资源部分别下发《关于促进节约集约用地的通知》和《关于开展开发区土地集约利用评价工作的通知》，要求做好开发区土地集约利用的评价工作。政策导向于积极盘活存量土地实现土地的集约利用，鼓励产业结构优化升级，鼓励向"多功能综合性产业区"发展。

(3) 中国工业地产开发的几种模式

其一，工业园区开发模式是目前中国各级地方政府最常使用的工业地产开发模式，同时也是目前工业地产市场的主要载体。工业园区开发更多的是基于区域经济建设、社会发展、百姓就业等各种综合因素考虑而设置的，是具备良好的辐射、示范和带动作用的重要环节，也是促进区域经济发展强有力的推动器。在这种模式中，政府制定园区发展的总体规划，包括行业的发展规划、园区开发策略、园区招商策略及开发财务规划等，通过前期的基础投入，制定相应的优惠政策来吸引大型工业企业来园区建厂，政府负责未来园区管理及未来的规划升级。

其二，近年来，中国工业地产的一级开发建设越来越多地引进了市场经济的力量，并出现了跨国联合开发的模式。其中，主体企业引导模式较为普遍——在某个产业领域具有强大的综合实力的企业，营建一个相对独立的工业园区，在自身企业入驻且占主导的前提下，借助企业在产业中的强大的凝聚力与号召力，通过土地出让、项目租售等方式引进其他同类企业的聚集，实现整个产业链的打造及完善。从严格意义上说，它并不是单纯的房地产开发，主要是围绕主体企业进行的开发运作。如，上海金山的上海石化工业园区，在上海石化龙头企业的带动下，做大做强石化企业，同时进行相关行业延伸及细化，进而达到整个产业链的完善与发展，为实现整个金山"大石化战略"发展目标奠定坚实的基础。

其三，工业地产商模式类似于房地产常见的住宅地产开发模式，从取地开始，到施工建设，最后通过转让、租赁、合作经营等方式回收资金，实现利润。比如，位于北京经济开发区的北京腾飞国际工业园依托工业园区发展的趋势，运用市场开发运作的模式建成的科技园区，目前企业入住情况较好。

(4) 工业地产发展的趋势

外资企业在中国的蓬勃发展，特别是制造业大举进入中国，开拓了巨大的经济增长空间，越来越多的跨国企业在这些工业园区设立研发机构和生产基地。这大大推动了工业房地产市场的需求，客观上为各地城市产业的升级和结构调整、推进城镇化建设提供了外部力量。

中国工业地产的开发建设将更多地依赖市场经济力量，比如，中国企业界近来探索了设立房地产投资信托基金，如厂房信托、仓储信托等。国内首只工业地产产权式REITs落户江苏镇江，由北京嘉富诚与快鹿产业港达成合作协议成立资产管理公司，以镇江新区快鹿产业港工业标准厂房建立资产包，进行公开发售，吸引市场游资的进入。REITs模式将是中国未来工业地产市场的主流模式。

事实上,工业地产市场不仅有巨大需求,并且在历次的房地产升降周期中,工业房地产的价格只升不跌,被很多开发商视为回报稳定的投资方式。正因为如此,市场上不断有开发商涉足工业地产[①]。

窗口 6-5 北京经济技术开发区 BDA 的工业地产建设

参与 BDA 的公司可以分成政府主导型、国内民营企业及国际投资公司。

1. 政府主导型

BDA 建立于 1992 年,BDA 政府扮演着管理人和开发公司的双重角色。一方面,BDA 管委会为区一级政府,可以独立行使审批用地规划、入区企业等行政职能。另一方面,BDA 也建立了开发总公司,与管委会一班人马,两套班子。总公司负责土地的一级开发,负责基础设施的开发,直至七通一平(九通一平)。2000 年之前,总公司是 BDA 工业地产的唯一开发商,BDA 的 4 个标准工业园区均为总公司开发。BDA 采取的是政府拨款开发和通过总公司融资开发结合的方式。总公司在承担功能性任务的同时也积累了一定的可经营资产。从总公司融资开发的效果来看,不论融资的方式和规模如何,都是一种较财政直接拨款开发单一模式更为科学可取的发展思路。

从目前开发区的工业用地出让情况来看,要通过土地转让收回成本也较困难。因此,保证总公司的融资能力是开发区快速发展的前提之一。

2. 国内民营企业

2000 年以后,BDA 开发区总公司已经无力继续大规模开发工业园区,此时陆续有国内民营企业投资工业地产。起初,他们投资开发的主要是简单标准工业园。之后,国内民营公司开始涉足高科技园区。还有少量大企业尝试开发定制地产。

3. 国际投资公司

2000 年新加坡工业地产巨头新加坡腾飞集团开始在 BDA 开发定制厂房,2004 年美国工业物流巨头普罗斯在与 BDA 一河之隔的马驹桥通州物流园开始建设标准库房。国际投资者目前不是 BDA 工业地产投资的主流,但它们带

---

① 中国房地产报.2005 年 8 月 22 日,第 007 版.

来了国际通行的标准、理念、客户、手段。它们大多是长期持有物业的投资者，对推动中国工业地产的发展起到了积极作用。

6.3 外商/海外投资

本节讨论外商投资对中国城镇化的影响。报告介绍外商投资的合同金额与实际投资金额的具体数据、在中国城市区域中的分布以及30年来的变化情况，讨论这些外来资金在东部沿海城市和中西部城市的不同投资情况，并分析外商投资对中国整体城镇化的作用。

6.3.1 外商/海外投资变化情况

中国自改革开放后，一直通过各种方式融入全球经济体系，全球化背景下可流动的资本成为中国城市竞争的重要资金来源。外商直接投资（包括港澳台投资）成为城镇化的重要外部推动力。有研究运用1978年到2000年的相关数据分析，外商直接投资与中国城镇化率变化的正相关度非常显著，是解释中国在改革开放后城市化迅速发展的重要解释性变量。城镇化的动力在改革开放后变得更加多元，形成了外生城市化和内生城市化动力机制。

根据《中国城市统计年鉴》，外商直接投资分为实际投资和合同金额，两类金额之间存在一定的差额。1985年至2010年，合同利用外资额和实际使用外资额都在不断上升（见图6-6）。1985到1991年外资投资的合同金额与实际使用金额基本一致；1991到1997年两者出现较大差额，1997到1999年两者回复到一致，2000年开始两者的差额越来越大，资金到位率较差。

外资投资在城市维护与建设资金中所占比例不高，发挥着一定的推动作用（见图6-7，图6-8）。1986年至2005年间，城市维护与建设中利用外资最高达到了约140亿元，占城市维护建设资金收入总额中的13%。1985年至1995年10年间，外资利用金额增长较缓，1996年快速增长，1997年达到峰值；

由于亚洲金融危机影响，1998年的外资利用金额迅速下降，1999年达到谷底，2000年之后缓慢增长，在城市维护建设资金收入总金额中仅保持着2%的比重。

图6-6 外商直接投资（1985-2010年）

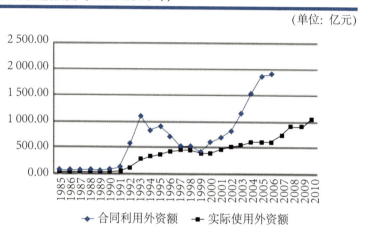

图6-7 城市维护建设资金中的外资利用金额（1986-2005年）

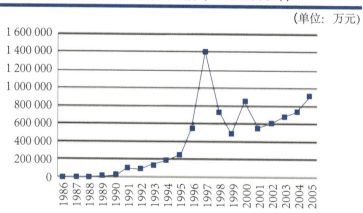

图 6-8 利用外资占全国城市维护建设资金收入比重（1985-2005 年）

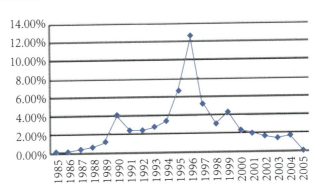

在城镇化过程中，基础设施建设是重要内容之一。国家颁布政策鼓励外资投资在城市基础设施建设方面，包括《指导外商投资方向暂行规定》、《外商投资产业指导目录》和《关于试办外商投资特许权项目审批管理有关问题的通知》等，鼓励引导外商投入城市基础设施产业。中国城市基础设施建设引入外资旨在弥补部分基础设施建设资金的不足，引入新的技术，引入市场机制和竞争机制。在政策引导下，外商投资在中国基础设施建设中金额有所增加，但所占比例较小，外资中超过 50% 集中于加工工业，近 30% 用于房地产，投资于基础设施领域的比例非常低。目前存在的主要问题在于基础设施的投资量大、周期长和回报慢，同时作为垄断行业的基础设施具有特定的物价管理体制，使得外资在城市基础设施建设中的参与较少。

为了吸引外商投资，各地城市政府对外商参与投资的城市基础设施项目，采取了较为灵活的价格政策，即参照企业成本确定售价，保证投资者能获得合理的投资回报，这与城市基础设施因财政补贴而人为形成的低廉价格有很大的差距。加上城市基础设施大多属于自然垄断行业，获利稳定，不随经济调整而波动，因此，投资者还具有明显的安全性，风险较小。

外资直接投资和海外投资弥补了城市发展的资本缺口，引进了国外先进的技术和管理机制，也推动了产业结构的升级，但外资投资存在可能带来环境污染的问题。有研究显示，中国外资投资行业中具有污染的主要为化学原料及化学制品制造业、造纸及纸制品业；通信计算机及其他电子设备制造业为外资投资的主要行业，占总投资比重的 50.96%；外资集中的行业还包括交通运输设备制造业（外资比例 32.23%）、橡胶制品业（外资比例 32.70%）、仪器仪表及文化办公用机械制造业（外资比例 23.41%）、文教体育用品制造业（外资比例 25.00%）和化学纤维制造业（外资比例 27.18%），其污染排放量较小。

外资投资在城镇化发展中发挥着在城市发展中主要发挥着间接作用，直接介入到包括基础设施在内的城市维护建设较少，但其所带来的产业升级、技术更新和管理机制推动了城镇化的快速提升。同时，引入外资投资的产业类型决定着外资投资对城市环境和城镇化质量的影响，在各地区情况存在差异。

6.3.2 外商 / 海外投资在东部沿海城市

中国城市外资投资主要集中在东部沿海地区。根据统计，2010 年实际利用外资中 74% 在东部地区，中部地区吸引了 17% 的外资，而西部地区吸引的外资投资仅占总金额的 9%（见图 6-9）。

图 6-9 2010 年城市维护建设资金中的中央财政拨款

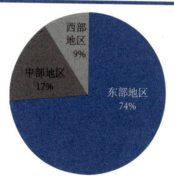

改革开放 30 年以来的外资在中国大陆的投资路径，尤其是港、台在大陆及韩、日、欧美在华投资路径，表现为两类主要发展模式，一类是以依附于

大型港口和金融服务的全球城（global city）"出口加工"导向的投资模式；一类是"本土内销"为导向的外资投资。后者通常表现在投资大型的、技术密集型产业，例如大型汽车、飞机、重型机械等，其产品主要是为了渗透国内市场，增加市场占有额；日、欧、美资是这类投资模式的主要贡献者。两种模式在沿海地区的城市区域均有发展，推动了大城市城乡接合部的发展，也带动了中小城镇的城镇化进程。

以北京为例，1973—1983年，共审计外商投资企业13家，协议总金额1.9亿美元，实际使用外资1.03亿元；1984—1988年，国家逐步放宽外商投资政策，外商投资有了较快的增长；1989—1991年，外商实际投资额连续负增长；1992—1994年，"南行谈话"之后中国全面建设市场经济体制，外商投资进入一个加速期；1995—2000年以后外商协议投资额在一定范围内波动，外商实际投资额稳定小幅增长；至2000年底北京市累计投产开业的外商投资企业5082家，职工数454 411人，分别为1990年的12.3倍和6.4倍。居民服务业和工业是1990年代外商直接投资的主要领域，分别占到1990年代全部实际外商直接投资额的28.0%和63.6%，两者之和超过90%。同时外商投资强度随着与城市中心区的增大而减小，并由中心向外围沿主要对外公路轴向延伸；城市外围集中在机场周边、开发区和中心城镇，推动了这些地区的城镇化进程。

外资企业吸纳了大量的技术工人和农村剩余劳动力，带动相关工业和生产、生活性服务业的发展，促进了人口向城市的集中和城市之间、城乡之间的人口流动。在外资投资集中的江苏省，城镇化进程受到外资的影响。外资在江苏省固定资产投资中的比例不断增加。1990至2002年，外资在江苏全社会固定资产投资中所占份额由4.47%上升到10.94%，增长了1.45倍；其中自筹资金则由29.88%上升到58.13%，增长0.95倍。2002年，江苏农村集体固定资产投资中利用外资12 942亿元，占25 68%，仅次于自筹资金(31 563亿元)；江苏省按登记注册类型分内资与外资比例为1.70∶1。同时资本密集型和技术密集型产业的外资投资比重不断扩大，外资企业对劳动力素质提出较高要求，推进了教育软硬件设施的提升，农村居民生活水平迅速提高。外资成为东部沿海地区快速城镇化的重要推动力之一。

6.3.3 外商/海外投资在中西部城市

中国中西部地区的开放改革晚于东部沿海地区,外商和海外投资在中西部城市金额有限。2008 年国务院颁布了《中西部地区外商投资优势产业目录(2008 年修订)》,属于该目录的外商投资项目,享受鼓励类外商投资项目优惠政策。西部大开发和中部崛起计划为中央政府推进中西部发展的重要宏观政策。

西部大开发是中国中央政府推进西部发展开放的重要政策之一。2000 年国务院成立了西部地区开发领导小组,致力于提高西部地区的经济和社会发展水平,进行了西电东输、西气东输、青藏铁路等建设。以西南地区的重要城市成都为例,其外贸依存度从 2000 至 2007 年上升明显,2007 年较 2000 年增长了 12 个百分点;外资依存度增长较慢,2005 年曾有所回落;2007 年上半年进出口总额和外资利用额分别为 311.69 亿元和 49.25 亿元,是 2000 年的 2.5 倍和 2.3 倍。成都市制定颁布了《成都市产业投资导向目录》,突出了产业政策与外资政策对投资的引导作用,并围绕主导产业及其他优势特色产业,不断加大引进重大产业化项目。2003—2005 年三年间,500 万美元以上项目数呈倍数增长,特别是 2005 年比 2004 年增长了 169%,1 000 万美元以上的项目也逐年增长,2003 年、2004 年和 2005 年分别较上年分别增长了 55.56%、71.4% 和 154.2%;但外商投资以亚洲国家(地区)为主和以独资为主。2010 年中央政府在重庆市主城区设立了中国非沿海地区第一个享有升级行政地位的国家级经济开发区:两江新区。但从实际外资投资金额看,西部地区的整体开放度和对外资的吸引均有待进一步提升。

中部崛起计划的提出在 2004 年,首次施行于第十一个五年计划期间;致力于在河南、湖北、湖南、江西、安徽和山西的 6 个省市提升产业能级,推进工业化和城镇化,发挥承东启西的作用。武汉市、郑州市和长沙市等城市竞相争做中部区域的中心城市,形成了区域性的都市圈,推进城镇化,包括武汉为中心的"1+8"武汉都市圈、以郑州为中心的中原城市群,和以长沙、株洲和湘潭为节点的长株潭经济圈。在此背景下,商务部外资司、商务部研究院、世行集团外国投资咨询服务机构(FIAS)、以及中部 6 个省的省商务厅在 2007 年联合编制、2009 年颁布了《中国中部地区外商投资促进规划 Central China Foreign Investment Promotion Plan (2009—2014)》，旨在"能够有效指导中部六省建立健全外商投资促进工作体系，发挥各省的比较优势，形成分工合理、优势互补、利益共享、协调发展的局面，为全面提高中部吸收外资质量和水平创造更好的条件"。

中西部的开发开放仍然任重道远，2010 年中西部地区仅吸引了外商直接投资总额的 24%。如何引导外商将资金投向更急需发展的中西部地区和重点瓶颈行业以及技术落后的行业，是中国政府急需解决的问题。

6.3.4 国际机构的支持

中国 30 年的城镇化过程中，国际银行贷款发挥着重要作用。中国与世界银行的合作开始于 1980 年改革开放之初，截止到 2010 年 6 月 30 日，世界银行（国际复兴开发银行和国际开发协会）对华贷款累计超过 474.1 亿美元，援助实施 323 个项目。项目集中在环境、交通运输、城市建设、农村发展、能源、水资源管理和人类发展等领域。中国初期是作为世行面向最贫困国家的国际开发协会的受援国，1999 年中国离开国际开发协会，2007 年成为国际开发协会的捐款国。2010 年中国与世行合作 30 周年之际，中国成为世行第三大股东国。

当前绝大部分世行贷款项目突出环境目标，以环境为重点的项目占在建世行贷款项目和规划项目的比重分别达到 75% 和 80% 左右。世行也特别重视贫困率大大高于沿海地区的中国中西部地区。执行中的项目约有 80% 在中西部地区。2008 年中国贷款额为 15.53 亿美元，2009 年为 23.81 亿美元，2010 年为 14.43 亿美元，2011 年为 17.71 亿美元。世界银行项目支持中国的重点项目包括：黄土高原水土保持项目、可再生能源开发项目、贫困地区林业发展项目、地区基础教育项目、以及重庆城市环境项目等。

中国在 1986 年成为亚洲开放银行的成员国，到 2011 年共获得 245.4 亿美元的贷款，是亚行第二大借款国。2010 年亚行批准了 13.21 亿美元的主权国贷款，5.87 亿美元的私人部门贷款和股票投资，0.22 亿的技术援助。亚行项目集中在农业和自然资源、教育、能源、健康和社会保险、交通和通讯、水和其他市政设施等方面。

6.3.5 地方政府投资与外资的互动作用

经济特区和开发区设立是为了在一定地域范围内对新政策和新机制进行试点，打破原来的计划经济，对外开放，吸引外资，引进经济技术、扩大对外贸易。地方政府通过在经济特区和开发区投资建设基础设施，提供良好的投资环境，达到吸引外资投入的目标。

中国的外资投资寻找以加工出口为导向和本土内销为导向的两种模式，解释了中国热点城市与区域在吸引外资方面的发展模式。第一种模式主要表现在以"加工出口"为导向的外商直接投资，通常以国际贸易为目标、以资本快速回流为主要增长特点、以大型港口和金融服务发达城市为依托；中国以廉价的劳动力和生产材料成为主要的生产国。城市政府投资通常是为此类外商直接投资提供开发区的厂房、道路和基础设施建设。第二类模式的外商直接投资是以"本土内销"为导向。通常投资在大型的、技术密集型产业，例如大型汽车、飞机、重型机械等，其产品主要是为了渗透国内市场，增加市场占有额。日、欧、美资是这类投资模式的主要贡献者。由于这类外资倾向于企业簇群（cluster）的聚集，它们的选址一般会选在支持和服务该相关行业的企业旁边。产业簇群、工业基地、内陆交通枢纽是这一模式的首选，传统大工业城市和内陆交通枢纽城市是这类外资的投资对象，在中国内陆各省会城市及北京、天津、渤海湾地区表现相对明显。

外商直接投资也集中在地方政府前期投资建设较好的各级各类开发区中。2007年的54个国家级经济技术开发区实际利用外资共173 121亿美元，占全国的23.16%；世界500强公司在国家级经济技术开发区投资兴办项目超过1 000个。江苏的国家级开发区12个，省市级开发区57个，外向型农业综合开发区12个，在2002年累计吸引了1 000万美元以上外商投资企业1307个，累计实际利用外资31601亿美元。西安高新区利用FDI是其主要动力源之一，

2005年西安高新区完成合同外资4.16亿美元，占全市34.2%；实际引进外资1.98亿美元，占全市的34.7%。截至2005年底，全区历年累计批准外商投资企业729家，累计合同外商投资21.93亿美元，累计外商实际投资9.26亿美元。

地方政府的公共投资对开发区有所倾斜，而提升的软硬件投资环境吸引了外资投资，启动了经济的快速增长；外资投资和企业设立为地方政府的财政收入提供了助力，在企业所得税等税收和基础设施建设的资金中都因为外资的引入而得到增长。

7
展望未来

　　本章对中国城镇化三十多年来的发展历程及其特征进行了总结，指出中国城镇化的快速发展，是在特定的国情和历史条件下，在市场化改革、行政分权和经济全球化的共同作用下，与中国改革开放进程紧密结合，由政府和市场共同推动，与经济高速发展相辅相成而实现的。

　　由于中国快速城镇化是建立在增长优先、速度优先、效率优先的基础上的，因此也积累了许多问题。本章从资源能源约束、生态环境压力、城乡社会转型等方面，提出了中国城镇化可持续发展中所面临的挑战和主要的议题。

7.1 中国城市化发展进程的特点

7.1.1 中国快速的城市化进程与经济高速增长相辅相成

回顾最近30年来中国改革开放走过的历程，经济社会发展经历了一个逐步由解决温饱、持续积累到全面发展的过程，在创造了世界"经济奇迹"的同时，也创造了世界"城市化奇迹"。

30年的时间里，中国的经济总量基本保持了每年8%左右的增长速度，占世界经济的比重由1978年的1.8%提高到2010年的8.5%，经济规模跃居世界第二位，30年里累计超过数亿人脱贫。

快速、平稳增长构成了中国城市化发展的基本特征。从1978到2010年中国的城市化水平由17.9%提高到49.7%，城市化水平平均每年提高近1个百分点，每年约有1000万~1500万人从农村向城市迁移，30多年来共有超过4.5亿人参与到国家的城市化进程中，相当于目前全世界所有发达国家城市人口总和的1/2，其规模远远超过了世界上任何一个发达国家人口规模，甚至也超过了目前任何一个发达经济体的总人口规模。在如此短的时间里，在保持了快速、稳步发展过程中，实现了如此巨大数量的人口分布和结构变动，这在世界城市化历史上也是绝无仅有的。

7.1.2 中国城市化发展与改革开放进程相一致，呈现出阶段式发展的特点

中国渐进式改革由农村开始起步，并逐渐向城市推动。以联产承包制启动了农村改革，通过恢复以家庭为基础的农业生产，推动了农业劳动生产率的提高，迅速解决了中国的粮食问题，极大地激发了农村地区的发展活力，其直接的效应在于：为后来的城市化和工业化发展提供了充足的劳动力储备，并直接带动乡镇企业的发展，成为1980年代小城镇发展的直接动力，并保证了城市化进程的持续发展。

城市经济体制改革由生活产品的个体经营和特区城市的设置开始，进而向全面的市场化逐步演进，城市经济的活力逐步得到释放。从1980年代开始，

在启动农村地区经济改革的同时，通过改善中央计划经济体制，调整中央地方政府间关系和计划经济的内部关系，确立了一批沿海开放试点城市和地区。推动了小城镇和小城市的发展及沿海开放地区的快速发展，珠三角和一批沿海开放城市获得了先期发展效应。

以1990年浦东开发开放为标志，国家加快了由传统计划经济体制向社会主义市场经济体制转轨的步伐，在对外开放、企业制度、财政制度、住房制度等诸多社会经济领域开展日益深入的市场化改革，城市经济全面加速，一批大城市和特大城市快速成长。在发展序列上，存在着这样的总体趋势：先是由乡镇企业发展所推动的农村地区的小城镇，继而是与对外开放相结合的沿海地区的小城市，然后是沿海大城市；自1992年开始，以省会城市和地区中心城市为先导，内地城市也进入到快速发展阶段。

以2001年中国加入世界贸易组织（WTO）为标志，经济全球化浪潮对中国城市化格局产生了广泛影响，城市区域化与区域城市化现象越来越显著。国际产业分工和不断扩大的全球贸易为中国的城市化注入新的活力，发展动力日趋多元化。加快促进了中国制造的崛起和沿海地区城市的提升，带来区域中心城市地位的不断提升和城镇密集地区快速发展，并通过沿海地区产业的梯度转移带动内地城市的发展。沿海地区逐步形成珠江三角洲、长江三角洲和环渤海湾地区三大城市群，成为引领中国经济增长的三大引擎，内地围绕着经济中心城市的城市群也初露端倪，共同成为吸收农村富余劳动力转移的主要地区。同时农村土地制度改革和城乡二元结构调整逐步深入，为进一步推进城乡一体化战略的实施奠定了基础。

7.1.3 中国城市化进程是市场化改革、行政分权化和经济全球化三个过程共同作用的结果

1. 市场化改革的影响

计划经济时期城市化进程长期受到压抑，计划经济向市场经济的逐步转轨所释放的制度红利是推动中国城市化发展的关键因素。随着政府对市场要素控制的逐步放开，市场的作用得到发挥。其影响大致可以归纳为以下几个方面：

首先，市场化改革极大地改善了计划经济时期短缺经济造成的供给与需求关系的失衡，提高了要素配置效率，促进了城市化经济的发展。所有制结构得以改善，外商投资和民营经济的地位不断提高，除了在制造业的投资不断扩大，而且在房地产、公共设施和市政基础设施领域也得到了较大的发展，促进了产业的多元化集聚，为进入城市务工的农村剩余劳动力提供了就业岗位。城市化经济的显著提升和劳动力等生产要素的流动增强，促进了城市消费市场的扩张，而且通过城市中各类设施的生产，保证了城市吸纳能力的不断提高，带来了城市规模的不断扩大。

其次，市场化改革加快了城市空间的市场化。土地的有偿使用和住房制度改革推动了城市功能的调整和空间结构的优化。

第三，城市化主体的多元化与建设模式的创新加快了城市建设进程。围绕所有制构成的改革和变化，从"自上而下"转变为"自上而下与自下而上"的结合，逐步转变了计划经济下以国家为投资主体的城市化模式。城市投融资体制和建设模式的创新，大大加快了城市建设的市场化进程。

2. 分权制度设计的激励作用

从中央和地方政府关系看，从改革开放初期的财政承包制到1990年代中期的分税制，"分权"改革逐步深化。计划经济条件下，中央政府掌握的绝大部分资源，逐步向地方转移和倾斜，地方政府拥有了更大的发展自主权和大部分经济资源，也拥有了更大的主导地区发展的能力和促进地区发展的积极性，地方政府城市的财政能力得到极大提升，成为推进地方工业化和城市化的主体。分权制度的设计改变了中央政府主导经济发展的模式，并在进一步鼓励城市政府促进市场化机制的发展、加快城市建设、谋求城市快速发展的主动性，这也是中国各级城市快速发展的重要原因。

3. 经济全球化的影响

中国城市在逐步融入到全球经济体系的过程中，经济发展动力和城市化空间也发生了深刻的影响。

在经济发展方面，中国利用国际资本、技术快速改造、更新了原有的工业体系，缩小了与工业化国家的差距；国际产业转移和全球性市场为中国制造业快速发展创造了机遇和增长空间，尤其是东部沿海地区凭借对外开放门户的优势，外资在这一地区的大规模投入，大量的产品通过国际贸易进入全球市场；利用了世界市场提供的国际资源，弥补了中国国内资源和原材料的不足；充分发挥了中国劳动力资源丰富的比较优势，利用了国际产业分工带来的机遇，迅速推动中国成长为"世界工厂"。

在空间影响方面，制造业高速成长和对外依存度不断提高，加快了沿海地区的快速发展，沿海中心城市和港口城市地位得到极大提升；城市开放性增强，出口导向型模式带来开发区的大量发展，贸易流量大的城市在参与国际贸易的分工中获得了更高的能级，资本与知识要素向中心大城市集聚趋势越来越明显；一定程度上打破了传统计划经济环境下中心外围关系和等级关系，强化了市场经济在空间发展格局中的组织作用，加快了城镇体系的发育；外资投资地域分布变化推动了开发重心的转移。

7.1.4 政府在推进城市化进程中发挥了积极的作用

1. 不断通过城市化政策调整，促进了城市化战略的稳步推进

从改革开放初期开始，政府积极推进农村人口向城市尤其是小城镇和小城市转移，结合人口转移的实际需要，逐步调整相关政策。如在粮食供应尚未完全市场化的阶段，允许农民自带口粮在小城镇落户；社会管理改变户籍管理为主的方式，实行身份证制度，推进农民进城务工经商；此后逐步放开小城镇、小城市直至县级城市的农民进城落户政策；在一些大城市，允许一部分先富起来的农民可以进城购房落户等。近年来，户籍制度改革仍在推进之中，农民工进城的就业环境、社会福利方面的改革也在推进之中，城乡二元结构的壁垒在逐渐打破。

国家针对城市化发展状况，不断检讨修正城市发展政策和战略，为城市化的健康发展提供指引。在改革开放初期，提出"控制大城市规模，合理发

展中等城市,积极发展小城市",到 1980 年代末,根据小城市发展中存在的状况,提出"严格控制大城市规模,合理发展中等城市和小城市",到 2000 年,国家"十五"计划明确提出了"城市化战略",并指出"走符合中国国情、大中小城市和小城镇协调发展的多样化的城市化道路,逐渐形成合理的城镇体系。有重点地发展小城镇,积极发展中小城市,完善区域性中心城市功能,发挥大城市的辐射带动作用,引导城镇密集区有序发展。"之后,在中共十七大(2007)上,提出:"按照统筹城乡、布局合理、节约土地、功能完善、以大带小的原则,促进大中小城市和小城镇协调发展。以增强综合承载力为重点,以特大城市为依托,形成辐射作用大的城市群,培育新的经济增长极。"

2. 不断推进农村地区改革,维护了城市化发展的基础

城市化的进程需要有农业生产率不断提高的支撑。中国政府始终将农业、农村、农民问题作为国家发展中的重大问题,加强农业生产率提高的制度建设。在 1980 年代,从 1982 至 1986 年,连续发布五个中央一号文件,指导农村改革的推进;从 2004 年起,连续 10 年(至 2013 年)发布中央一号文件,提出提高农业综合生产能力、夯实农业农村发展基础、统筹城乡发展和增强农村发展活力等方面的举措。

中国政府认识到促进城乡发展关系的协调是保证城市化稳步、有序推进的基础。因此,无论是在改革开放初期,还是在大城市、城市群发展占据主导地位时期,一直坚持将小城镇和小城市的发展作为城市化发展的重点之一,并在政策上予以扶持,其目的就是要充分发挥城市带动乡村发展的作用。随着城市社会经济发展不断加快,出现城乡差别进一步扩大的趋势,中央政府及时废止了农业税,提出社会主义新农村建设,加快农业农村基础能力建设。近年来,更提出要着力破除城乡二元结构,建立"以工促农、以城带乡长效机制,形成城乡经济社会发展一体化新格局"。

3. 不断推进市场机制完善和建设制度创新，提升了城市的辐射作用和承载能力

中国改革开放的一个重要方面就是建立资源配置的市场机制。市场机制的逐步发挥作用，推动了城市中心作用的发挥。

从生活品的市场化开始，逐步过渡到生产资料的市场化，促进了生产要素的流动，市场成为资源配置的主要机制。在此过程中，政府一方面推进个体经商户、民营企业的发展，积极引进外商合作和投资，并逐渐进行国营企业的改制，另一方面，加大城市建设规模，完善城市基础设施，从而既扩大了城市的就业规模，也大幅增加了城市接受农村劳动力转移的能力，城市竞争能力也得到了不断提升。

中国城市化进程具有非常明显的投资导向的特征，各类投资集中的地区往往是农村剩余劳动力转移的主要方向。从改革开放初期的乡镇企业和特区城市"三来一补"企业，到后来的外商投资合资企业、改制后的国企以及民营企业等，都成为吸纳农村剩余劳动力的主要方式，而且主要集中在制造业、建筑业、消费者服务业等领域。

7.1.5 中国的国情背景和制度性因素造就了城市化进程的独特性

中国的快速城市化进程既是在中国市场改革和城乡制度转型背景中发生的，也是在最近30年来全球性经济变革的时代中发生的。不仅叠合了工业化、信息化、全球化的影响，也叠合了中国特有的城乡转型的环境。既呈现了城市化的一般规律和趋势，也走过了一条独特的城市化路径。与发达国家走过的道路相比，发展周期的大大压缩，集合了多个阶段的特征，而与发展中国家相比，则避免了许多发展中国家普遍出现的过度城市化现象。

城乡二元结构影响深远。由于计划经济时代延续下来的城乡二元结构，覆盖到城乡发展的各个方面。在改革开放三十多年来的城市化进程中，这种二元结构起到了两个方面的效应：一方面，促进并加快了城市建设和发展的进程，低工资、低福利的大量农民工为城市各项产业的发展做出了贡献；另一方面，人口的迁徙受到一定程度的制约，即使进城务工并长期居住在城市

中的农民工仍然无法享受城市待遇和福利的农民工，实际上对城市化的进程有延滞的作用。

城市发展具有极强的行政区指向。由于历史因素所造成的城市建制特征，中国的城市是依国家行政建制设立的，通常都是不同层级政府机构的驻地。因此，在城市发展过程中，不仅受行政管制影响较大，而且，城市政府的行政地位高低往往就决定了城市发展资源的可获得性，因此，较高层次的城市更容易得到发展资源，更容易得到较快的发展；而小城市以及乡村地区尤其需要政府的扶持才能得到较好的发展。也正是由于这种行政区指向，除极个别的城市（如深圳）之外，基本上是在原有城市的基础上得到发展的。即使在改革开放早期有一个小城镇快速发展阶段，也基本上是在原乡级政府所在地城镇的基础上发展起来的。因此，这三十多年来的城市发展基本上是以原有城市的扩张来吸纳新增城市人口的。

中国人口众多，地域辽阔，地区间发展基础和条件差异大。这种差异一方面造就了不同地区城乡转型模式的多样化，在不同的阶段城市化发展的重点以及形成的特点各不相同。另一方面也造成城市区域分布不平衡，与人口总量的分布不相匹配。就总体而言，东部沿海地区的城市化发展起步早，发展较为迅速，而且规模巨大，城市群发展已初具规模；中、西部的城市发展主要集中在地区中心城市及其周边，不仅起步较晚，发展慢，而且对地区发展的带动能力较弱。

7.2 未来的挑战和议题

作为新兴城市化国家，城市化将是中国走向现代化的必由之路，未来的城市化可以为中国的社会经济发展创造新的动力和机遇。但中国作为一个人口大国，人口城市化的道路仍然漫长，资源能源约束、生态环境压力以及城乡社会转型中的矛盾，将使中国的城市化面临可持续发展的挑战。

7.2.1 资源约束和环境压力

1. 资源能源短缺构成了中国城市化发展的长期约束

资源能源相对不足是制约中国城市化发展的长期因素。中国大部分资源的人均占有量远低于世界水平，人均耕地、森林面积、淡水资源分别为世界人均水平的42%、20%和27%，石油、天然气等能源和许多矿产资源的人均占有量不足世界人均水平的一半。在650多个城市中，约2/3的城市缺水，约100多个城市严重缺水。

中国的资源分布和生态环境也极不均衡。不适宜和较不适宜发展的地区占到国土面积的78%，相对适宜的地区仅占22%，而这些相对适宜发展的地区也是耕地分布、人口分布和城市发展最集中的地区。

2. 粗放的经济增长方式带来的生态环境压力不断增大

中国总体上是一个生态环境极度脆弱的国家，但30多年来经济的快速增长也付出了巨大的资源和环境代价，转变粗放的经济增长方式越来越迫切。按照中国科学院《中国可持续发展报告2009》，中国单位GDP能耗强度远高于发达国家的水平，是世界平均水平的2.82倍。按照国际能源署（IEA, 2009）发布的数据，2007年中国CO_2排放量已占世界总量的21.0%，尽管中国人均CO_2排放量与世界平均水平基本持平，只相当于OECD国家的41.8%，但单位GDP的CO_2排放强度却是世界平均水平的3.16倍，是OECD国家的5.37倍。

3. 建设资源节约型和环境友好型社会是一项长期的战略任务

以有限的自然资源和脆弱的生态环境承载巨大的发展压力，这是中国向城市社会转变过程中难以跨越的门槛。决定了未来的城市化必须以生态资源承载力作为发展的前提，寻求一种既有利于提高发展效率，又能够减少生态环境压力的城市化道路。

2005年召开的中共十六届五中全会首次把"建设资源节约型和环境友好型社会"确定为国民经济与社会发展中长期规划的一项战略任务。2007年召开的中共十七大报告进一步提出"建设生态文明，基本形成节约能源资源和保护生态环境的产业结构、增长方式、消费模式"。要求转变粗放的经济增长方式，加大环境保护力度，保护好自然生态，提高资源利用效率，保持经济增长与人口和环境之间的动态平衡，缓解突出的人地矛盾和环境问题。在各级政府"十一五"及"十二五"规划中，将单位国内生产总值能源消耗量下降率、耕地保有量、单位生产总值二氧化碳排放降低率、主要污染物排放减少率、生活垃圾无害化处理率、城镇污水处理率、森林覆盖率等作为约束性指标。

7.2.2 城市人口增长与城市社会的挑战

1. 人口城市化的压力

尽管中国的城市化水平已超过50%，但仍有超过6亿的人口滞留在农村。在未来的20~30年，还会有大约3~4亿的农村人口加入到城市化进程中。同时，由于长期以来城乡二元化体制造成的人口城市化的结构性矛盾，形成了大量的"农民工"群体游离在城乡之间，成为产业工人的主体，但并没有真正落户在城市，形成"就业在城市、户籍在农村，劳力在城市、家属在农村"的状况。未能在教育、就业、医疗、养老、保障性住房等方面享受城镇居民的基本公共服务，在城镇内部出现新的二元矛盾。按照2010年第六次人口普查数据，这部分人口超过了2亿人。大量的农民工现象的存在，不仅使中国的城市化具有不稳定性，带来的经济、社会运行风险也在加大。

过去30多年里，城市住房条件和公共服务水平得到极大改善，但居民收入不平衡、公共服务不公平、大城市房价过高，中低收入群体的住房难以改观。城市中充斥着大量的"门禁社区"，社会空间分异现象显现。大规模新区开发过程中，就业与居住不平衡造成产城融合矛盾突出。

诸多因素叠加在一起，将使中国的城市化面临继续增长的压力，也面临着城市社会转型的巨大考验。

2. 扩大城市就业，有序引导人口转移

按照目前的城市化速度，每年需新增城镇人口约1000万~1500万，将产生巨大的就业和人口转移压力。扩大城市就业，增强城市的综合承载力的需求将会十分突出。对此，中国政府提出：加快转变城市发展方式，优化城市空间结构，增强城市经济、基础设施、公共服务和资源环境对人口的承载能力。

根据城市资源禀赋，发展各具特色的城市产业体系，强化城市间专业化分工协作，增强中小城市产业承接能力，特别是提高服务业比重，增强城市创新能力。

全面放开建制镇和小城市落户限制，有序放开中等城市落户限制，合理确定大城市落户条件，严格控制特大城市人口规模。推进农业转移人口市民化要坚持自愿、分类、有序，充分尊重农民意愿，因地制宜制定具体办法，优先解决存量，有序引导增量。

3. 推进以人为核心的城市化

解决好人的问题是推进城市化的关键。城乡居民的两种身份制度、教育制度、就业制度、公共服务制度和财政转移制度，不仅导致了城乡居民人均收入差距日益扩大，而且也导致了城乡居民公共服务水平过于悬殊。

以农业转移人口的市民化为重点，积极稳妥地推进城市化是当前城市化的主要任务。通过改善公共服务，加强权益保护，逐步破解城乡二元化结构，推进农业转移人口享有城镇基本公共服务，消除城市化参与者之间发展机会的不平等。尊重农民在进城或留乡问题上的自主选择权，保护农民承包地、宅基地等合法权益。保证农民工随迁子女平等接受义务教育，将农民工纳入城镇职工基本养老和医疗保险体系。建立农民工基本培训补贴制度。

通过采取廉租住房、公共租赁住房、租赁补贴以及建设经济适用房等多种方式完善城镇住房保障体系，多渠道改善住房供应。增强政府公共服务的能力和规模，创新公共服务供给方式，实现供给主体和方式多元化，提高城镇居民基本公共服务水平，促进基本公共服务的均等化。

7.2.3 促进统筹城乡发展

1. 乡村地区的发展矛盾

随着中国城镇化影响的深入，城乡社会转型带来的乡村地区的发展矛盾也不断加深。突出表现在：农业经济地位不断下降，农村经济总体缺乏活力；乡村地区集体经济体制和组织载体弱化，生产组织和社区组织能力减弱；农村地区之间的发展差距也在扩大，既存在发达地区人口高流入郊区农民工现象，也存在中西部地区人口高流出现象；一些地区乡村衰落现象严重。由于青年人大量流失，"空心村现象普遍"，在农村地区形成了大量的留守儿童、留守老人和留守妇女，农村老龄化严重，一些地区的老龄化水平甚至超过40%；分散的分布形态造成农村地区公共服务和环境基础设施建设滞后，生活环境难以改观等等。

2. 聚焦"三农"问题

进入21世纪以来，"农业、农村、农民"构成的"三农"问题在国家层面受到高度重视，成为新型城镇化战略提出的重要背景。2003年开始中央每年的1号文件都聚焦"三农"问题，采取了取消税费、多予少取、加强农村基础设施建设等一系列政策措施，并推动"以城带乡"、"以工哺农"的政策导向，加强城市化、工业化与农业现代化协同发展。

3. 建设社会主义新农村

2005年中国政府在《十一五规划纲要建议》中，正式提出要按照"生产发展、生活富裕、乡风文明、村容整洁、管理民主"的要求，推进社会主义新农村建设。通过经济、政治、文化、社会四个方面的建设推动农村地区发展。把农村发展纳入整个现代化进程，使社会主义新农村建设与工业化、城镇化同步推进，让亿万农民共享现代化成果，走具有中国特色的工业与农业协调发展、城市与农村共同繁荣的现代化道路。

7.2.4 优化城市化空间格局

1. 地区间发展不平衡的矛盾

缩小地区间发展差距与提高资源配置效率始终是一项国土开发中难以回避的矛盾。地区间存在巨大差距是中国国情的基本特点，表现在地区间发展不平衡，生态环境和资源禀赋条件差异性大，社会经济所处的发展阶段不一。即使在一个省份中，其内部差距悬殊。生产力布局、人口分布与生态资源承载力不协调已成为十分突出的矛盾。

2. 以主体功能区战略促进因地制宜、多样化发展

体现地域差异性是推进区域协调和缩小地区差距的基本出发点，需要因地制宜，寻求适合各自特点的多样化发展道路，逐步形成人口、经济、资源环境相协调的城市化空间格局。这既是30年来中国城市化取得成功的重要经验，也是优化中国城市化空间格局的基本导向。

2000年以来，中国政府明确了"西部开发、东北振兴、中部崛起和东部率先发展"的总体战略。"十二五"规划中明确了西部、东北、中部、东部及边疆和扶贫地区五类地区发展的重点，提出"充分发挥不同地区比较优势，促进生产要素合理流动，深化区域合作，推进区域良性互动发展，逐步缩小区域发展差距"的总体方针。

2011年中国政府正式出台了《全国主体功能区规划》，这是首部从资源保护和发展角度制定的国土利用规划。以资源承载力为前提，按照开发方式将国土空间划分为优化开发地区、重点开发地区、限制开发地区和禁止开发地区四大功能区域。并按开发内容划分为城市化地区、农产品主产区和重点生态功能区。这一规划制定的主要目的是为了优化空间开发格局，以差异化的政策导向增强区域发展协调性，提升可持续发展能力，提高空间利用效率。

3. 建立更加集约化的国家空间体系

优化资源保护和发展的关系，也同时意味着中国的城市化不能走一条分

散发展道路。以城市群和重点城市化地区为主体形态,强化点轴发展是逐步推进区域协调发展的主要思路。区域性综合交通走廊与国土开发布局结合,特别是与城市群布局结合,形成点轴开发模式将是中国国土开发的基本结构和特点。"十二五"规划中提出"两横三纵"的开发结构,强调国土开发轴线与城市群和城市化地区结合的发展模式。"十二五"规划提出的实现国土开发格局优化的主导性战略。将构建以欧亚大陆桥通道、沿长江通道为两条横轴,以沿海、京哈京广、包昆通道为三条纵轴,以轴线上若干城市群为依托、其他城市化地区和城市为重要组成部分的城市化战略格局,突出以沿海、沿江地区为轴心,促进经济增长和市场空间由东向西、由南向北拓展。

在东部地区以京津冀、长三角、珠三角三大城市群为重点,逐步打造更具国际竞争力的城市群,推进大中小城市基础设施一体化建设和网络化发展。在中西部有条件的地区培育壮大若干城市群,积极挖掘现有中小城市发展潜力,有重点地发展一批区位优势明显、资源环境承载能力较强的中小城市。

同时按照统筹规划、合理布局、完善功能、以大带小的原则,遵循城市发展客观规律,以大城市为依托,以中小城市为重点,逐步形成辐射作用大的城市群,促进大中小城市和小城镇协调发展。

7.2.5 转变城市发展模式

1. 难以持续的城市建设方式

在中国快速城市化过程中,城市建设取得了巨大成效,但城市建设方式粗放,土地扩张速度过快的矛盾也十分突出。2000—2011年,全国城镇建成区面积增长速度超过城镇人口速度约25个百分点。城市蔓延式扩张,大规模建设新城、新区、开发区和工业园区,加剧了土地粗放利用,浪费了大量耕地资源。一些地方政府过度依赖土地出让收入和土地抵押融资推进市建设,加大了地方债务风险。空间开发和管理无序,也加剧了交通拥堵、城市环境污染、城市运行效率下降、公共服务供给不足、自然历史文化遗产保护不力、城乡建设缺乏特色等城市问题。

2. 城市发展理念和导向的转变

从增长思维向底线思维的转变。以底线控制作为城市发展的基本前提，严格保护耕地和生态环境资源，通过划定生态红线和开发边界，加强城市空间开发利用管制。

从扩张型发展向内涵型发展转变。严格控制增量，盘活存量，优化结构，提升效率，提高城镇建设用地集约化程度和。逐步减少工业用地，适当增加生活用地特别是居住用地。按照促进生产空间集约高效、生活空间宜居适度、生态空间山清水秀的总体要求，促进城市形成生产、生活、生态空间协调的合理结构。

从关注经济增长向关注"以人为本"的转变。围绕提高城镇化发展质量，以人为本，推进以人为核心的城镇化。

完善城市规划体系，将以人为本、尊重自然、传承历史、绿色低碳作为城市规划的基本理念，完善空间规划体系和实施机制，推进规划体制改革，加强规划立法工作。

3. 建设绿色、智慧、人文城市

推动城市绿色发展、循环发展、低碳发展。调整产业结构，严格控制高耗能、高排放行业发展。构建绿色生产方式、生活方式和消费模式。减少城市发展对自然的干扰和损害，节约集约利用土地、水、能源等资源。提高能源利用效率，降低能源消耗和二氧化碳排放强度。高度重视生态安全，扩大森林、湖泊、湿地等绿色生态空间比重，增强水源涵养能力和环境容量。不断改善环境质量，减少主要污染物排放总量。合理控制机动车保有量，倡导绿色出行。

加强信息基础设施建设，推广智慧化信息管理和新型信息服务，促进城市化与信息化的协同发展。

发掘城市文化资源，强化文化传承和创新。塑造城市的人文魅力和特色，促进传统文化与现代文化、本土文化与外来文化交融，促进城市文化的多样化发展。

7.2.6 迈向新的未来：走一条新型城市化道路

三十多年来中国的城市化发展取得了举世瞩目的成效，但转型发展的要求也日益迫切。未来的城市化既要承载国家现代化的任务，也要实现可持续、协调发展的要求。中国政府明确提出要通过"四化同步"和"五个建设"，走一条有中国特色的新型城镇化道路。在 2012 年召开的"十八大"报告中，指出"坚持走中国特色新型工业化、信息化、城镇化、农业现代化道路，推动信息化和工业化深度融合、工业化和城镇化良性互动、城镇化和农业现代化相互协调，促进工业化、信息化、城镇化、农业现代化同步发展"。"全面落实经济建设、政治建设、文化建设、社会建设、生态文明建设五位一体总体布局"。

新型城镇化的核心思想是要全面提高城镇化的发展质量，体现"以人为本、四化同步、优化布局、生态文明、文化传承"和"中国特色"。

2013 年 12 月召开了《中央城镇化工作会议》，并于 2014 年 2 月正式出台了《国家新型城镇化规划（2014—2020 年）》，进一步明确了新型城镇化的基本原则，"以人为本，公平共享；四化同步，统筹城乡；优化布局，集约高效；生态文明，绿色低碳；文化传承，彰显特色"。同时也明确了"城镇化水平和质量稳步提升；城镇化格局更加优化；城市发展模式科学合理；城市生活和谐宜人；城镇化体制机制不断完善"的发展目标。

实现城市化的健康、和谐发展，不仅是目标，更是一个发展过程。中国的城市化发展正在进入一个新的历史时期，正面临着新的矛盾和新的发展要求，需要从关注发展速度向关注发展质量的转变，需要理性调整社会发展目标，确立新的发展理念，通过深层次的改革制度创新破解体制性障碍，这也将是中国城市化继续走向成功的关键所在。

参考文献

[1] 2009年社会服务发展统计报告[EB/OL].http://www.mca.gov.cn/article/zwgk/mzyw/201006/20100600080798.shtml.

[2] 2010年社会服务发展统计报告[EB/OL].http://www.mca.gov.cn/article/zwgk/mzyw/201106/20110600161364.shtml.

[3] 卜万红.论我国社区服务的转型[J].学术交流, 2004（1）：114-119.

[4] 曹献珍, 黄洁.我国《土地管理法》成长历程及修改完善[J].中国国土资源经济研究, 2010,(3): 31-33.

[5] 常健.中国改革开放十五年——对外开放篇[M].北京：改革出版社,1994.

[6] 陈其林.90年代后期中国经济特区的产业结构和产业政策[J].经济学家, 1995,（5）.

[7] 陈维政,等.工作分享制——解决国企冗员问题的有效途径[J].管理世界, 2000, 6.

[8] 陈锡文, 赵阳, 罗丹.中国农村改革30年回顾与展望[M].北京：人民出版社, 2008.

[9] 成思危.中国非公有经济年鉴（2010）[M].北京：民主与建设出版社 2010.

[10] 程鑫, 仲丹.苏北地区县（市）级政府人才引进的困境与对策——以江苏省新沂市为例[J].特区经济, 2009,(3).

[11] 董黎明, 林坚（编著）.土地使用总体规划的思考与探索[M].北京：中国建筑工业出版社, 2010.

[12] 董黎明, 袁利平.集约利用土地：21世纪中国城市土地利用的重要方向.2000.

[13] 范恒山.体制转轨中的经济特区出路[J].经济研究, 1994,(7).

[14] 甘藏春.土地管理法制建设若干问题[J].中国土地, 2010, (6)：8-13.

[15] 高培勇（编）.共和国财税60年[M].北京：人民出版社, 2009.

[16] 国际欧亚科学院中国科学中心秘书处（编）.中国城市发展报告2006[M].中国城市出版社, 2007.04.

[17] 国家发展改革委经济体制综合改革司,国家发展改革委经济体制与管理研究所.改革开放三十年:从历史走向未来——经济体制改革若干历史经验研究[M].北京:人民出版社,2008.

[18] 国民经济和社会发展第十二个五年规划纲要.2006

[19] 国民经济和社会发展第十二个五年规划纲要.2011

[20] 韩俊.中国经济改革30年(农村经济卷)[M].重庆大学出版社,2008.

[21] 黄怡.城市社会分层与居住隔离[M].同济大学出版社,2006.

[22] 回建强.居住物业管理存在的问题及相关建议——以上海为例[J].中国房地产,2009(11):76-78.

[23] 蒋省三,刘守英,李青.中国土地制度改革:政策演讲与地方实施[M].上海:上海三联书店,2010.

[24] 荆林波.中国商业发展报告2009—2010[M].北京:社会文献出版社,2010.

[25] 况伟大.开发区与中国区域经济增长[J].财贸经济,2009,(10).

[26] 李国武.中国省级开发区的区位分布、增长历程及产业定位研究[J].城市发展研究,2009,16(5).

[27] 李俊夫.城中村改造[M].科学出版社,2004.

[28] 李俊莉,王慧,曹明明.开发区发展对我国城市位序结构的影响分析[J].城市规划,2004,11(4).

[29] 历年中国统计年鉴[DB/OL].http://www.stats.gov.cn/tjsj/ndsj/.

[30] 李培林.流动民工的社会网络和社会地位[J].社会学研究,1996(4).

[31] 李培林.巨变:村落的终结——都市里的村庄研究[J].中国社会科学,2002(1).

[32] 李强.新生代农民工[J].社会学研究,2001,04.

[33] 李若建.广州市外来人口的空间分布分析[J].中山大学学报(社会科学版),2003(3).

[34] 李实.中国经济转轨中的劳动力流动模型[J].经济研究,1997,1.

[35] 李湛,袁晓玲,杨万平.外国直接投资理论研究综述[J].西安交通大学学报(社会科学版),2007,1.

[36] 李志明. 空间、权利与反抗：城中村违法建设的空间政治解析 [M]. 东南大学出版社，2009.

[37] 廉高波. 当代中国农村经济组织体系研究 [M]. 西北大学出版社，2008.

[38] 刘传江，周玲. 社会资本与农民工的城市融合 [J]. 人口研究，2004(5).

[39] 刘国光等（编）. 中国十个五年计划研究报告 [R]. 北京：人民出版社，2006.

[40] 刘梦琴. 石牌流动人口聚居区研究——兼与北京"浙江村"比较 [J]. 市场与人口分析，2000(5).

[41] 刘梦琴. 村庄终结：城中村及其改造研究 [M]. 中国农业出版社，2010.

[42] 陆学艺. 三农论 [M]. 北京社会科学文献出版社，2002.

[43] 陆学艺，李培林，主编. 中国新时期社会发展报告 [M]. 北京：社会科学文献出版社，2007：51.

[44] 栾峰. 从制度变迁的视角解读《城乡规划法》的意义与启示 [J]. 城市规划学刊，2008，(2)(总第174期)：11-16.

[45] 罗震东. 分权化与中国都市区的发展 [D]. 同济大学博士学位论文，2006.

[46] 马立诚. 交锋三十年：改革开放四次大争论亲历记 [M]. 南京：江苏人民出版社，2009.

[47] 马西恒. 关于中国入城农民工就业问题的分析 [J]. 江海学刊，1996，01.

[48] 毛料军，巩前文. 中国农村改革发展三十年 [M]. 山西经济出版社，2009.

[49] 明娟，张建武. 回流意愿、居留时间与农民工汇款——基于广东用工企业的调查 [J]. 农业经济问题，2011，03.

[50] 宁登. 改革开放20年来的中国城市化进程 [J]. 城市规划汇刊，2000，5.

[51] 宁越敏. 新城市化进程——90年代中国城市化动力机制和特点探讨 [J]. 地理学报，1998，9.

[52] 牛凤瑞，李景国. 中国房地产发展报告 No.6 [M]. 北京：社会科学文献出版社，2009.

[53] 潘家华，李景国. 房地产市场发展报告 No.7（2010年版）[M]. 北京：社会科学文献出版社，2011.

[54] 邱霞，林智. 中国农村经济发展模式概述 [M]. 中国社会出版社，2006.

[55] 汝信.2000年中国社会形势分析与预测［M］.北京：社会科学文献出版社，2000.

[56] 桑百川等．外商直接投资：中国的实践与论争［M］．北京：经济管理出版社，2006.

[57] 沙治慧等．成都市开放型经济发展研究［J］.城市发展研究，2008，3.

[58] Shahid Yusufk, Kaoru Nabeshima, Dwight H Perkins. 转型——中国国有企业民营化［M］.北京：中国财政经济出版社，2006.

[59] 商务部外国投资管理司，商务部投资促进事务局．2011中国外商投资报告［M］.北京：经济管理出版社，2011.

[60] 唐华东．中国开发区30年发展成就及未来发展思路［J］.2008,(9).

[61] 陶松龄，张尚武．现代城市功能与结构[M].北京：中国建筑工业出版社，2014.

[62] 童亦弟.民营企业试水公共租赁住房建设[N].中国建设报，2011年4月1日.

[63] 王春光．新生代农村流动人口的社会认同与城乡融合的关系[J].社会学研究，2001.

[64] 王关义.1980~2000：中国5大经济特区投入产出配比价值系数分析[J].数量经济技术经济研究，2003,(4).

[65] 王汉生，刘世定，孙立平，项飚．"浙江村"：中国农民进入城市的一种独特方式[J].社会学研究，1997(1).

[66] 王如渊．深圳特区城中村研究［M］.西南交通大学出版社，2004.

[67] 王坦，赵晓斌．全球化下的中国热点城市与区域［J］．城市规划，2006，6.

[68] 魏立华，阎小培．中国经济发达地区城市非正式移民聚居区——"城中村"的形成与演进——以珠江三角洲诸城市为例[J].管理世界，2005(8)

[69] 武东伟．论北京经济技术开发区的工业地产［M］.北京：对外经济贸易大学，2007.

[70] 吴莉娅，顾朝林．全球化、外资与发展中国家城市化——江苏个案研究[J].城市规划，2005，7.

[71] 吴晓．城市中的"农村社区"——流动人口聚居区的现状与整合研究[J].城市规划，2001(12).

[72] 吴志强，李华.1990年代北京外商投资空间分布的产业特征研究［J］.2005，9.

[73] 亚洲开发银行.中国财政部技术援助研究报告：城市公共财政研究[R].2006.

[74] 西恒.关于中国入城农民工就业问题的分析[J].江海学刊，1996，01.

[75] 闫小培，魏立华，周锐波.快速城市化地区城乡关系协调研究——以广州市"城中村"改造为例[J].城市规划，2004(3).

[76] 杨光斌.中国经济转型时期的中央-地方关系新论——理论、现实与政策[J].学海，2007，(1)：67-78.

[77] 杨慧.中国商业地产发展回顾及未来形势分析［M］.北京；社会科学文献出版社，2011.

[78] 杨建喜.工业地产投资环境评价研究［D］.大连：大连理工大学，2010.

[79] 杨小云.新中国中央与地方关系沿革[M].北京：世界知识出版社，2011.

[80] 杨志勇，杨之刚.中国财政制度改革30年[M].格致出版社\上海人民出版社，2008.

[81] 姚志刚，林松秋，我国城市基础设施外资利用的政策建议［J］.城市发展研究，2001，1.

[82] 虞小迪.地方财政运行与城镇化机理探讨[J].经济与管理，2005,10.

[83] 原会建，朱孔芳.需求取向的社区服务——上海市浦东新区售后公房及中低档商品房社区服务研究[J].华东理工大学学报（社会科学版），2004（4）：25-31.

[84] 袁晓玲等.我国区域经济发展效率的时空变化及影响因素分析——基于超效率DEA模型的实证分析［J］.商业经济与管理，2010，7.

[85] 曾国安，胡晶晶．20世纪90年代中期以来中国税收增长与经济增长关系分析[J].当代经济研究,2006,(08).

[86] 张厚义，明立志．中国私营企业发展报告（1978-1998）［M］.北京：社会科学文献出版社，1999.

[87] 张建明.广州城中村研究[M].广东人民出版社，2003.

[88] 张立．改革开放后我国社会城镇化转型：进程和趋势[D].同济大学博士学位论文，2010.

[89] 张立彦.地方政府土地出让目标取向研究.城市问题，2007，(11).

[90] 张启智，严存宝.城市公共基础设施投融资方式选择［M］.北京：中国金融出版社，2008.

[91] 张庆五.户口迁移与流动人口论丛[M].公安大学学报编辑部，1994.

[92] 张炜玮.引入市场经济，加快社区服务的市场化运作[J].管理学家，2010，（01）：163-164.

[93] 章玉钧，郭正模.试论农村劳动力流动与城市就业[J].经济学动态，1999，09.

[94] 张卓元，郑海航.中国国有企业改革30年回顾与展望［M］.北京：人民出版社，2008.

[95] 赵民，鲍桂兰，侯丽.土地使用制度改革与城乡发展[M].上海：同济大学出版社，1998.

[96] 赵民.推进城乡规划建设管理的法治化——谈《城乡规划法》所确立的规划与建设管理的羁束关系[J].城市规划，2006，30(12)，51-66.

[97] 赵万民.中西部大城市城中村空间形态的和谐嬗变[M].东南大学出版社，2011.

[98] 赵晓雷，邵帅，杨莉莉.管理体制与中国开发区经济发展效率增长——基于Malmquist指数和GMM的实证分析[J].财经研究，2011，37(8).

[99] 赵燕菁，刘昭吟，庄淑亭.税收制度与城市分工[J].城市规划学刊，(6).

[100] 赵燕菁，庄淑婷，通向区域经济一体化的制度途径[J].中国城市化，2005，(3).

[101] 中国共产党第十七次全国代表大会报告[R].2007.

[102] 中国共产党第十八次全国代表大会报告[R].2012.

[103] 中国建筑年鉴编委会.中国建筑年鉴（1984—1985）[M].中国建筑工业出版社，1985：5.

[104] 中国科学院可持续发展战略研究组.中国可持续发展报告2009[M].科学出版社，2009.3.

[105] 中国社会科学院.中国住房发展报告（2010—2011）[M].社会科学文献出版社，2011.

[106] 中国指数研究院（上海）.2011保障房白皮书[M].2011.

[107] 中华全国工商业联合会.1993—2006中国私营企业大型调查［M］.北京：中华工商联合出版社，2007.

[108] 中华全国工商业联合会，中国民营经济研究会编.中国私营经济年鉴（2006.6—2008.6）［M］.北京：中华工商联合出版社，2009.

[109] 中华全国工商业联合会.中国民营经济发展报告（2009—2010）［M］.北京：社会科学文献出版社，2011.

[110] 中华全国工商业联合会.中国民营经济发展报告（2010—2011）［M］.北京：社会科学文献出版社，2012.

[111] 中华人民共和国国家土地管理局.全国土地利用总体规划纲要(草案).1993.

[112] 中华人民共和国国土资源部.全国土地利用总体规划纲要（2006年—2020年）.2008.

[113] 中华人民共和国国土资源部.《中国国土资源公报》（2001至2010）.

[114] 中华人民共和国国务院(1982).《中华人民共和国国民经济和社会发展第六个五年计划（摘要）》（一九八二年十二月十日第五届全国人民代表大会第五次会议批准）.

[115] 中华人民共和国国务院(1986).《中华人民共和国国民经济和社会发展第七个五年计划（摘要）》（1986年4月12日第六届全国人民代表大会第四次会议批准）.

[116] 中华人民共和国国务院(1991).中华人民共和国国民经济和社会发展十年规划和第八个五年计划纲要（1991年4月9日第七届全国人民代表大会第四次会议批准）.

[117] 中华人民共和国国务院(1996).《中华人民共和国国民经济和社会发展"九五"计划和2010年远景目标纲要》（1996年3月17日第八届全国人民代表大会第四次会议批准）.

[118] 中华人民共和国国务院(2001).《中华人民共和国国民经济和社会发展第十个五年计划纲要》（2001年3月15日第九届全国人民代表大会第四次会议批准）.

[119] 中华人民共和国国务院(2005).《中华人民共和国国民经济和社会发展第十一个五年规划纲要》（2006年3月4日第十届全国人民代表大会四次会议批准）.

[120] 中华人民共和国国务院 (2010).《全国主体功能区规划：构建高效、协调、可持续的国土空间开发格局》（2011 年 6 月 9 日正式公开印发）.

[121] 中华人民共和国国务院 (2011).《中华人民共和国国民经济和社会发展第十二个五年规划纲要》（2011 年 3 月 14 日第十一届全国人民代表大会四次会议批准）.

[122] 中华人民共和国国务院．全国主体功能区规划．2010.12.

[123] 中华人民共和国国务院．国家新型城镇化规划（2014－2020 年）.2014.3

[124] 中央城镇化工作会议公报 [P].2013.12.

[125] 钟开斌．中国中央与地方关系基本判断：一项研究综述 [J].上海行政学院学报，2009, 10(3)：20-29.

[126] 周大鸣，高崇．城乡结合部社区的研究——广州南景村 50 年的变迁 [J].社会科学研究，2001(4).

[127] 周晓虹，流动与城市体验对中国农民现代性的影响——北京"浙江村"与温州一个农村社区的考察 [J].社会学研究．1998(5).

[128] 周一星，曹广忠．改革开放 20 年来的中国城市化进程 [J].城市规划，1999, 12.

[129] 朱光磊，主编．城市公共服务体系建设纲要［M］.北京：中国经济出版社，2010.

[130] 左金风．改革开放 30 年来城市规划法治的发展评述．求是，2009, (2):52-53.

[131] Liu Y, He S, Wu F. Urban villages under China's rapid urbanization: Unregulated assets and transitional neighbourhoods[J]. HABITAT INTERNATIONAL，2010(2).

[132] Tian L. The Chengzhongcun land market in China: Boon or bane? - A perspective on property rights. INTERNATIONAL JOURNAL OF URBAN AND REGIONAL RESEARCH，2008(2).

[133] Wang Y, Wang Y, Wu J. Housing Migrant Workers in Rapidly Urbanizing Regions: A Study of the Chinese Model in Shenzhen. HOUSING STUDIES，2010(1).

[134] Wang Y, Wang Y, Wu J. Urbanization and Informal Development in China: Urban Villages in Shenzhen. INTERNATIONAL JOURNAL OF URBAN AND REGIONAL RESEARCH，2009(4).

[135] Zhang. What explains China's rising urbanization in the reform era? Urban Studies, 2002.

后记

本课题的研究源于联合国人居署的倡议，希望对中国改革开放后城镇化的发展历程进行总结，向世界介绍中国城镇化发展的成就和经验，解释中国城镇化快速发展的机制。因此，在该项课题形成之初，人居署对研究应关注的内容和研究报告的基本结构等提出了基本要求，并建议按照人居署报告的基本格式和表述方式撰写最终报告。

在同济大学以及建筑与城市规划学院领导的安排下，由彭震伟和我来组织城市规划系的教师共同开展此课题的研究，并由学校的一些研究基金提供支持。经过课题组诸位同仁三年多的研究和写作，现在基本完成了此课题的研究任务。根据人居署的建议和安排，本报告的英文版也将在近期由海外出版社出版。

在研究过程中，根据人居署的要求，课题组成员负责各项专题的研究，具体分工如下（由于最终报告是在原报告的基础上进行了结构调整和内容整合，以下内容的划分在一定程度上是不完全的，有可能只是反映了各专项内容的最主要的成分）：

侯丽负责国家宏观政策和城乡规划、土地管理发展演变研究（研究成果在最终报告中主要涉及到2.1、2.2、2.4、4.3、4.4等节内容）；

张立负责城乡关系和城市发展政策演变研究（研究成果在最终报告中主要涉及2.5、3.1、3.4、3.5等节内容）；

王兰负责城市财政和金融制度和政策演变研究（研究成果在最终报告中主要涉及2.2、2.3、4.5、6.3等节内容）；

童明负责城市政府构成与职能演变研究（研究成果在最终报告中主要涉及4.1、4.2、4.6、4.7等节内容）；

栾峰和杨帆负责非公经济部门和农村经济体制改革的研究（研究成果在最终报告中主要涉及3.2、3.3、6.1、6.2等节内容）；

黄怡负责城市住房与社区发展演变研究（研究成果在最终报告中主要涉及5.1－5.4节内容）；

赵蔚负责城中村形成与演变研究（研究成果在最终报告中主要涉及 5.5 节内容）；

张尚武负责中国城镇化发展的未来展望研究（研究成果在最终报告中主要涉及 7.2 节内容）；

彭震伟和孙施文负责总体框架、整体结构设计和最后报告的成稿。后来由于工作原因，彭震伟教授主动提出由我来全面负责整个研究工作。我撰写最终报告的概述和结论部分（即 1 和 7.1 部分），并对最终报告进行统稿。

在课题研究和最终报告的撰写过程中，彭震伟教授不仅参与了整体结构的设计和对各专题研究过程及最终报告内容的讨论，而且为本课题研究的开展争取到学校资源的支持，并担当了与联合国人居署联系和协调的大量工作。

城镇化发展的影响因素涉及许多方面，课题组各位老师，在保持城乡规划视角的同时，对相关领域的内容进行了广泛的学习和研究，进一步拓展了知识视野，并且将这些相关知识与自己的研究特长相结合，丰富了整个研究报告的广度和深度，也是我们各自在学术和知识上的收获。课题组对联合国人居署区域顾问沈建国先生和同济大学副校长伍江、吴志强教授要表示特别的感谢。沈建国先生在本项研究中发挥了重要的联络人的作用，对课题内容和结构提出了许多建设性的意见，并为最终成果的修改以及出版事宜作出了重要安排。伍江和吴志强教授多次听取了课题组的汇报，对课题组工作的开展提供了多项支持，对研究成果予以肯定，吴志强教授还撰写了热情洋溢、充满睿智的序言。

最后要感谢《城市规划学刊》编辑部的黄建中老师对本课题编写、编辑和排版事务的帮助和支持，感谢中国建筑工业出版社和同济大学出版社的鼎力支持。

孙施文

图书在版编目(CIP)数据

中国城镇化三十年 /《中国城镇化三十年》课题组著. — 北京：中国建筑工业出版社，2015.12
ISBN 978-7-112-18937-3

Ⅰ. ①中… Ⅱ. ①中… Ⅲ. ①城市化-研究-中国 Ⅳ. ① F299.21

中国版本图书馆CIP数据核字(2016)第004900号

责任编辑：徐明怡 徐 纺 朱笑黎
美术编辑：朱怡飒
责任校对：姜小莲 关 健

中国城镇化三十年
《中国城镇化三十年》课题组 著
*
中国建筑工业出版社出版、发行（北京西郊百万庄）
各地新华书店、建筑书店经销
北京方嘉彩色印刷有限责任公司印刷
*
开本：880×1230毫米 1/32 印张：10⅜ 字数：304千字
2016年3月第一版 2016年3月第一次印刷
定价：48.00元
ISBN 978-7-112-18937-3
(28238)

版权所有 翻印必究
如有印装质量问题，可寄本社退换
（邮政编码 100037）